本书系北京经济管理职业学院科技创新团队"幸(23KJTD01)和2022年度北京市属高校教师队伍建设支持计划——优秀青年人才培育项目(BPHR202203248)的阶段性成果。

高校校园文化建设研究

袁 阳 秦诗雅 ◎ 著

吉林出版集团股份有限公司
全国百佳图书出版单位

图书在版编目（CIP）数据

高校校园文化建设研究 / 袁阳, 秦诗雅著. -- 长春：吉林出版集团股份有限公司, 2024.8. -- ISBN 978-7-5731-5708-9

Ⅰ.G647

中国国家版本馆 CIP 数据核字第 2024V625C7 号

高校校园文化建设研究
GAOXIAO XIAOYUAN WENHUA JIANSHE YANJIU

著　　者	袁　阳　秦诗雅
责任编辑	息　望
封面设计	李　伟
开　　本	710mm×1000mm　　1/16
字　　数	280 千
印　　张	16.5
版　　次	2025 年 1 月第 1 版
印　　次	2025 年 1 月第 1 次印刷
印　　刷	天津和萱印刷有限公司

出　　版	吉林出版集团股份有限公司
发　　行	吉林出版集团股份有限公司
地　　址	吉林省长春市福祉大路 5788 号
邮　　编	130000
电　　话	0431-81629968
邮　　箱	11915286@qq.com
书　　号	ISBN 978-7-5731-5708-9
定　　价	99.00 元

版权所有　　翻印必究

前　言

随着社会的不断发展和教育理念的转变，高校校园文化建设已成为高等教育领域中备受关注的重要议题。校园文化建设不仅是高校教育的重要环节，也是营造学生优良校园成长环境的重要组成部分。如今，教育部门和社会对教育体制改革的重视程度越来越高，改革工作推进速度越来越快，高校校园文化的建设也受到了诸多外界因素的影响。高校校园文化建设必须抓住重点，结合学生的成长过程，营造健康的校园文化氛围。

本书第一章为高校校园文化概述，分别介绍了高校校园文化的内涵与分类、高校校园文化的特征与功能、高校校园文化的影响因素三个方面的内容；第二章为高校校园文化建设策略，主要介绍了三个方面的内容，依次是高校校园文化建设的原则与功能、优秀传统文化融入高校校园文化建设、大学生志愿服务融入高校校园文化建设；第三章为高校校园精神文化建设，分别介绍了四个方面的内容，依次是高校校园精神文化的内涵与特征、高校校园精神文化的地位与价值、高校校园精神文化的要素分析、高校校园精神文化建设的基本思路；第四章为高校校园物质文化建设，依次介绍了高校校园物质文化建设的概念与特征、高校校园物质文化建设的原则、高校校园物质文化建设的基本思路三个方面的内容；第五章为高校校园制度文化建设，主要介绍了三个方面的内容，分别是高校校园制度文化建设的内涵与特征、高校校园制度文化建设的管理分析、高校校园制度文化建设的基本思路；第六章为高校校园文化载体建设，依次介绍了大学生班级文化建设、大学生公寓文化建设、大学生社团文化建设、高校网络文化建设、高校工会文化建设五个方面的内容；第七章为高校校园文化建设与创新发展，主要介绍了三个方面的内容，分别是高校校园文化建设现状、基于跨文化交际的高校校园文化建设、校企文化建设融通发展。

在撰写本书的过程中，作者参考了大量的学术文献，得到了许多专家、学者的帮助，在此表示真诚感谢。由于作者水平有限，书中难免有疏漏之处，希望广大读者指正。

目　录

第一章　高校校园文化概述 …………………………………………… 1
　　第一节　高校校园文化的内涵与分类 ……………………………… 3
　　第二节　高校校园文化的特征与功能 ……………………………… 9
　　第三节　高校校园文化的影响因素 ………………………………… 17

第二章　高校校园文化建设策略 ……………………………………… 21
　　第一节　高校校园文化建设的原则与功能 ………………………… 23
　　第二节　优秀传统文化融入高校校园文化建设 …………………… 28
　　第三节　大学生志愿服务融入高校校园文化建设 ………………… 42

第三章　高校校园精神文化建设 ……………………………………… 65
　　第一节　高校校园精神文化的内涵与特征 ………………………… 67
　　第二节　高校校园精神文化的地位与价值 ………………………… 75
　　第三节　高校校园精神文化的要素分析 …………………………… 80
　　第四节　高校校园精神文化建设的基本思路 ……………………… 83

第四章　高校校园物质文化建设 ……………………………………… 91
　　第一节　高校校园物质文化建设的概念与特征 …………………… 93
　　第二节　高校校园物质文化建设的原则 …………………………… 97
　　第三节　高校校园物质文化建设的基本思路 ……………………… 108

第五章　高校校园制度文化建设 ······ 123
第一节　高校校园制度文化建设的内涵与特征 ······ 125
第二节　高校校园制度文化建设的管理分析 ······ 133
第三节　高校校园制度文化建设的基本思路 ······ 139

第六章　高校校园文化载体建设 ······ 147
第一节　大学生班级文化建设 ······ 149
第二节　大学生公寓文化建设 ······ 156
第三节　大学生社团文化建设 ······ 162
第四节　高校网络文化建设 ······ 169
第五节　高校工会文化建设 ······ 176

第七章　高校校园文化建设与创新发展 ······ 183
第一节　高校校园文化建设现状 ······ 185
第二节　基于跨文化交际的高校校园文化建设 ······ 190
第三节　校企文化建设融通发展 ······ 246

参考文献 ······ 255

第一章　高校校园文化概述

　　对于高等教育而言，校园文化建设有着非常独特的意义。校园文化凝聚着高校的风格与精神，它将学校里不同角色的人紧密联系起来，它是学校灵魂的外露。优秀的校园文化能够使高校学生获取知识、陶冶情操，有利于他们的思想道德素质和科学文化素质的提升与完善。由此可见，高校校园文化建设有助于育人目标的有效实现，从而让高校更好地为社会发展服务。因此，高校校园文化建设能够促进高等教育改革工作的推进，有利于学校开展思想政治教育，让学生的综合素质平衡发展。作为学校的管理者以及校园的德育工作者，改进校园文化建设工作、加强对本校校园文化的深入研究是十分重要的工作。本章主要内容是高校校园文化概述，包括高校校园文化的内涵与分类、高校校园文化的特征与功能、高校校园文化的影响因素三部分内容。

第一节　高校校园文化的内涵与分类

一、高校校园文化的内涵

校园文化作为人类社会文化的一种，是学校教育的伴生物，有非常久远的历史。校园特有的学生构成、师生关系、学习内容和学习目的，以及学校生活特有的节奏、规制、环境、氛围等一系列独特的事物和现象，构成了校园文化的主要内容。

古往今来，人们对文化的界定有很多种。概括起来大致可分为两类：一类是以小文化观为代表的狭义的文化界说，另一类是以大文化观为代表的广义的文化界说。

文化是人类社会实践的产物，有广义和狭义之分。广义的文化涵盖了人类在漫长发展和实践的过程中所获得的各种生产能力以及获得的物质和精神财富。狭义的文化仅指精神生产能力和精神财富，其中包括不同的意识形态，如自然科学等。总之，文化就是人类在漫长的社会发展过程中，所创造出的物质文明和精神文明的总和，它本质上是对人类社会存在的反映。

对于高校校园文化的概念，人们从不同的角度出发，也给出了多种不同的理解。

高校校园文化作为一种文化形态，同样包括精神和物质两个层面。高校校园文化在精神层面上的特征，集中体现在高校的办学理念和价值追求上。这种理念和追求的确立必须以深入研究高等教育的本质、高等教育的发展和办学规律、时代对高校的要求等理论为基础，指明高校今后的发展方向。高校校园文化在物质层面上的特征，既是高校校园文化的物质基础，也是高校综合实力的重要标志。高校校园文化的这两个部分，相互联系、互为前提，共同构成了一个完整的大学文化形态，但其中高校的精神文化处于最为重要的位置，起着统领全局的作用。而且，独特的精神文化是一所高校区别于另一所高校的重要标志。

鉴于以上分析，高校校园文化可以理解为在学校开办和发展的过程中，高校校园中所有人共同创造出的物质文明与精神文明的总和。高校校园文化的指导方向是社会先进文化，创造主体是师生举办的文化活动。

从系统论的观点来看，高校校园文化是社会文化系统的一部分。它的形成与发展离不开社会文化的影响，因此社会文化与时俱进的发展也会体现在高校校园文化的形成中。此外，高校校园文化是属于高校所有成员的文化，不仅具有文化的共有特性，还具有独特的属性。作为人类文化宝库中的重要部分，高校校园文化代表了人类社会在教育人、培养人、造就人方面的物质成就和精神成就。同时，高校校园文化作为学校教育的背景条件，又是教育教学过程中重要的教育资源和构成要素。

高校校园文化是一种组织文化，反映了高校师生和员工在特定价值观指导下的物质和精神创造，能在不断积淀、凝聚和内控的基础上持续得到优化，彰显学校的特色。高校校园文化的生成与发展空间是校园，主体是师生和员工，学生在校园文化建设中起到了十分重要的作用。高校校园文化的形态是在多学科、多领域的广泛交流和相互作用下形成的，其中包括教学、科研、生产、生活等各个方面。高校校园文化的运作方式是各种文化活动，核心是价值观，学校各类成员的价值观决定了校园文化的性质、方向和功能，影响了学校职能的实现。在高校校园文化中，价值观通过多种文化活动形式和生活方式来传达和实践，它们与多学科、多领域的广泛交流和特有的交往密切相关。

上述两种校园文化的概念，虽然角度不同，但都同时体现了高校校园文化以下几个方面的特征：

高校校园文化作为一种特殊的亚文化，既是社会大文化的反映，也是社会大文化的衍生物。它不仅与社会主流文化有着紧密的联系和一致的基本取向，而且也受到社会主流文化的制约和影响。同时，高校校园文化也会受到其他亚文化的影响，如家庭文化、社区文化等，这些不同的文化之间保持着相互作用的关系。

高校校园文化能够影响学校的思想政治教育、德育和科研工作，它们是高校为我国社会主义建设做出贡献的具体实践，也影响着高校人才培养目标的实现，有助于学生的全面发展。

高校校园文化根植在校园中，它的形成和发展必然无法离开校园。但是这并不意味着校园文化的形成仅仅受到校内因素的影响。高校校园文化不仅是校园内部的文化现象，也是与社会相互联系和影响的文化形态。高校校园文化的本质是高等教育的文化，需要在高校的教学、科研、管理等活动中得到体现和传承。同时，高校校园文化也不能脱离社会的大背景和需求，在网络技术无比发达的今天，校园文化还可以通过各种渠道和媒介向社会展示高校的特色和价值，与社会各界进行交流和合作，促进社会的进步和发展。

高校校园文化由全体师生和员工共同建设，它的形成和发展也离不开这个特殊的群体。因此，研究校园文化的建设不能仅仅重视学生和教师的作用，更要调动其他学校成员的积极性。

高校校园文化是一个不断变化和发展的系统。它既是一个创新的过程，也是一个由多种因素组成的有机整体。高校校园文化的各个要素之间存在着紧密的联系，各要素之间相互影响、相互作用，形成了一个结构稳定、具有一定功能的系统，具有系统的诸多特性。

二、高校校园文化的分类

根据研究视角和依据的不同，高校校园文化也有很多分类方法。

从角色结构来划分，可以将高校校园文化细分为学生文化、教师文化、职工文化、管理者文化等。这种分类方法强调了不同角色在校园文化中的独特作用和影响，展现了校园文化的多元性和互动性。

从软硬件结构来划分，可以将高校校园文化分为软件文化和硬件文化两个部分。这种分类方法凸显了物质和技术的因素在校园文化中的重要地位，同时也不忽视软件文化的重要性。

从显性和隐性结构来划分，可以将高校校园文化分为显性文化和隐性文化两个部分。显性文化指的是人们能够直接感知到的文化现象，如建筑、服饰、活动等；隐性文化指的是那些无法通过感官直接感知的文化现象，如价值观念、信仰、习俗等。这种分类方法强调了文化的隐蔽性和影响力。

从高校校园文化的空间上划分，可以将其分为班级文化、寝室文化、社团文化、食堂文化等。这种分类方法反映了不同空间对高校校园文化的特殊贡献和影响，体现了空间与文化的紧密关系。

从高校校园文化的活动内容来划分，可以将其分为政治文化、科学文化、道德文化、艺术文化、体育文化等。这种分类方法强调了各种活动内容在形成和发展校园文化中的核心作用，同时也突出了校园文化的丰富性和多样性。

在众多的分类方法中，以文化学研究方法为主要思路，从文化现象存在形态的角度出发进行分析，形成高校校园文化的类别体系，被认为是最基本的，也是被广泛采用的分类方法。这种方法有助于深入探讨高校校园文化的结构和形成理论，从而奠定了校园文化研究的基础理论框架，有助于高校校园文化特征和发展规律的研究。

高校校园文化作为文化范畴的一个组成部分，也包含着文化所具有的种种要素：主体性要素、客体性要素、组织性要素。主体性要素就是人的要素，直接体现在校园文化中的教师、学生、校园工作者等角色中；客体性要素指校园的客观环境和基础设施；组织性要素是指校园文化中的群体组成，如学生会、社团等。

从这个角度进行分析，高校校园文化又可以分成三类：物质文化、制度文化和精神文化，其中制度文化又叫作组织文化。物质文化是校园文化发展的基础、是校园文化的外在表现，精神文化是校园文化的内涵与灵魂，制度文化是精神文化和物质文化联系的桥梁。

校园物质文化是校园文化的外在表现，是大学生学习和生活的重要物质基础，涵盖了学校的各种硬件设施和软件资源，如教室、实验室、图书馆、体育场、宿舍、食堂等，也包括校园周围的社区环境、当地的地域文化和自然人文环境。这些物质文化不仅是学生与教师教学、科研和生活的便利条件，也是学校精神和特色的具体表现。校园物质文化能够反映出学校的办学理念、办学目标、办学水平和办学效果，同时也能够影响学生的思维、情感、行为和品德。校园物质文化主要包括以下几个方面：一是高质量的课程和专业，能够满足学生的兴趣和需求，培养学生的知识和技能；二是高水平的教师队伍，能够用心教育学生，传授知识和智慧，激发学生的潜力和创新能力；三是高效率的教学设施，能够提供舒适的学习环境，支持多样的教学方法，促进有效的教学过程；四是高品位的校园环境，能够营造健康的生活氛围，展示美丽的自然景观，传承丰富的地方文化。高校校园文化是在一定的自然和人文背景以及物质条件下形成和发展的，它的特点可以从不同的物质层面反映出来。校园文化能够影响学生的社会发展。因此我们应当重视校园物质文化的建设，它可以帮助大学生树立正确的世界观、人生观、价值观，培养大学生的责任感和社会感，让大学生更好地适应社会。与制度文化、精神文化相比，物质文化是一个与物质技术因素密切联系的概念。

物质文化是校园文化的重要组成部分，既体现了学校的物质水平和文化水平，又支撑了学校的精神追求和文化创新。物质文化的建设过程中凝聚着校园文化的历史发展与物质积淀，体现了校园文化发展的时代特征、地域风格和民族特色。物质文化的建设涉及学校的各个方面，包括学科专业、教育教学、师资队伍、科研平台和办学条件等。高校物质文化建设应该注重以下几个方面：一是要构建符合社会需求、有国际竞争力的学科专业体系；二是要建立适应时代发展、培养高素质人才的教育教学体系；三是要培养具有良好学风、创新能力和教学水平的优秀师资队伍；四是要打造有特色、有影响力的科研创新平台；五是要提供完善的教学科研基础设施，包括教室、实验室、图书馆、校园网络、教学和科研仪器设备等，以及打造优美舒适的校园生活环境。

在高校校园文化中，制度文化是文化活动的主体在举办相关活动时遵守的行为准则，它维持着校园各类活动的正常运转，体现为各种制度和规范。这些制度和规范包括教学、科研活动中成文的规章制度、组织管理规范和条例，各种学生行为准则和要求，还包括习惯、礼仪、校风、班风以及一些未成文但是约定俗成的习惯做法。

校园制度文化的主要内容是校园的各项规章制度，将学校的培养目标转化成具体的行为标准，在校园文化的形成过程中占据十分重要的地位。基于制度文化对高校成员行为的规范作用和对各类活动的指导作用，高校制度建设的完善程度和落实状况体现了高校教育管理的水平。校园制度文化有效保障了高校各类活动的顺利开展，支撑着管理育人工作的进行。无论是什么样的组织，要想通过管理规范成员的行为和发展，必然要有制度作为管理的基础和保障。高校的人口密集，要想实现教育目标、开展育人工作，需要管理制度来进行规范。校园制度文化建设不仅能让学校的管理工作实现法治化，更能起到促进学生自然成长的作用。制度的制定、政策的推行和管理策略的实施对学校的发展有着潜移默化的影响，同时又能对校园文化建设工作起到规范作用。

高校校园制度文化是学校管理的重要组成部分，受到校园外部和内部两方面的影响。高校校园制度分为三个部分：国家和教育部门制定的法律法规；地方政府和地方教育部门制定的地方性规章制度；学校自身制定的校内规章制度。这些规章制度都是在党的教育路线、方针政策和国家教育法规的指导下,针对学校教育和管理工作的实际情况而制定的。高校校园制度文化反映了我国社会主义基本制度、价值观念、道德准则、法律规范等方面的要求,体现了学校教育与管理工作的特征,同时也具有制度的稳定性、规范性和强制性等特征。制度文化是保证学校教育管理工作有效进行的重要内容。完善和落实校园各项规章制度是维护校园规范的基础,有了制度,学校才能在日常管理工作中实现对校园文化活动的规范管理,校园制度文化有利于培养良好的校风、提高师生的品德素质;能为校园文化建设指明方向和道路;便于各个组织的协调与合作,规范成员的行为与思想,提高管理的效率。高校校园制度文化建设应该注意以下三点:首先,以党和国家的教育方针为指引,结合自身的培养目标和标准,制定科学完善的规章制度,形成完善的制度体系;其次,重视制度之间的联系与协调,形成稳定的制度系统,降低制度的变更频率;最后,还要保持制度的公开性、透明性,严格执行,加强监督。

高校校园文化的核心部分是精神文化。精神文化是高校在长期的发展过程中形成的一种独特的精神气质和价值导向,它包括学校的办学理念、价值取向、道德水平、精神产出、思想信念等方面,它们是高校的无形财富,能够引导人们的思想与行为,为人的成长与发展提供导向,保证高校的教育质量和发展方向。精神文化是人类在满足精神需求的过程中,产生的各种精神活动和产品的总和。校园精神文化是人类精神文化的重要组成部分,其形成也离不开人类精神文化的影响。

校园精神文化是校园文化的核心,反映了学校的价值取向和理念。校园精神文化不仅体现在校园的物质环境、制度安排、成员行为等方面,而且也通过这些方面影响和塑造着学生的思想和精神。校园精神文化是人的创造力的集中体现,它比物质文化更能反映出学校的特色和水平。校园精神文化是学校教育的无形财富,影响着全校师生。随着历史的变化、学校的发展,校园精神文化逐渐成为一所学校独特的文化底蕴和文化传统。精神文化一旦形成,就会成为一种独立而稳定的精神力量,在校园的发展过程中得到传承和成长,形成高校特有的精神象征。

第二节　高校校园文化的特征与功能

一、高校校园文化的特征

高校校园文化不是孤立的文化现象，是社会总体文化的一个组成部分，与其他非高校校园文化存在着多种多样的密切联系，并产生着各种形式的交互影响。然而高校校园作为一个独特的小社会，由于生活在其中的人群（高校师生）的特殊性，其文化也具有一些不同于非高校校园文化的特质。这些特质的形成主要源于高校校园的主体特征、文化品格和价值追求。

高校校园文化是高校师生的文化，具有鲜明的时代性与创新性。这是作为其主体的青年大学生的特点所决定的。青年是较敏感的人群，时代性、探索性、创造性、革新性几乎都和青年紧密相连。五四运动和新文化运动之所以以高校为发源地，就在于高校校园文化的创新性，或者说，正是高校校园文化的创新性，为五四运动和新文化运动的发生奠定了一个主体的基础。

深入把握高校校园文化的创新性，对于贴切地理解与合乎规律地培育高校校园文化具有重要意义。

其一，要理解高校校园文化的探索性，这正是探索途中必然经历的过程。探索是个过程，对科学的探索、对人生的探索、对世界和社会的探索都是如此，这个过程就是不断地自我扬弃、自力更生，高校校园文化的创造性和革新性都与此紧密相连。

其二，要理解和把握高校校园文化的时代性。大学生是时代骄子，是时代的弄潮儿，在他们的身上往往更能深刻地附着时代的印记，往往从高校校园文化中可以窥见时代文化的潮流和趋向。

对于培育高校校园文化来说，时代性与创新性要求建构一种激励机制，切实维护好校园文化主体——青年学子的积极性和进取心。从某种意义上说，高校校园文化更是一种需要鼓励的文化形态。时代性与创新性还要求建构正确的高校校园文化引领机制，因此需要高校文化建设建构切实有效的引领或引导机制，使大学生在面对困惑时有方向、有坚持。

高校校园文化是"高校校园内的"文化，因此相较于其他种类的文化而言，它的形成和发展相对独立，且整体相对稳定。高校校园文化虽然也会受到社会文化的影响，但是在反映时代变迁这方面往往表现出超前性或落后性。在特定历史背景下，校园文化与社会文化甚至会产生很大差距。不过，大部分高校校园文化在本质上还是与社会文化相符的，它们都从不同角度反映了所处时代的特征，并对社会变革与发展起到一定的积极的促进作用。这是高校校园文化具有相对独立性的表现之一，是由其本身的特点所决定的。高校校园是文化学术薪火传递之所，文化学术薪火传递也是高校的基本职能之一，因此，其文化便带有"学院派"色彩。教师之教，学生之学，是高校最重要和最基本的文化活动，教和学的内容，又都是系统而不零散、深入而不肤浅的，所有这些就形成了高校校园文化的学院性特征。在学院性特征的影响下，每个学校的校园文化都在形成和发展的过程中逐渐展现出独属于自己的内在特征，这使一所高校与其他学校之间产生了很大不同。校园文化的稳定性也体现在这里，校园文化的核心精神是高校的精神象征，具有十分稳定的特征。

高校校园文化中的内容均体现出独立性与稳定性的文化特征。例如，校园自己的媒体文化和社团文化，与社会上同类文化相比更加具有独立性。从某种意义上说，高校校园文化比起其他类型的文化在规范化、深刻化、完整化、系统化等方面都有着更高的程度和形态，其底蕴更为深厚，传承性更加鲜明。高校校园文化的稳定性特征要求人们在理解它时必须有一种文化史的眼光和素养，能够把握特定高校校园文化的源流和整体内涵。独立性与稳定性的特点也让高校校园文化的发展与社会大众文化之间的联系相对减弱，这是因为在某种程度上高校校园文化能够超越社会文化的大众性，并引导社会文化的发展。例如，社会上引起大众强烈关注的某些流行文化在高校的影响力却很低。

高校校园文化的反思性是其独立性与稳定性的重要来源。高校师生作为思想活跃、知识渊博、情感丰富、个性鲜明的群体，对文化现象有着自己的判断和评价。作为高校校园文化的主要创造者，他们的个性特征也会影响校园文化的形成。他们不随波逐流、不盲目崇拜，而是善于从深层次去探究文化产品的内在价值和意义。高校师生更喜欢欣赏文化产品的美学风格，感受诗歌的意境和人性的光芒，甚至于思考哲学的奥秘。

其三，高校校园文化在物质性基础上，更以精神性文化为内在特征。精神性诉求构成了高校校园文化的又一个基本特征。高校校园外的大众社会是以世俗化为其基本特色的，因而，其民间基本文化形态也往往侧重于物质性诉求的世俗文化。与物质性诉求的世俗文化相比较，高校校园文化主体精神性诉求强烈，更加追求一种精神上的满足感。

高校是一个汇聚知识的地方，在这里生活和学习的人大多是饱含学识的知识分子。他们应该是社会良知和正义的捍卫者，他们用自己的智慧和道德，赋予了高校校园文化特殊的精神品质。高校校园文化能达到何种高度，其将向哪个方向发展，这些问题在一定程度上反映了社会精神的高度与发展方向。例如，在俄罗斯近代社会的发展过程中，罗蒙诺索夫创办的莫斯科大学扮演了很重要的角色。中国的新文化运动中，由蔡元培管理的北京大学也成了当时思想和文化的主要引领地。因此，在建设中国特色社会主义先进文化的过程中，高校校园文化建设依然是其中十分重要的内容，并要在这个过程中发挥出巨大的作用。

高校校园文化是社会文化的一个重要组成部分，既有自己的独特性，又有自己的发展性。高校校园文化既不能脱离社会文化的影响和制约，也不能忽视与世界文化的交流和对其的借鉴。北京大学的校园文化特色就是在五四运动时期的社会变革和思想启蒙中形成的。高校校园文化建设要与时俱进，不断吸收社会文化、世界文化中积极进步、健康向上的新元素，与本校的历史传统和现实需求相结合，形成具有鲜明特色和持续发展的高校校园文化。

由此可见，在高校校园文化建设过程中，校园文化的基本特性是非常重要的内容。高校校园文化具有其特殊的发展规律，这是高校校园文化建设的重要依据。高校校园文化建设不仅要体现高校的育人功能，还要符合高校校园文化的开放性、包容性和反思性特征。如果忽视了高校校园文化的本质和规律，高校校园文化就无法起到教育作用，甚至让师生和员工反感。一旦高校校园文化是封闭的、排他的、不能对自己进行反思的文化形态，那么就无法与高校的发展同步，更无法与大学生的精神特征相符合，这对于高校的人才培养是十分不利的。因此高校校园文化建设工作必须先掌握校园文化形成和发展的内在规律，然后制订相应的发展计划和建设章程，以保证高校校园文化能够具有旺盛的生长力和与时俱进的发展精神。

二、高校校园文化的功能

社会进步与发展离不开文化建设和物质建设这两个主要的推动力，从历史发展中我们可以看到，国家和民族的生存与发展离不开文化的发展与繁荣，这种作用是政治或是经济所不能替代的。

第一，文化让世界和生命有了内涵和价值。文化具有丰富的内涵和深刻的意蕴，它是一套精彩的符号体系，是人类生活的精髓，也是人类追求真理和智慧的象征。它以各种独特的方式构建着这个世界的意义和价值，伦理、哲学、艺术等领域都包含在其中。在这个复杂的系统中，最为核心的是人的终极关怀问题，即人类从何而来，将去往何处，以及存在的意义和价值。这些问题主导着人类对自身和世界的理解，也是文化构建的关键要素。

在历史长河中，文化的发展如涓涓细流，汇聚成江河湖海，波澜壮阔。在不同的地域和民族中，文化呈现出多样性。就如同百花园中的花朵，每一朵都有着自己独特的色彩与芬芳，不同的文化互相竞艳，互相学习，构成了世界文化的丰富多样性。

文化多样性背后的核心是人们对生命意义和存在价值的探索。不同的文化有着不同的理解和表达方式。比如，有的文化强调个人的能力和智慧，赞美勇敢和才智；有的文化则注重群体的和谐与稳定，赞美勤劳和朴实。这些不同的理解和表达方式，构成了人类对生命意义和存在价值的丰富认识。

无论文化的多样性如何丰富，最终都离不开对人类终极关怀问题的探讨。每种文化都在试图思考和解决人类的终极关怀问题，让人类的精神能够找到归属，能够不断超越自己，找到生活的方向和目标。对于这些问题，每个文化都有着自己的回答和解决方案。而这种回答和解决方案，又反过来塑造了该文化的独特性和发展路径。

文化的力量在于它对人类思想的启迪和引导。它是人们行为的指南，是人们理解世界的载体。正是由于文化的引导和启迪，人类才能够不断向前发展，探索出新的道路，创造出新的价值。

第二，文化可以起到建设和维护社会秩序的作用。在社会发展的进程中，文化至关重要，它不仅维系着社会内部的和谐与稳定，还构建着社会秩序的根基。这种秩序的基石在于"有序"的观念，它通过一系列的礼仪规范和道德准则来约束人们的行为，形成一种有规律可循的社会秩序。在中国传统文化中，"五伦"思想就是一个典型的例子。它以一种差序格局的伦理宗法为基础，构建了一个和谐稳定的社会关系网。

"五伦"思想强调父子、君臣、夫妇、长幼、朋友之间的亲疏关系和责任义务，以这种有序的伦理关系为基石，进一步维系了封建社会秩序的稳定与和谐。在这个伦理宗法社会中，个人的行为和言论都要符合一定的规范和标准，从而形成一种有序的社会秩序。

然而，仅仅停留在"有序"的层面上，还不足以实现社会的完全和谐。因此，文化还需要在较高层次上构建秩序，即"和谐"。这种和谐是一种内在的审美建构，它强调人与人之间的情感交流和心灵沟通，要求人们在遵循基本的礼仪规范和道德准则的同时，还要追求情感上的共鸣和思想上的共通。

这也是为什么在中国传统文化中，"诗乐"占据着核心地位。诗与乐是人类内心世界的真实表达和追求，它们能够唤起人们内心的共鸣，使人们在情感上得到沟通与交流。通过诗与乐的审美体验，人们可以进一步加深彼此之间的了解和信任，从而促进社会的和谐与稳定。"诗乐"不仅是文化的重要组成部分，也是构建社会和谐秩序的关键所在。

第三，文化能够凝聚民众，让人民更加团结。在相同的文化体系下，社会成员使用共同的语言，有着共同的信仰和历史，因此在思想和精神方面也更加同步，逐渐形成了特有的"集体无意识"。这种无意识状态表现为一种共享的文化体验，它不仅包含了成员们对彼此的认知和情感认同，还蕴含着对共同的文化背景和生活方式的深刻理解。这种彼此之间的休戚相关、荣辱与共的文化体验，将社会成员紧密地联系在一起，形成一个稳定而有序的"命运共同体"。这个共同体的成员之间不仅在情感上相互依赖，而且在价值观和信仰上保持一致，从而使得每个成员都能感受到自己在这个社会体系中扮演着重要角色。

第四，文化还具有陶冶情操、净化心灵的强大功能。正如哲学家亚里士多德论述的，悲剧具有一种独特的力量，能够触动人的内心深处，洗涤人的灵魂，使人们在情感的激荡中得到净化与升华。[①] 同样地，鲁迅先生也以一种深刻而独到的见解，提出了文艺是点燃国民精神的灯火这一理念。他认为，优秀的文化艺术

---

① 蔡静俏，袁仁广. 高校校园文化建设与发展研究 [M]. 长春：吉林文史出版社，2021.

作品就如同光芒四射的灯火，照亮国民的精神世界，激发人们对真善美的追求，同时提升整个社会的精神层次。[①] 这种理念充分体现了文化是一种能够深刻影响人类及社会发展的强大精神力量。

优秀文化的力量并非仅仅停留在对心灵的净化与升华上，还能够激浊扬清，成为引领社会风尚、弘扬正能量的重要载体。这种能量能够提升社会成员的道德水准，塑造高尚的人格，使人们更加注重精神追求，更加珍视人文关怀。同时，也能够为社会的发展提供强大的精神动力，推动社会的进步与和谐发展。

简单来讲，文化对于人类而言是不可或缺的，是人类心灵的归属和精神的力量源泉。文化无处不在，并且无时无刻不在滋养着人们的心灵，为人们提供精神上的给养。在这个意义上，文化的价值无法估量，对于人类的重要性不言而喻。

教化作用是文化的本质特征，也是文化的根本目的。从古至今，"文化"一词就含有"教化人"的含义，指的是对人心性的熏陶和对人品格的培养。在现代社会，文化成为教育的重要组成部分。因此，教化可以说是文化的基本功能甚至是核心功能。文化的倡导本质上就是教育理念的倡导，这一点在高校校园文化建设中尤其明显。

高校是文化创造和传承的重要场所，也深刻影响着国家和民族文化的发展，承担着不可替代的文化创造和传承责任，是社会先进文化的发源地和示范区。正是高校校园文化的这一基本功能，要求高校加强校园文化建设，坚持校园文化发展的正确方向，丰富其内涵，提升其品位，彰显其风骨。高校校园文化是一种特殊的社会文化，它以"育人"为本，为大学生提供了培养正确的世界观、人生观、价值观的重要平台。高校校园文化建设的核心任务是营造有利于学生全面发展的校园文化氛围，它虽然会受到社会文化的影响与制约，但与其他社会文化之间有着非常明显的区别，它有着非常强的"育人"的自觉性。相较于其他社会文化，校园文化的内容是精心筛选的、优秀真实可靠的文化，这是高校校园文化主动"育人"的基本要求。高校校园文化建设应该以"育人"为出发点和落脚点。

高校文化素质教育的核心目标是促进大学生的全面发展，而不仅仅是传授知识技能。这种教育关注大学生的身心健康和发展，通过拓宽他们的知识视野来激发他们的个性。知识掌握的片面性会让学生的人格与思想也变得片面，只有多元

---

① 蔡静俏，袁仁广. 高校校园文化建设与发展研究 [M]. 长春：吉林文史出版社，2021.

的知识才能培育出全面发展的人才。文化素质教育是高校教育的重要内容，以人的全面发展为目标，它认为文化知识是人成长的工具和动力，成才是教育的最终目的。这种教育方式反对把知识掌握当成唯一的标准，因为那样会剥夺人们的主体性和自由性。文化素质教育还能使学生的思维变得更活跃，培养他们的创造力和创新能力。

高校校园文化能为学生提供丰富的文化资源与活动形式，让学生参与文化建设的热情更加高涨，培养他们的审美能力和文化素养。学校可以举办文化艺术节、文学讲座、艺术展览等活动，为学生提供展示才华和拓宽视野的平台。此外，高校也应该注重培养学生的人文关怀和社会责任感，通过开展志愿者活动、社区活动等方式让学生参与社会实践，拓宽视野，培养他们的社会意识和责任感。

教师在高校校园文化建设中扮演着重要的角色。教师不仅要传授学科知识，还应该在课堂教学中培养学生的文化意识和人文素养。教师可以通过引导学生阅读经典著作、参观文化遗址、举办文化讲座等方式，让学生深入了解和体验人类优秀文化的博大精深。此外，教师还要以身作则，成为学生成长的榜样，通过自己的言传身教引导学生形成正确的人文价值观。

大学生作为高校校园文化的创造者和参与者，也承担着重要的责任。他们应该积极参与校园文化活动和社团组织，发现自己的兴趣并将其融入文化建设中。通过与不同背景的同学交流与合作，学生可以相互促进，拓宽视野，提高自身的文化素养和综合素质。

通过加强文化素质教育，高校校园文化能够推动大学生的个性成长和创新能力的培养。高校校园文化要注重提供丰富的文化活动和资源，培养学生的审美能力和文化素养。教师在校园文化建设中应发挥榜样和引导作用，引导学生形成正确的人文价值观。大学生要积极参与校园文化活动，发掘自身潜能，提高综合素质。通过共同努力，高校校园文化将成为推动学生全面发展的重要力量，塑造出更加优秀和全面的人才。

人类的科学创新能力不仅来自其深厚的科学知识储备，也来自其文化艺术修养。在我国的大学生文化素质教育中，受到重视的内容主要包括文学、历史、哲学的基本知识，以及艺术方面的基本修养。正是基于这些教育内容，大学生才能够在科学领域中更加全面地发展自己。

文化素质教育的重点是让学生接触和了解广泛的文化，包括文学、历史和哲学等。通过学习文学作品，学生可以开阔视野，感受人类智慧的博大精深；通过学习历史，学生可以了解到人类社会的发展演变，从中吸取经验和教训；通过学习哲学，学生可以思考人生意义和价值观的问题。此外，艺术修养也是文化素质教育的重要方面，通过研究艺术形式和欣赏艺术作品，学生的审美能力和表达能力得以明显提升。

在文化素质教育中，需要特别强调对理科学生加强自然科学的教育。虽然理科学生主要学习科学知识和技能，但他们也应该具备文化素养。理科学生应该通过文学、历史和哲学等课程的学习，了解到科学与人文的关系，培养科学创新的人文思维和社会责任感。同时，需要注重培养文科学生的自然科学素养，让他们了解科学的基本原理和方法，以便更好地与科学相关的领域进行交叉融合。

文化素质教育应该与专业教育相互渗透，注重实践性。这就意味着文化素质教育不仅仅是传授知识，更重要的是培养学生的能力和提高他们的综合素质。在专业教育中，可以通过开设跨学科的课程或项目，让学生将文化素质教育所学知识和技能应用到实际问题中。例如，对于理工科学生来说，可以设置科技创新与传媒艺术的交叉课程，培养他们的创新思维和科学表达能力。对于文科学生来说，可以组织实践活动，让他们体验科学技术的应用和社会发展的现实问题，从而增强他们的实践能力和社会责任感。

文化素质教育的目标是发挥桥梁作用，从而有效实现文化的"育人"功能。通过文化素质教育，大学生不仅能够熟练掌握自己专业领域的知识，还能够具备全面发展的个人品质和综合素质。文化素质教育可以培养学生的思维力、创造力和领导力，使他们在科学创新中更具竞争力。此外，文化素质教育还能够提高学生的综合素养和人文关怀能力，培养他们的社会责任感。通过文化素质教育，大学生能够更加全面地发展自己，为社会的进步和发展做出贡献。

随着时代的变迁和社会的发展，文化素质教育正展现出愈来愈强劲的生命活力，不仅满足了大学生发展的需求，更是推动科学创新的重要力量。通过加强文化素质教育，我国大学生将能够更好地适应社会的发展需求，成为具备全面素质的创新人才。

校园文化是大学生的精神家园，是培养社会主义建设者和接班人的重要途径。

为了提高校园文化的建设水平，必须突出社会主义核心价值观、时代精神和学校的办学特色，营造良好的校园氛围、教学风气。同时，要加强大学生的文化素养，通过开展各类思想道德、知识技能、身体健康、审美情趣等方面的活动，实现学生的德智体美劳全面发展，使文化教育融入文化活动中。

高校校园文化有三个主要作用：一是传承与发扬民族文化，汲取民族文化的精髓；二是筛选和整合时代文化，规范时代文化的内容；三是推动和发展社会文化，引领社会文化的创新。社会主义核心价值体系是高校校园文化作用发挥的主要指导。唯有如此，高校校园文化的建设与发展才能真正承担起并履行好自己的社会责任，为中华民族伟大复兴和社会的进步发展做出应有的贡献。

第三节　高校校园文化的影响因素

校园文化是多个因素共同作用的结果，其内涵丰富，包括学生群体的思想观念、价值取向、行为规范等方面。影响校园文化的因素也是多方面的，它们从不同的角度和层面影响着学生的成长和学校的发展。影响校园文化的因素主要包括民族文化和社会传统文化因素、社会制度文化和学校传统因素等方面。

一、民族文化和社会传统文化因素

民族文化和社会传统文化因素是影响校园文化的重要因素。民族文化和社会传统文化是我们国家和民族历史和传统的积淀，是文化自信的基石。这些文化因素能够影响学生的思想价值观和行为习惯，继而在学生作为校园文化的建设者的过程中，影响校园文化的建设与发展。

民族文化是伴随民族发展的传统文化，渗透在各族人民生活的各个环节中，对高校校园文化的形成也有非常重要的影响。这也是校园文化中民族色彩的来源。在不同的国家或地区中，校园文化的特点也各不相同，反映了不同民族文化的价值观、行为准则和教育理念。

在中国的大学校园中，班集体在学生学习和生活中发挥着重要作用。学生按班住宿，同学之间形成了紧密的关系，共同学习、生活和成长。校园文化强调诚实守信、礼貌待人、关心集体、和谐一致，这是中国传统文化中儒家教育思想和道德观念的体现。在课堂上，教师仍然扮演主导角色，传授学生知识和技能，这反映了中国社会对教师的尊重和崇敬，以及对传统知识体系和教育方式的传承。

校园文化作为传承和弘扬民族文化的重要途径，不仅可以培养学生独特的民族气质和文化认同感，还能够传播和推动民族文化的发展。

需要注意的是，在全球化的背景下，校园文化也开始融合与交流，吸收了来自其他文化的优秀内容。不同国家的大学借鉴和融合彼此的优秀文化传统，形成了跨文化的校园文化。这种文化交流和融合的趋势既丰富了校园文化的内涵，又促进了不同文化之间的相互了解和沟通。

民族文化对校园文化有着深远的影响。不同国家和地区的校园文化中有民族文化的深刻烙印，体现了民族文化独有的特征和价值取向。因此，高校校园文化建设必须注重传承和弘扬民族文化，同时汲取其他文化的精华，推动跨文化的交流与融合。通过这样的努力，校园文化将更好地培养和塑造学生的个性，增强他们的文化认同感，为他们的成长和发展提供良好的支持和引领。

社会传统文化对校园文化建设有着重要的指导和影响作用，它是在漫长的历史进程中逐渐形成和完善的、具有稳定特征的文化。它体现了社会发展历史传承至今的文化精髓，并与当今社会生活完美融合，具有特殊的意义，其基本精神也极具主导性。社会传统文化承载着特定社会的价值取向，影响着社会中的人们的生活方式，具有深厚的历史渊源和历史继承性。在校园文化构建中，社会传统文化起着重要的参照和指导作用。

一方面，社会传统文化是前人在劳动创造和革命实践中形成的精神成果，凝聚着社会悠久历史的精神创造，是宝贵的精神财富。社会传统文化中的经典文学、艺术作品、哲学思想等都是人类智慧和精神创造的结晶，对于培养学生的审美情操和人文素养具有重要意义。在校园文化建设中，应当最大限度地继承和弘扬社会传统文化，通过举办文化活动、开设相关课程、推广传统文化艺术等方式，让学生深入了解、熟悉和感受社会传统文化的魅力。这样可以加强学生对传统文化的认同感与自豪感，培养他们对传统文化的兴趣和热爱，提升他们的文化底蕴和综合素质。

另一方面，校园文化应该保持批判的精神，对社会传统文化筛选并加以改进，使其与现代社会的要求相结合，更好地服务于校园文化建设的目标。哲学、社会科学、文化研究等学科的教育和研究可以为学生提供思辨和分析的工具，使他们能够对社会传统文化进行全面的理解和评价。

在校园文化建设中，注重社会传统文化的继承和弘扬，不仅有助于培养学生的民族自信和文化认同感，也有助于传承和保护民族独特的历史和文化遗产。同时，校园文化也应该积极树立更新的思想和价值观，追求创新和进步。通过开展多元文化交流、引入国际化教育理念和先进的教育技术等方式，促进不同文化之间的对话与融合，培养学生的跨文化交流和跨文化适应能力，使校园文化更加开放、包容且具有国际视野。

通过对社会传统文化的继承与创新，校园文化可以更好地服务于教育教学的目标，培养学生的综合素质，促进其全面发展，为社会的进步和发展做出贡献。

二、社会制度文化和学校传统因素

社会制度文化和学校传统因素也是影响校园文化的重要因素。社会制度文化是一个社会在长期发展过程中形成的制度化产物，对于学生的行为规范和道德标准有着深刻的影响。学校传统是校园文化的核心，是学校历史和传统的积淀，对于学生的成长和发展有着重要的影响。

社会制度是宏观文化中的重要内容，能够影响校园微观意识形态和文化的形成与发展。不同国家和地区的社会制度塑造了校园文化的不同特点和价值取向。例如，美国和欧洲国家的学校在教育过程中强调个人主义价值观的形成。在这些国家的校园里，每个学生更注重个人的自我实现、个人意愿的追求，群体约束相对较弱。个人在校园内以个人身份生活、学习和竞争，更注重个体的独立性和自主性。

中国学校教育则较崇尚集体主义的人生价值观。在我国大学中，每个学生不仅要为自己的生活和未来而奋斗，而且要将自己视为集体的一员，班级和学校的集体意识是校园文化中的重要内容。学生愿意为集体贡献自己的才智，并将集体的利益置于个人之上。这种集体主义的意识形态对于培养学生的团队合作精神和集体观念具有重要意义。

此外，无论是校园文化建设还是其他教育活动，都不能脱离党的指导。这是我国校园发展的必要准则。党组织在校园文化建设中起到了重要的引领和推动作用,学生因此能够形成符合社会主流意识的三观,党员学生也能积极接受党性教育,弘扬社会主义核心价值观。

除了社会制度,在校园文化建设过程中,学校传统的影响也不容忽视。学校传统就是学校在发展和实践过程中形成的具有一定的稳定性的办学思想和模式、各类成员的行为方式与习惯、学校的风气等。学校的历史越悠久,校园传统发展得也就越成熟、稳定。学校传统是学校在漫长的发展过程中形成的精华,是校园文化建设的素材和发展的动力。

例如,清华大学建校之初的校训为"自强不息,厚德载物",在漫长的发展过程中,在校训的引领下,清华大学逐渐形成了努力进取、德才并重的优良校园传统。清华大学治学严谨,这一传统也有着悠久的历史,这种传统对学生的学风建设和学术品质要求起到了积极的引导作用。清华大学的爱国和进步传统可以追溯到1926年清华大学成立的第一个共产党支部,这种传统对学生的思想教育和社会责任感的培养产生了深远的影响。

学校传统的保持和弘扬,有利于巩固学校的办学特色,强化学校的文化认同,激发学生对学校的归属感和自豪感。传统文化的传承应该与时俱进,合理融合现代科技和时代精神,以适应时代的发展和学校的需求。

综上所述,社会制度和学校传统是影响校园文化建设的两个重要因素。社会制度塑造了校园文化的价值取向和教育理念,而学校传统是学校文化的重要来源和影响因素。在校园文化建设中,需要注重社会制度和学校传统的继承与创新,以适应社会发展和学校发展的需求,培养学生的综合素质,促进学生全面发展,为社会的进步和发展做出贡献。

第二章 高校校园文化建设策略

　　本章主要阐述高校校园文化建设策略,包括高校校园文化建设的原则与功能、优秀传统文化融入高校校园文化建设、大学生志愿服务融入高校校园文化建设三部分内容。

第一节 高校校园文化建设的原则与功能

一、高校校园文化建设的原则

大学是人类社会进步的"动力产生源"。大学承担着知识存储、传播、使用和创造的责任。文明的继承与发展、人才的选拔与培养、科学的发展与创新、文化的交流与对话，无不以大学为重要载体。大学是社会文明进步的重要阵地，也是社会思想和文化的高地。大学承担着人才教育和知识传播的重任，在这个过程中不仅大学文化能获得发展，社会文化也能产生一定的发展与变革。因此，高校校园文化建设应受到社会各界重视。

高等教育的发展离不开文化的建设与发展，高校的健康发展必然要重视文化的作用。从实践经验中看，优秀的大学，尤其是具有悠久历史的优秀大学，在发展过程中都潜意识地或是特意地在进行文化生活的培育。高校校园文化建设的重要性主要可以从以下三方面进行理解：

第一，高校校园文化建设是社会主义精神文明建设的重要组成部分，反映了中国先进文化的发展方向。高校校园文化作为一种亚文化形态，受到社会文化的影响和制约，同时也对社会文化产生着积极的推动作用。高校校园文化能够在一定程度上反映社会文化的发展水平，也是社会文化创新的源泉与动力之一，它通过生产优质的文化产品以及培育高水平人才来促进社会文化的提升，是社会文化中较为先进的内容。高校在文化传承与传播过程中的功能也非常突出，由于拥有较高的教育科研水平，高校能够提供先进文化发展与传播的条件和机遇。

第二，高校校园文化建设影响着大学的办学水平，也是实现大学生全面发展所必需的工作。现代大学的各种属性和特征都会体现在校园文化建设中，影响教师和学生的日常工作和生活，进而形成学校的风气。可以说，如果缺少先进的校园文化，高校的发展与建设也会缺少动力和方向。在全球化、信息化和社会转型的背景下，学生面临着多元化的文化选择，这就要求我们积极主动地按照先进文化的标准，引导和推动校园文化建设工作，形成利于学生发展和奋斗、满足学生学习和生活需求、符合大学发展特色的校园文化氛围，让学生能够积极进取、全面发展。

第三，和谐的校园文化是构建和谐校园的基础。高校学生来自全国各地，涉及许多家庭，他们的生活和学习都被家庭和社会关注着。因此，校园的和谐也关系着社会的和谐与稳定。和谐校园的建设离不开和谐的校园文化的营造。高校育人的目的是将学生培养成全面发展的人才，而和谐的校园文化能够将德育、智育、美育和体育有机融为一体，真正实现教育的全面发展。此外，和谐的校园文化还能影响学生思想和道德观念的形成，在潜移默化中影响学生的行为习惯。和谐的校园文化是和谐校园建设的精神动力，能够形成尊重、进取、良性竞争、和谐友爱的校园氛围，为学校成员的和谐相处提供良好的环境。

高校校园文化的建设关键在于明确其目的和方向，这是对高校办学宗旨的直接反映，明确了高校办学目的、服务对象和目标等问题，就决定了高校校园文化建设的目标和路径，也决定了高校校园文化的效果和价值。高校的主要目标在于培养人才，因此高校校园文化建设的出发点也是培养人才。也就是说高校校园文化建设要服务于人才的培养，致力于培养全面发展的高素质社会主义建设者，培养学生的创新意识和创新精神。高校校园文化创新就是为了打造有利于创新人才成长的环境和条件，就像给植物提供空气、阳光、水分和养分一样，让学生在良好的校园环境中茁壮成长，成为对社会有用的人才。

为了培养具有创新能力的人才，学校应该不断改革和完善校园文化，发挥其在教育、引导、示范、激励等方面的作用，构建有利于人才成长的校园机制，营造出利于学生展示自我、发挥能力的优良环境。同时，学校校园文化建设的成效应当以创新型人才培养的目标达成度为指标，让校园文化建设围绕人才培养建立起有效机制，从而提高学校人才培养的水平。

高校校园文化建设的基本原则建立在校园文化既定的发展方向和建设宗旨之上，同时也被其自身的发展规律约束。高校校园文化建设的原则保证了其发展的方向和建设的成果。因此，高校校园文化建设工作必须遵循相应的原则。

（一）方向性原则

高校校园文化建设对于社会主义文化建设而言意义重大，其展现出浓郁的政治特色。因此，高校校园文化建设要以国家的发展方向和领导思想为主要指导，跟随教育改革发展的步伐，坚持正确的政治方向，让校园文化始终保持先进性、优秀性。

我们也可以这样理解，要想保证校园文化的先进性，必须在建设过程中坚持马克思主义先进理论，这样才能使校园文化不断创新，不断朝着正确的方向发展，成为先进的社会文化。也只有这样，我们才能真正理解校园文化创新理论和思想，掌握正确的创新方法，让校园文化得以将创新和发展融合，不断前进，不断取得优秀的建设成果。

在校园文化建设过程中，我们要坚持正确的指导思想，以"百花齐放、百家争鸣"为主要方针，不断吸取其他文化和文明成果的精华，淘汰其中落后腐朽的思想与观念，让校园文化的发展过程充满生机与活力。

鉴于这种特殊的背景，高校校园文化建设的指导思想必须坚定，必须坚持马克思主义指导思想，在校园文化建设和思想政治教育中弘扬社会主义理想与信念，以实现民族复兴为最终目的，创造出更加精彩绚烂的文化。

（二）主体性原则

高校师生是校园文化的核心和引擎。他们思维活泼，学识渊博，勇于创新，是校园文化不断发展的动力。如果没有高校师生发挥的积极作用，校园文化也难以得到创新和发展。高校师生要主动投身校园文化建设，挖掘自己的潜力和才华，充分展现自己的个性和风格，为校园文化注入新的元素和活力。

在高校校园文化建设中，我们应当尊重师生和员工个性的发挥，激发他们的创造力，让他们在校园文化建设过程中发挥主体作用，不畏风险，敢于突破，充分发挥他们的积极性、主动性和创造性。只有这样，校园文化建设工作才能实现其价值，达成其育人的根本目的，打造出充满热情、充满活力的校园氛围和环境，创造出辉煌灿烂的文化成就。

（三）传承与借鉴原则

大学是社会之光，不应随波逐流。大学不仅要传承中华优秀传统文化，还要不断探索和创新，积极学习借鉴世界各国先进的文化成果，创造富有时代精神的校园文化。

历史继承性是文化的固有属性，不过这种传承并非对过去的全盘接受，而是有选择地继承，是对文化的筛选和发扬。无产阶级革命导师马克思曾说过："人们自己创造自己的历史，但是他们并不是随心所欲地创造，并不是在自己选定的条件下创造，而是在直接碰到的、既定的、从过去继承下来的条件下创造的。"[1] 高校的基本职责之一是传播和弘扬民族的优秀文化，这也是高校校园文化作为先进文化的必要条件。没有民族的传统文化，任何先进文化都会失去源泉和基础，变成无根之木。所以，中华民族的传统文化是高校校园文化建设的历史底蕴和文化基石，高校校园文化建设要紧紧依托于它，充分发掘和利用它的优秀价值，并加以继承和发展。

高校校园文化的内容来自历史文化的不断积淀、凝聚和创新，伴随着时代变化、社会的前进以及高校的不断发展，高校校园文化也在不断得以丰富、充实。高校校园文化是一个开放的系统，其发展不仅要传承中华民族优秀的传统文化，还应对人类社会创造的一切优秀文明成果，包括其他国家的优秀文明成果加以学习借鉴，取其精华，去其糟粕。

（四）服务性原则

高校校园文化建设紧密围绕学校中心工作，服务于学校发展大局。在现代教育发展中，校园文化具有显著的教育价值和教育优势。校园文化的发展与创新能够让学校更具凝聚力、向心力，有利于整合学校内部各种力量和资源，有利于正确引导和处理好各种矛盾和冲突，对学校的发展和管理具有不可替代的积极意义。高校校园文化建设的重要目标就是努力使校园文化建设与学校改革发展进程和谐一致，实现共同的育人目标。

高校校园内生活着一大批有思想、有学识、有理想、有能力的知识分子，思想的碰撞和文化的交融在这里频繁发生，所产生的思想与文化的创新也有助于社会的发展。由此可见，提高校园文化建设水平是高校一项具有基础性、战略性、前瞻性的工作，必须与推动社会主义文化大发展、大繁荣，为国家和地方经济社会发展贡献力量相结合。校园文化既要成为科学思想萌生的催化剂，又要成为科学思想发展的重要载体；既要从先进文化中汲取营养和力量，又要为社会主义文

---

[1] 史逸君，朱放敏，余友情. 大学生思想政治教育与校园文化建设 [M]. 长春：吉林出版集团股份有限公司，2020.

化大发展大繁荣提供强大动力；既要充分发展大学内部的文化，又要在此基础上引领社会文化的发展。

二、高校校园文化建设的功能

高校是文化传承和创新的重要基地，国家和民族文化的发展离不开高校的作用，它在文化发展过程中承担着十分重要的责任。其产生的先进文化能够辐射社会，成为社会文化发展的示范区。因此，高校必须重视校园文化建设工作，以党和国家的领导思想和教育方针为指导，明确校园文化建设与发展的方向，丰富其内涵，提升其品位，彰显其风骨。高校校园文化建设的主要功能可以概括为以下两个方面：

（一）引导学生成长方向

高校是思想的熔炉、精神的家园。高校师生在这里进行思想的继承、传播与创新，形成了多样的、包容的校园文化。高校应该成为培养学生多样文化选择能力的场所，引导他们沿着科学、正确、健康的方向发展。高校校园文化由校园环境、教师和大学生三个基本要素构成。

高校校园环境不只涉及校园的硬件设施、制度规范，还涉及基于网络世界的虚拟校园环境，例如校园网等。高校校园文化是由教师、员工和大学生共同构建的，他们是高校校园文化建设的核心力量。高校的文化传统不仅体现在办学理念和校风上，也体现在教师的教学风格和学生的学习风格上。大学生的角色十分重要，大学生不仅参与校园文化的创造过程，也是校园文化的主要感受者和受益者，校园文化所产生的教育作用和对人的影响也主要体现在大学生群体上。

（二）造就全面发展的高素质人才

高校校园文化建设的意义，归根结底是为了人的全面成长，这就要求高校校园文化和高校人员之间有良好的互动关系，如果高校人员不能主动地参与和接纳高校校园文化，那么高校校园文化就无法实现其教育目的。

高校文化素质教育的核心目标是培养大学生的全面发展能力。这种教育虽然常常与知识教育融合，但知识教育并非最主要的。对于现代素质教育而言，大学生的身心成长和全面发展永远是教育最本质的目标。这就意味着文化素质教育要求学生掌握多方面的知识，从而促进其个性的形成和发展。知识的片面性会影响人格的完整性，只有掌握了全面的知识，人才能全面发展。在素质教育中，文化知识只是人格养成与人的全面发展的工具，因此知识掌握并非教育的主要目的，人才的养成才是最终的目的。文化素质教育强调教育不能仅仅重视知识的传授和掌握，而要将人当作知识掌握的主体。此外，文化素质教育还能够启迪学生的智慧、引导学生进行创新。

科学创新能力的培养不仅需要掌握科学的理论和方法，也需要具备文化涵养和艺术鉴赏能力。我国高等教育中的文化素质教育，主要包括文学、历史、哲学等基础知识，以及基本的艺术素养，同时，还要求文科专业的学生加强对自然科学的学习；文化素质教育应与专业教育相结合，强调实践的重要性，将知识传授和能力培养、素质提升融合，全面提高学生的素质。

第二节　优秀传统文化融入高校校园文化建设

一、优秀传统文化与高校校园文化建设的关系

中华优秀传统文化与高校校园文化建设有着密不可分的内在联系。因此，我们要深刻理解问题的本质，在校园文化建设过程中融入对中华传统文化结晶与智慧的运用与发扬，用优秀传统文化的精神与内涵指导高校校园文化建设的理论与实践；要转变思维方式，正确思考中华优秀传统文化的意义与作用，寻找其与高校校园文化建设的内在联系；要创新方法策略，在高校校园文化建设过程中寻找有效途径和重要手段，实现对中华优秀传统文化的传承与创新。深化对于二者关系的研究思路、方法和领域的认识，大有裨益。

在我国众多的文化中，高校校园文化是十分独特的，具有时代发展的烙印，也有青春的特色。对于我国高校的发展与建设而言，高校校园文化意义非凡。高校校园文化建设工作也是丰富多样的，有着不同的认知视角、实践方式和建设路径。高校校园文化精神与优秀传统文化有着千丝万缕的联系，它对传统文化的依赖程度不言而喻，并且在吸收传统文化的基础上发挥着其独有的魅力与特色。因此，研究和探讨优秀传统文化与高校校园文化建设与发展之间的关系就显得十分重要了。

中华优秀传统文化的延续是国家保持繁荣发展和民族振兴的持续动力，也是对人们智慧力量和辉煌业绩的深刻表现，推动着中华民族欣欣向荣、生生不息、不断前进和蓬勃发展。当今社会是科学技术高度发展且更新换代极其迅速的网络时代，我们应重视对传统文化的研究与发扬，找出其具有价值的内容，将其融入现代社会和文化的发展中。对优秀传统文化的准确认识和深入挖掘以促进我国高校校园文化建设，不仅具有深远的理论意义，更对高校校园文化建设工作实践有着很高的价值。高校校园文化建设需要在传承中华优秀传统文化的基础上，进行适应时代发展的创新。这种创新既体现在高校校园文化的内涵和形式上，也体现在高校校园文化与中华优秀传统文化的互动和融合上。只有通过创新，才能使高校校园文化在学生的日常生活和实际行动中得到有效的体现和发展。这是中华优秀传统文化与高校校园文化建设之间的重要联系。从某种程度上来说，高校校园文化是基于对优秀传统文化中精华内核部分的继承和吸收的前提下产生的。同时，在古今文化的融合与碰撞之中又产生了新的创新、突破与发展。

在高校校园文化的形成过程中，新文化运动起到了重要的作用，其引入科学与民主两项文化内容，在中国知识分子阶层中引起了广泛的响应。新文化运动把校园里良好的学习氛围与学习科学文化知识相融合，并把所学的科学文化知识运用到实践中来，这是推动高校校园文化建设的重要环节。现如今，高校校园应该形成百花齐放与百家争鸣的繁荣景象，不仅要为师生的学术研究提供宽松和公平的环境，更要为学术研究的独立创新营造浓郁的学术氛围。这也是高校校园文化建设和发展的目的所在。

实现中华优秀传统文化与高校校园文化建设的有效对接和有机融合是研究二者的关键问题和内在要义。中华优秀传统文化的传承不仅以文化物品、书籍等客观物质形式为主要载体，还以民族精神、伦理道德、知识体系和行为模式等主观思想形式影响着一代又一代的中华儿女。

中华优秀传统文化已经成为一种民族血液和民族精神，深入我国政治、经济和文化等各个领域，这种思维意识的结晶影响着人们的思维模式和行动方向。高校校园文化继承了中华优秀传统文化的精华核心内容，尤其重视对学生道德观的培养，将古时的孝、忠、仁、义、礼、恭等儒家传统文化中的道德规范予以现代化应用。现代化应用，就是将传统元素与现代因素或现代精神有机融合，实现对传统文化的有效激活，发挥传统文化在当代社会的价值意义。中国传统文化源远流长、博大精深，研习和掌握传统文化中的精髓，对我国当今高校大学生树立正确的世界观、人生观和价值观具有重要的作用。

中华优秀传统文化与高校校园文化的有机结合和无缝衔接是高校校园文化建设的新视角和新方向。优秀传统文化与高校校园文化的融合为高校校园文化的理论思想、指导方法、价值取向等提供了深厚的文化底蕴和精神理念。

中华优秀传统文化是关于整个历史社会所具有的心理状态、价值取向、思维模式和社会精神风貌等内容的总和与反映。优秀传统文化的继承与发扬对高校校园文化的建设和发展具有一定的价值意义。

在中华优秀传统文化中，儒、释、道都讲求"境界"的修炼，古人主要采用内修的形式，即采用"格物致知""正心""修身养性"等方式来修炼自身的精神境界和道德修养，并在实践中不断地"修道"和"得道"，而非价值取向的"知识论"追求。孔子曰"知天畏命"[1]，这是不逆日月、时宿而行的天命观，同时，还要注重培养"仁者乐山，智者乐水"[2]的人文情怀。

君子修德要做到以下三点：一是要敏于事而慎于言，即做事敏锐，重于实践，但不妄自断语；二是勤于反思，不断学习；三是"慎独"，控制自己的欲望，不受物质利益的诱惑，通过道法自然遵循客观规律的修德方法，达到上善若水、化育万物的境界。在当今社会，建设高校校园文化的进程中更要充分合理地挖掘优秀传统文化中重视德行修身的精神内核，使之为我国校园文化精神建设所服务。其中所涵盖的价值取向、行为准则以及道德修养等关键内核都应该成为高校校园文化建设中的精髓。

对中华优秀传统文化的挖掘和开发是高校校园文化建设的新出路，不仅仅在于它提供一种新的认知视角和实践方向，更在于它为当今时代的高校校园文化建设提供了一个新的课题，需要我们不断去探究、追寻。之所以说它新，更在于时代背景的不断变化，时代形势的不断发展，需要我们根据不同的实际情况解决新问题，创造新局面，实现新发展。因此，对于建设高校校园文化来说，科学认识是一个新视角和新方向，但不是唯一的角度，而是多维中的一维。

---

[1] 季海菊. 高校生态德育论 [M]. 南京：东南大学出版社，2011.
[2] 翁芝光，许苏民. 中西人文精神比较研究 [M]. 福州：海风出版社，2003.

继承和发扬中华优秀传统文化,是我国高校校园文化建设和发展的精神内核与持续动力,也为高校校园文化构建的具体路径提供了重要的价值意义。

对中华优秀传统文化的继承与发扬和高校校园文化建设之间是相辅相成、相得益彰的。把二者有机结合起来,既促进了大学生的身心健康发展与人格的不断完善,也使高校师生得到文化精神层面的洗礼。

我国高校要坚持"以人为本"的宗旨,特别要注重育人为本、德育并进的本质功能,在顶层设计方面要优化上层建筑。推进校园文化建设,其教育性必须受到高度重视,充分利用和发挥好学校宣传教育的功能,开展有效而恰当的宣传教育活动,如学校里面的报刊亭、宣传栏和阅读走廊等地方都是开展宣传教育的好场所,都可以让学生在潜移默化中受到启发。

另外,校园文化建设的一个重点就是要以学生的全面发展为核心、出发点和落脚点,既充分体现我国高校文化建设的特色文化水平,又体现"以人为本"的宗旨,为学生的发展提供广阔的精神文化家园,又能很好地继承和发扬中华优秀传统文化。

《关于实施中华优秀传统文化传承发展工程的意见》指出,推动高校开设中华优秀传统文化必修课,在哲学、社会科学及相关学科专业和课程中增加中华优秀传统文化的内容。加强中华优秀传统文化相关学科建设,重视保护和发展具有重要文化价值和传承意义的学科。[1]学校可以有针对性地开设一定的特色文化课程,例如国学研习课和书法审美鉴赏课等。也要根据学生的自身特点与兴趣爱好进行针对性的学习培养,开展定期的校园文化活动,使学生在活动中提升文化素养,注重大学生开创意识、探究创新意识和团队合作意识的培养,在活动中促进学生自身素质的提高与全方位的发展。

当今,互联网正在不断地优化和改善我们的周边环境,但同时也充斥着各种良莠不齐的网络信息,构建和谐环境应该净化网络环境,积极打造绿色校园。注重培养和提升学生对互联网信息的辨别、选择、判断和再认识的能力,这在一定意义上来讲是一个基本前提。

文化艺术长廊的构建是对中华优秀传统文化继承与发扬的一个桥梁,也是高

---

[1] 中国政府网. 中共中央办公厅 国务院办公厅印发《关于实施中华优秀传统文化传承发展工程的意见》[EB/OL].(2017-01-25)[2023-06-10]. https://www.gov.cn/zhengce/2017-01/25/content_5163472.htm.

校校园文化建设的一个重要途径。在文化艺术长廊中,展示中华优秀传统道德文化的相关事例,还可以展示古代历史长河中做出一定贡献的历史人物的事迹,同时也可以展示在学校发展史中做出相关贡献的著名人物的研究事迹以及我国古代优秀的绘画、书法艺术,让学生从中得到精神上的洗礼。

另外,学校要开设一定的道德礼仪培训课程,对学生的日常行为和语言进行规范培训,积极开展德育教育工作,使大学生能够在积极融洽的学习氛围中获得文化知识,以不断提升自身素质并开阔视野。

在建设高校校园文化的过程中,要不断创新教学模式,改变教学思维,在教学过程中潜移默化地将优秀的传统文化渗透给学生,同时,开展相应的宣传活动,例如张贴海报、以讲座和座谈会的形式进行宣传引导。还可以利用现代网络工具如QQ、微信、公众号以及论坛等学生容易接受的方式定期宣传,如推荐经典的人文类文章、名人视频以及时事热点等,让学生自觉地学习,从中受到启发。

师生之间可以以中华文化经典为载体,实现师生积极互动,提升教学质量和效果。例如,每次上课的时候,让学生先朗诵经典著作中的片段文字,教师以学生所诵读的这段文字为主题,在全班范围内与学生积极互动,一方面,让学生对中华优秀传统文化有一定的学习和理解,另一方面,使得师生在教学活动中潜移默化地获得情感的熏陶和道德的提升,相应的教学效果也就逐渐呈现出来。

中华优秀传统文化与高校校园文化建设发展之间是不可分割、相辅相成、相互统一的关系,这里面的研究思路还需要不断拓宽,研究方法还需要不断创新,研究领域还需要不断深化。

总之,优秀传统文化是根源,是建设校园文化的原动力,在传承中华优秀传统文化的基础之上,要不断激活优秀传统文化在当代社会的价值意义,进而更好地推动我国高校校园文化的建设与发展,为学生的全面发展开辟出一个精神家园。

二、高校校园文化与优秀传统文化的对接和碰撞

高校校园文化是对中华优秀传统文化的传承与发展,也是对现代文化的融合与创新。它既有自己的风格和魅力,又有传统文化的底蕴和精髓。它在文化多样性的背景下,展现了中国传统文化与现代文化相互交流和共同进步的特点和价值。

人类社会发展的过程中也同时伴随着文化的发展，而随着人类的不断进化，文化也在不断扬弃、不断丰富。社会发展至今，文化已经与经济和政治相互融合，形成密不可分的关系。

文化是民族的灵魂，是民族创造力和凝聚力的重要根源，是国家综合实力的重要内容。一个民族因为共同的文化和信仰，个体之间产生了强烈的凝聚力，无论他们之间是否存在地域的隔阂或制度的差异，彼此之间的认同感是无法消除的，他们的心理和行为有着非常强的同一性。

校园文化是社会文化体系下的一种亚文化，也是一种具有浓郁中国特色和社会主义特色的先进文化。我国教育事业的发展和国民素质的提升都离不开校园文化的建设。校园文化是社会文化的一部分，是受社会文化影响形成的亚文化，更是社会文化的衍生。但校园文化和社会文化之间又有着明显的区别。校园文化主要由以校园师生为主的群体建立，以校园为主要发展区域，对高校社会价值的实现和办学目标的达成有着十分重要的积极影响，形成于学校的教育、科研、管理等各个领域，体现了学校的主流思想和行为习惯。

校园文化的内涵是多方面的，既涉及校园的硬件环境，例如教学楼、图书馆、体育馆、宿舍和餐厅等基础设施，也涉及校园的软件环境，例如管理制度、思想教育、价值观念、教育目标、教育方针、教育方法、教育质量和行为规范等。校园精神是校园文化的灵魂，能够引导校园物质文化和制度文化的生成。如今所提倡的高校"做大做强"，就是要求高校不断提高自己的物质文化水平和精神文化水平。

高校校园文化在精神、个性和魅力等方面表现出一定的特质，但是本质上，高校校园文化的形成与发展依然以中华优秀传统文化为基础，并从中汲取养分。

中国拥有5000多年的悠久文明史，中华民族在历史上创造了辉煌的民族文化，无论是《诗经》《论语》等经典著作，还是唐诗、宋词、古典小说等文学艺术形式，抑或浩如烟海的历史遗迹都让世界为之瞩目。中国还是四大发明的发源地，造纸术、印刷术、指南针、火药对人类文明进步做出了重大贡献。中国是第一个利用指南针进行航海的国家，也是第一个使用地震仪监测地震的国家。中国还保留了世界上最早、最完整的古代天文记录。中国的儒家思想也对世界产生了深远的影响。总而言之，中华文化是人类创造文明历程中的一部宏伟壮丽的史诗。

中华民族的文化传承历经几千年的创造、积淀与流传，形成了独特的文化内容，并且影响着当代文化的发展与建设。

我国传统文化的传承既有经典著作、文物古迹等物质形式的体现和延续，也有思维模式、价值取向、道德规范、审美情趣、行为准则、风俗习惯等精神方面的传承和发扬。而且，这些不同形式的文化已经以文化心理和性格的形式深深融入中华民族的发展与传承之中，并渗透进社会的各个领域，对人们的思想和意识产生了深刻的影响。

优秀传统文化是我国文化发展的根基，影响着我国人民的思想和行为准则，也影响着社会的发展。高校校园作为科学发展和文明进步的重要基地，其文化的建设和发展也体现出了传统文化的特性。

中华民族的传统文化以儒家为主流，融合了其他学派和外来文化的思想观念，体现了中华民族的主体意识和价值取向。儒家文化经过孔子、孟子，以及历史上各位儒家学者的创造、传承与发展，形成了深厚广博的儒家思想体系。这一体系的核心精神是以道德为治国之本，强调人的道德自律和人格完善。

被称为儒家经典"四书"之一的《大学》，开宗明义就指出"大学之道，在明明德，在亲民，在止于至善"[1]。明德，就是明德之所得、本之所本，明德就是领悟天道而不断亲民，从而达到道德上至善的最高境界。不能明德于天，不能以天道为根本，就会败国丧家，所以，人生不可不慎乎。"有德此有人，有人此有土，有土此有财，有财此有用。德者本也，财者末也。"[2]

《礼记·礼运》云："大道之行也，与三代之英，丘未之逮也，而有志焉。"又云："大道之行也，天下为公。选贤与能，讲信修睦。"[3]中国传统文化中，道德是重要的价值观之一，是人们的共同追求。历史上，许多有志之士和仁义之人都以"忧国忧民"为己任，以"乐天乐人"为理想。

儒家思想最根本的观念是仁，即爱人。孔子在《论语》中说："好仁者，无以尚之"[4]"志士仁人，无求生以害仁，有杀身以成仁"。孔子在《论语》中又说："己

---

[1] 梁枢. 国学精华编[M]. 北京：商务印书馆，2011.
[2] 同[1].
[3] 戴圣. 礼记[M]. 沈阳：万卷出版有限责任公司，2019.
[4] 张先志，耿忠群. 论语[M]. 北京：北京时代华文书局，2019.

欲立而立人，己欲达而达人""能行五者于天下为仁矣""礼之用，和为贵"①。这里的仁义和善、礼联系在一起。儒家经典著作提出了孝悌、忠信、仁义、礼智、恭敬等一系列道德规范，并把其看作做人的根本。

古人崇德，古代的哲学家在论述自己的观点时会强调人格、气节和情操。我国古代流传的神话中也体现出了这一点。例如，女娲补天、精卫填海等故事折射出了我国人民自强不息、生机勃勃、努力奋斗的精神品质。孔子在《论语》中曾说"三军可夺帅也，匹夫不可夺志也"。孟子在《孟子·滕文公下》中也曾提出富贵不能淫，贫贱不能移，威武不能屈。②儒家思想强调人的道德修养，倡导人格的独立和完善，主张人应该遵循一定的道德规范，不随波逐流、不向外界压力屈服。在儒家思想的影响下，中华民族形成了自立自强的精神和刚正不阿的气节，塑造了中华民族是非分明、主张正义的威严气概。这种思想主张直到现在也依然在校园文化建设中发挥着育人作用。我国的教育方针要求德、智、体、美全面发展，其中德育是首要的。现在我国的各级各类学校都设有思想品德课程，严格考核教师的思想品德。在不同时代，育人的内容虽然有所差异，但对人格的要求却是相同的，人应当高尚清廉、坚守正义、遵纪守法、公私分明；处理人际关系时，做到"仁者爱人""兼济天下"③"己所不欲，勿施于人"④"仁、义、礼、智、信""温、良、恭、俭、让"⑤，作为学生，我们应当尊重师长、热爱校园、友善对待他人、自尊自爱。校园文化建设也对人文精神进行重点强调：人应当先学做人，只有学会如何做人才能成为一个敬爱父母、热爱国家、为国奉献的人。在强制力和威慑性方面，道德虽然不如法律，但它是一种无形的约束，靠良知和舆论让人们学会自我约束。在法律无法涉及的地方和领域，道德便是最重要的约束力量。在和谐社会建设的进程中，道德的协调功能是至关重要的。

传统文化中的天下为公、忧国忧民、献身国家的爱国主义精神和"富贵不能淫，贫贱不能移，威武不能屈"⑥的高风亮节，"先天下之忧而忧，后天下之乐而

---

① 张先志，耿忠群. 论语 [M]. 北京：北京时代华文书局，2019.
② 杨伯峻，杨逢彬. 孟子 [M]. 长沙：岳麓书社，2021.
③ 同①.
④ 同①.
⑤ 同①.
⑥ 贺桂金. 国学中的家教 [M]. 北京：台海出版社，2017.

乐"①的广博胸怀仍然在激励着校园的学子们。西方发达国家在20世纪的科技和经济进步是显而易见的，但这也带来了许多负面的后果，比如能源短缺、环境污染、生态破坏、自然灾害频发、人与自然的关系紧张等；同时，西方社会也面临着严峻的社会心理问题，如道德沦丧、犯罪增加等。而中国儒家文化所弘扬的价值理念、伦理规范、知足常乐等人文精神，能够为西方社会所遭遇的困境提供有益的启示和对策。中国传统文化源远流长，博大精深。但是我们不能对其全盘接收和集成，而是要筛选出其中正确的、对我国现代社会发展有益的内容进行传承和发扬。文化的发展也必须经历不断的"继承—筛选—创新"循环，才能永远保持活力。

最初，马克思主义是在高校校园中进行传播的。马克思、恩格斯的哲学理论和政治经济学理论等对于我国社会的发展有着深刻的指导意义。我们应重视马克思主义的指导作用，积极宣传相关思想与理论，倡导人民建立科学的世界观和认知方法论。这对于我国的发展而言意义重大。伴随着新文化运动的发展，马克思主义也在我国受到广泛认可，我国出现了很多坚信马克思主义的学者，他们不仅深入理解了马克思主义思想和理论，还具备深厚的文学功底；他们一方面进行我国传统思想文化的继承与弘扬工作，另一方面还积极参与文化辩论，利用马克思主义理论对不同的文化思潮进行分析与评判，虽然他们的观点并不完全相同，但是为我国思想文化的发展做出了贡献，也促进了马克思主义的中国化，为解决中西文化关系问题奠定了理论和实践基础。

在20世纪的三四十年代，中国共产党人积极参与了民族危亡的抗争，成为时代的先驱。在文化领域，一些杰出的马克思主义者相继涌现，如郭沫若、艾思奇、张岱年等，他们都受过传统文化熏陶，有着深厚的文学功底，对中国文化有着浓厚的感情，同时也是五四运动后受到马克思主义启发的知识分子。他们反思五四运动，对当时一些人针对传统文化所秉持的错误思想进行了否定和批判，也对传统文化进行了许多梳理与研究工作，取得了大量极富价值的成果。在这个过程中，他们以马克思主义为指导，认真在实践中探索和思考马克思主义理论在中国社会的实践方式。

中华文明的精髓包含了物质和精神的创造、语言和文字的发展、符号和习俗

---

① 白落梅. 雅宋词客[M]. 长沙：湖南文艺出版社，2022.

的形成等多方面的内容。

人类社会的进步离不开科学的发展。在历史发展进程中，人们不断探索自然、寻求真理，总结自然发展规律、掌握社会变化与发展的本质，从而让自己增加对世界的了解，减少对未知的恐惧。也正是因为科学的发展，人类才能摆脱由无知和贫困带来的发展困境，让社会变得更加美好。

科学技术的发展是人类社会进步的重要动力，也是知识经济的核心要素。随着资源的枯竭、生产的深化，科学技术与社会的各个方面的关系更加密不可分，成为人类赖以生存的基本保障。

科学知识的传授是当今校园文化的核心内容，学习科学知识是学生的主要任务。民主精神是校园文化的重要组成部分，在政治民主的诸多层面得到了体现，比如学生会的选举、教学质量的评估、各类比赛的裁定等都实行投票制度。校园里自由开放的学习环境和学术交流为师生提供了更多的可能性和条件，学生与学生、教师与教师、师生之间以及校内外、理论与实践之间的交流已经建立了一套规范化的程序。

民主也包括个性的发展，校园具有极强的包容性，能够为师生提供发展自己、展示才华的舞台。因此，不同的思想、观念和潮流能够在这里得以发展和完善。

三、优秀传统文化融入高校校园文化建设的思考

目前，将优秀传统文化融入高校校园文化建设中已经成为新的发展方向。各高校也在不断加大针对融合建设工作的力度，并采取相应的措施强化这项工作。

中华民族在漫长的历史进程中，在自然条件、经济状况、政治制度、思想理念等因素的影响下，创造了丰富的文化遗产。这些文化遗产不仅体现在经典的文献、制度等客观形态上，也体现在民族的思维方式、知识体系、价值取向、行为规范、风俗习惯等主观方面上。

校园文化是学校这个独特的地方所孕育出来的，包括学校的领导者、教职工和学生在教学、科研、工作、生活等各个领域的交流和创造的所有有形和无形的成就及其形成的过程。它涵盖了四个方面：精神文化、制度文化、行为文化和物质文化。高校校园文化是一种更高层次的校园文化，它以高等学府为舞台而发展，从一开始就被视为高雅、智慧、富有人文气息的象牙塔文化。

中国传统文化是博大精深的，包含了许多思想的精髓，能够帮助我们建立正确的三观。高校校园文化的发展需要借鉴中华优秀传统文化的精神，把它融入校园文化的建设中，不仅有利于校园文化的健康成长，也有利于学生的全面发展，还有利于中华优秀传统文化的传承和创新。

（一）中华优秀传统文化融入高校校园文化的意义

1. 中华优秀传统文化传承的需要

改革开放以来，随着市场经济制度的建设以及全球化的发展，各种各样的社会思潮也进入我国社会，影响着传统文化的传承与发展。互联网技术的发展让人们能够通过网络与更多的人交流，能够接触世界各地的信息和人群，人们被丰富多彩的网络世界吸引，逐渐降低了对我国传统文化的关注度。

作为高等教育的受益者，大学生应该担负起传承和弘扬优秀传统文化的责任。大学校园是一个以知识传播和文化涵养培育为主要使命的地方，同时也是一个促进文明进步和社会发展的重要平台。大学校园文化不仅影响着一代又一代的毕业生，还通过各种媒体、书籍和活动与社会进行不断的交流和互动，对社会形成文化反馈，引导社会的风气和发展趋势。所以，把中华优秀传统文化融入高校校园文化建设，既能保证传统文化有人继续发扬，又能让社会大众更多地了解和接触传统文化，满足中华优秀传统文化发展的需要。

2. 高校校园文化建设的需要

中华优秀传统文化是高校校园文化建设的重要基石。高校校园文化不仅反映了一所大学的办学特色和学校的精神面貌，还能够凝聚师生的思想感情，营造有益的校园文化氛围，潜移默化地影响学生的发展。因此，高校校园文化建设必须以我国优秀传统文化为基石，传承和弘扬传统文化，并形成自己独特的文化与精神。

中华优秀传统文化是千年文明的结晶，所蕴含的教育思想与哲学观念在当代仍有着重要的价值和启示。高校校园文化建设应该充分吸收和利用中华优秀传统文化的精髓，从而丰富校园文化的内在含义，提升校园文化的品质和水平，为高校校园文化建设注入宝贵的传统文化元素，这对高校校园文化的建设具有重要意义。

3. 大学生成长成才的需要

大学生的思想十分活跃，价值观也在逐渐形成。大学校园有责任引导学生价值观的建立与成熟。我国传统文化中包含优秀的精神文化，例如，"书山有路勤为径，学海无涯苦作舟"所代表的勤奋刻苦的学习与钻研精神，"天行健，君子以自强不息"所代表的积极进取、自强不息精神，"纸上得来终觉浅，绝知此事要躬行"所代表的笃行精神等，这些思想理念有助于青年大学生正确价值观的形成。因此，将中华优秀传统文化与高校校园文化建设活动融合有助于青年学生养成正确的行为习惯和思想，让学生成为全面发展的高素质人才。

（二）中华优秀传统文化融入高校校园文化的建议

高校校园文化由精神文化、制度文化、行为文化和物质文化四部分构成，它反映了高校的历史传统、教育理念、学术风气和社会责任。这四个部分之间相互影响、相互渗透，共同构建了高校的核心价值观和独特魅力。高校校园文化的建设是一项系统工程，需要高校领导的重视、教师的参与、学生的主动和社会的支持，以促进高校的整体发展和社会进步。而要想将中华优秀传统文化与高校校园文化融合，应当从以下几点出发进行思考和实践：

1. 重视校园精神文化建设

校园精神文化是校园文化的核心，包含校园文化的观念、校园发展过程中形成的历史文化传统、校园大部分主体认可的思想意识和价值观念等。高校校园文化与传统文化的融合首先需要重视精神文化的建设与发展。

首先，高校要将中华优秀传统文化融入校园精神文化建设，需要高校领导干部发挥示范作用，引导全校师生、员工树立正确的校园文化观念，重视中华传统文化在校园精神文化建设中的作用和价值。

其次，高校要注重对富含中华优秀传统文化内涵的校园精神的概括。校训、校歌和校徽是最能体现全校师生员工共同思想意识、价值观和生活信念的文化符号，其中最为简洁的是校训。我国很多大学的校训都源于中华传统文化经典，包含了传统文化的思想精华，如抗战时期的西南联合大学的校训是"刚毅坚卓"，这一校训将北大的宽容自由、南开的吃苦耐劳、清华的严谨认真的校园精神有机融合。西南联大是抗战时期的一所特殊的大学，它集合了三校的优秀师资和文化传承,同时也孕育了一种适应艰苦环境和物资匮乏的校园精神。这种精神激励了西南联大的学子,在学术上取得了卓越的成就,为中国的发展和进步做出了重要的贡献。一所大学要想不断进步,就必须有一种强大的校园精神作为支撑和动力。

最后,高校要充分利用所在地的传统文化资源,发挥其在传统文化教育中的独特作用。高校可以将当地的传统文化元素与学校的办学理念结合起来,建设传统文化教育基地,定期组织大学生领略地方的文化遗产,让大学生对中华优秀传统文化有更深刻的认识,从而更好地领悟中华优秀传统文化的内涵。比如,湖北工程学院位于孝感,该地是孝文化的发源地,学校以"知孝、行孝、弘孝"为主题,积极推广中华优秀传统文化的价值观,打造"孝爱育人"的文化品牌,有效地加强了对学生的中华传统美德教育。安徽师范大学位于皖南,该地是徽商和徽文化的重要发祥地,学校注重对"徽商"精神、"徽文化"的传播,这些都对学生的成长产生了积极的激励效果。

2. 完善校园制度文化建设

校园制度文化是高校校园文化的重要组成部分,通过书面形式规范和传播学校的文化理念、价值观和行为准则,如学校的规章制度、规则、措施、约定以及执行细节等。它是高校开展校园文化活动的基本指导和保障,也是高校进行校园文化建设的有效途径。为了让中华民族的优良传统文化在高校校园文化中得到传承和发展,高校应该不断完善和优化相关的制度文化内容。

为了改进文化教学制度,加强高校中华优秀传统文化的教学,高校应该从以下三个方面进行改革和完善:一是建立健全中华优秀传统文化师资培养和教学研究的制度,提高教师的专业水平和教学能力,培养一批懂得中华优秀传统文化的高素质教师;二是优化课程结构,提高中华优秀传统文化类课程的比重和质量,设置必修课和选修课,让学生系统地学习中华优秀传统文化的基本知识和精神内涵;三是探索中华优秀传统文化教育与思想政治教育的有效融合,利用中华优秀传统文化的丰富资源,丰富思想政治理论课的内容和形式,增强思想政治理论课的文化感染力。

为了提高校园课外文化活动的质量和效果,学校应该加强相关的制度建设,建立一套有效的管理和协调机制,使各部门能够形成纵向的领导责任和横向的合作关系的有机协调；要充分发挥师生的主体作用，让他们积极参与校园文化的创造和传承过程。这样才能充分利用学校的人力资源，最大限度地激发师生对中华优秀传统文化的认同感和融入感。

例如，浙江工业大学人文学院凭借自身的学科优势举办"国学文化节"活动，开展了如知识竞赛、讲坛和诵读会等以传统文化为主题的活动，有效弘扬了传统国学文化，促进了学院文化与传统文化的融合。这些活动有着不同的主题与特色，它们的组织者是学生，参与者也大多是学生，这种活动有效提升了学生对中华优秀传统文化的学习兴趣。在这一系列活动的举办过程中，学院也积极发挥了优秀教师的作用，促进了师生之间的互动，取得了较好的活动效果，值得其他高校借鉴。

3. 大力开展校园行为文化建设

校园行为文化是高校校园文化的重要组成部分，体现在学生和教师在校园内的日常交流、学习、娱乐等各个方面，是高校教育理念和价值观的直接体现。为了弘扬中华优秀传统文化，高校应该积极推进校园行为文化的创新和发展，培养学生和教师的文明素养和社会责任感。

高校要加大有关中华优秀传统文化的社会实践活动的组织力度，有计划地组织学生参观历史名胜、各类传统文化博物馆和文化遗址等，让学生近距离地感受传统文化的魅力。

高校要借助当地的传统文化资源优势，与地方政府达成合作，建立传统文化教育与实践基地，让大学生有更多的机会接触中华传统文化，接受优秀传统文化的熏陶。例如，广东很多地方都有赛龙舟习俗，因此很多高校都成立了龙舟协会，让大学生有机会参与龙舟比赛，感受中华传统文化的旺盛生命力。

大学生社团在高校校园文化建设中起着重要的作用，高校要加大对学生社团的资金支持和有效管理，为学生社团的发展提供保障。例如，高校可以支持大学生社团举办各类有关中华优秀传统文化的活动，并积极宣传，吸引学生加入，让大学生在参与互动的过程中积累知识、锻炼自己的能力与素质，激发对传统文化学习的兴趣。此外，高校还要将文化活动举办与校园媒体宣传有机结合，通过各类宣传渠道传播优秀传统文化。

校园传媒包含很多媒体形式，例如广播、宣传栏等传统媒体和微博、微信等新媒体。高校要重视媒体的宣传作用，充分发挥传统媒体和新媒体的宣传优势，强化对中华优秀传统文化的传播工作。

随着社会的不断发展，媒体也发生了很多变化，高校应当积极了解互联网新媒体，掌握新媒体的传播规律与传播优势，打造互联网新媒体平台，形成媒体矩阵，加强对中华优秀传统文化的宣传。同时还可以开通咨询渠道和信息发布渠道，帮助学生解决相关问题、发布互动活动信息。

4. 加大校园物质文化建设

校园物质文化是指学校的教学设备、生活设施、校园自然生态环境等实物形式的文化表达。校园物质文化是校园文化建设的基础和支撑，为中华优秀传统文化在高校校园文化建设中的传承和创新提供了必要的物质条件。高校应该加强校园物质文化建设的投入和管理，使之更好地体现中华优秀传统文化的精神内涵和价值取向。

在校园物质文化建设中，高校需要积极推进相关教材的编写和使用，培养大学生的文化自信和民族自豪感。高校应该组织专家学者等高水平人才，参与中华优秀传统文化教材的编纂工作，确保教材的质量和适用性，符合大学生的学习需求和特点。高校还应该增加对中华优秀传统文化类图书资源的支持，丰富历史、道德和文化等方面书籍的种类和数量，让大学生有更多机会接触和学习优秀传统文化类书籍。

高校应该把中华优秀传统文化的精髓融入校园环境的建设中，比如，在校园里建造一些具有中华传统文化特色的建筑，竖立中国古代名人的雕像，在教室和楼道上刻写古代的诗歌、格言等。比如，湖南大学就是把岳麓书院的优秀文化用"上墙"的方式展现出来，让师生能够随时感受到先贤们的智慧和情怀。这样，师生生活在一个充满了中华传统文化气息的校园里，能潜移默化地受到中华优秀传统文化的影响。

第三节 大学生志愿服务融入高校校园文化建设

在当今社会，高校校园文化建设作为培养学生全面发展和塑造高等教育品牌形象的重要方面，越来越受到广泛关注。作为高校的核心群体，大学生的积极参与和贡献对塑造校园文化的独特魅力和活力至关重要。而志愿服务作为一种社会实践活动，不仅能够培养学生的社会责任感和公民意识，更能将其融入高校校园文化建设中，为学生提供了广阔的发展空间和机会。随着社会的发展和进步，高等教育的普及化程度不断提高，各个高校之间的竞争日趋激烈。在这样的背景下，高校校园文化的建设成为提升学校综合实力和品牌形象的重要手段。高校校园文化不仅仅是学校的精神内核和文化传承的载体，更是展示学校特色和吸引力的窗口。

单一的教学和科研活动已经无法满足当代大学生全面发展的需求，他们对于校园文化建设和社会实践活动的参与呼声越来越高。大学生志愿服务作为一种重要的社会实践形式，既能帮助学生提升综合素质和人文关怀，又能为学校注入活力和正能量。因此，将大学生志愿服务融入高校校园文化建设已经成为当前高校发展的重要任务和方向。

一、志愿服务的概念和意义

（一）志愿服务

志愿服务是指个人或集体自愿投入社会公益事业中，为他人或社区提供无偿的帮助和支持的行为。它是一种高尚的、无私的、具有奉献精神的表现，也是个人对社会责任的认识和承担，以及对他人福祉的关注和关爱。志愿服务可以为社会做出积极的贡献，帮助弱势群体和社区中需要帮助的人，解决社会问题，促进社会和谐发展。通过志愿服务，人们可以感受到一种强烈的成就感和自我价值的提升，同时也可以获得更多的社交经验和个人成长的机会。因此，越来越多的人开始重视志愿服务，并将其作为自己的一份责任和义务。

（二）志愿服务的价值与意义

1. 社会价值

志愿服务在社会发展的进程中扮演着重要的角色，是社会进步的重要推动力。它不仅强化了社会凝聚力和社会和谐，还为社会的可持续发展贡献了力量。

志愿服务能够把社会各个角落的人们聚集在一起，加强了人与人之间的联系和互动，从而有助于减少社会摩擦、增强社会凝聚力和促进社会和谐。同时，志愿服务能够针对不同社会问题提供具体解决方案,例如在环保、教育、医疗等领域提供支持,从而有效改善社会环境。

对于社会弱势群体,志愿服务能够为他们提供实质性的帮助和关爱,增强他们的社会融入感和归属感。通过为弱势群体提供生活上的照料、心理上的疏导、法律上的援助等,有助于提升社会的公平正义。

更重要的是,志愿服务不仅可以帮助解决当前的社会问题,它还着眼于未来,致力于推动社会的可持续发展。通过倡导环保理念、推广绿色生活方式、促进社会公正等措施,志愿服务为子孙后代创造了一个更加美好的生活环境和社会基础。

综上所述,志愿服务在社会发展中发挥着重要的作用,不仅能够强化社会凝聚力和社会和谐,还通过解决社会问题、改善社会环境和服务社会弱势群体,推动了社会的可持续发展。

2. 促进个人成长

参与志愿服务可以培养志愿者的团队合作能力、领导才能、沟通技巧等综合素质,提升他们的自信心和责任感。

志愿服务为志愿者提供了极其广泛的发展空间和机会,这些机会不仅涉及各个领域,而且贯穿于社会的多个层面。通过参与志愿服务,志愿者能够培养出卓越的团队合作能力,这有助于他们在学习、生活和职业生涯中更好地发挥自己的潜力。

通过参与志愿服务,志愿者还能够锻炼自己的沟通技巧,这种能力对于他们未来的发展很重要。在进行志愿服务的过程中,志愿者需要与不同背景、不同领域的人进行交流合作,这些能够拓宽他们的视野。因此,参与志愿服务对于提升高校学生的综合素质具有不可忽视的作用。

3. 增强社会责任感

志愿服务能够让志愿者更加深入地关注社会问题和他人需求,培养志愿者的社会责任感和公民意识。通过参与社会实践,志愿者能够更加客观、全面地了解社会现象,成为有担当的社会公民。

二、大学生志愿精神与校园文化建设

我国的志愿服务发展历史悠久,早在 20 世纪 60 年代就开展了学雷锋活动,真正形成规模是在1993年底团中央启动志愿者行动计划之后，对社会进步产生了深远影响。志愿服务在宣扬社会主义核心价值观、培育社会服务意识等方面起到了重要的作用。如今，志愿者队伍也在不断壮大，他们奉献爱心和力量，形成了强大的精神力量。在过去的几十年里，大量志愿者参与过社会重大事件，如在汶川地震、北京奥运、上海世博会中，大批志愿者贡献了自己的力量，他们的奉献受到了国内外社会的高度赞誉。大学生志愿者是社会公益事业中一支年轻有为的力量，他们利用自己的专业知识和热情服务社会，同时也提高了自己的综合素质。志愿服务不仅是一种社会责任，也是一种精神文明的体现，对于高校校园文化建设有着积极的推动作用。因此，我们应该充分发挥大学生志愿服务这一新颖有效的思想政治教育手段，为高校校园文化建设注入新的活力。

在大学校园文化建设中，大学生的作用非常重要，学生整体素质水平对校园文化建设的成果产生了直接影响。而对于学生的成长而言，志愿服务是不可或缺的经历。志愿服务是志愿者奉献自己的时间、精力、技能等资源为他人提供帮助而不图回报的行为。志愿精神的核心是"奉献、友爱、互助、进步"。在当今的高校校园中，志愿精神也成为校园精神文化的重要内容，志愿精神督促学生积极参与各类社会志愿活动，为社区服务、公益事业等领域的发展提供了力量。

（一）志愿精神在校园文化建设中的作用

弘扬志愿精神是培育大学生正确价值观的重要途径。大学生正面临着世界观、人生观、价值观的塑造阶段。在志愿服务中，大学生遵循"受教育、长才干、做贡献"的原则，努力践行无私奉献的精神，不图回报，全心全意为人民服务，这样的行为不仅能够帮助大学生明确自己的价值取向，也能让大学生在服务的过程中感受到人生价值的实现、获得被认可的满足感。被需要、被认可的心理满足能让学生最大限度地发挥自己的能力、激发潜能，从而改变心理与思想，树立正确的价值观，丰富精神世界。

志愿者活动是一种社会实践，要求志愿者根据不同的人群、事件、环境等因素，灵活地调整自己的服务方式和对象，同时也要求志愿者充分发挥自己的专业知识和技能，为社会贡献自己的力量。在这个过程中，学生能够主动地参与到社会生活中，积极地解决实际问题，把高校德育工作从理论转化为实践，让德育教育充分发挥作用，同时让大学生的视野得到拓展，精神得到丰富，使其形成了被社会认可的道德习惯，提高了自己服务社会的能力。

弘扬志愿精神能在校园文化中形成和谐向上的精神力量。高校校园文化建设工作有助于学生的人格塑造和素质的全面提升。教师在课堂上所教授的文化内容，也必须在实践过程中才能真正内化成学生自己的精神道德品质和修养。从一定意义上说，自学成才与正规大学教育之间最大的差别在于校园文化的熏陶。[①]

志愿服务活动是一种展示社会责任感和奉献精神的实践方式，大学生参与志愿服务活动，不求回报、不惧困难，这种品质也会对身边的师生、员工产生正向的激励作用。

校园文化在一定程度上也反映了社会文化的某些特质，它展现了学生学习与生活中的优秀品质与精神，这些品质和精神与志愿精神的核心思想是一致的。志愿精神是大学生应该具备的一种品质，可以激励学生积极地参与社会公益事业，同时也可以培养他们的道德修养，增进他们与他人的相互理解和尊重，有利于形成良好的人际交往能力，提高他们的社会责任感，从而缓解学生的心理压力，有利于营造校园和谐进步的文化氛围。

（二）大学生志愿服务对校园文化建设的意义

目前，大学生可以选择的志愿服务形式非常多，如校园建设活动、校园治安维护、环境维护、同学互助等；来自社会的志愿服务形式也很多，如支教、社区服务等。无论参与什么活动，志愿活动的核心精神都是"奉献、友爱、互助、进步"。学生要在活动中传递自己的爱心，发挥自己的作用，为校园文化建设甚至社会的建设与发展提供助力。

1. 有利于提高校园文化主体素质，优化育人环境

志愿服务活动是培养大学生综合素质的有效方式，也是提升校园文化建设的关键因素。参与志愿服务活动，大学生可以深入社会，了解国情，体验我国社会主义建设的辉煌成果，丰富个人的生活经验和人生阅历，提高参与社会事务和适应社会环境的能力，同时也能增强建设美好社会和祖国的信心，坚定信念，形成正确的思想观念，从而清晰、理性地规划自己的人生。

---

① 张红霞，张耀灿. 论校园文化建设视阈中的大学生志愿服务 [J]. 思想理论教育导刊，2013（1）：128-131.

大学生参与志愿服务，不仅能够为社会贡献自己的力量，还能够磨炼自己的品格和意志。在一些艰苦的服务地区，大学生将会面对各种困难和挑战，参与这类志愿服务有助于培养他们的坚韧和乐观精神。同时，大学生在完成志愿服务工作之后再回到校园，其经历、感受与变化也会影响周围其他学生，激发他们的社会责任感和公民意识，促使他们遵守校园规则、维护校园秩序，甚至主动加入志愿服务的队伍。这样，不仅提升了校园的环境和氛围，也为校园文化的发展注入了新的活力。

2. 有利于大学生参与校园管理，提高校园服务水平

校内举办的志愿服务活动的主要参与者和服务对象是学生、教师、学校管理者等，这些活动包括建设节约型校园、维护校园环境、担任图书馆义务馆员等。在这类志愿活动中，大学生能够更全面地了解学校，不但为学校建设提供了服务，也能参与校园管理工作，提升自己的归属感。

通过校内志愿服务活动，学生能够积极主动地参与校园建设，相比其他学生，参与过校园志愿服务活动的学生更加关心学校的建设与发展，更能自觉主动地遵守校园秩序，为校园建设与管理提出合理的意见，在校园建设和管理中发挥自己的主人翁作用。

参与校园志愿服务活动时，大学生若发现校园管理与服务的漏洞，可以提出合理的改进意见，从而敦促相关管理部门改进工作，提高他们的管理和服务水平。

3. 有利于树立好的学校形象，获得社会的支持

高校与社会的联系日益紧密，高校的社会服务功能日益突出。大学生志愿服务活动是高校履行社会责任、促进社会发展的重要方式。在志愿服务的过程中，大学生志愿者运用自己的专业知识为社会不同领域、层次或机构的个人和群体提供帮助，同时也加深了高校与社会政府部门、科研机构、企事业单位、群众团体等组织的合作，建立起了与他们沟通、交流的渠道。

高校与社会的合作是一种双赢的互动模式，高校可以通过这个平台向社会展示自己的优势和特色，同时拓展与社会各界的合作机会和领域，建立起稳定的合作伙伴关系。在这种合作中，高校为社会提供了人力资源、创新知识和技术支持等，为社会经济的发展服务，也得到了社会的认可和支持，在服务中，高校提升了自身的发展水平，实现了互利共赢。对于高校来说，这种合作有利于其拓宽融

资渠道，优化学科布局，提高人才培养质量，加快科研成果的转化等，从而提高办学水平，推进校园文化建设。

（三）大学生志愿服务对校园文化建设的作用

大学生志愿服务与高校校园文化建设密切相关，二者相互促进和影响，共同营造了丰富多样的校园文化氛围。以下是大学生志愿服务对高校校园文化建设的作用。

1. 彰显学校特色

大学生志愿服务可以成为学校的标志性特色。学校通过发展具有自身特色的志愿服务项目和活动，让学生在服务中体会学校的核心价值观和精神文化，从而树立学校的品牌形象。

2. 促进校园文化的多元化

大学生志愿服务活动可以丰富校园文化。志愿服务项目的多样性和创新性可以满足不同学生的兴趣和需求，丰富校园文化的内涵，提高学生参与校园活动的积极性和满足感。

3. 塑造积极向上的校园氛围

大学生志愿服务活动具有积极向上的正能量，可以为高校营造积极向上的校园氛围。志愿者的奉献和服务精神将激励其他学生，也在校园内营造了团结、进取、互助的良好氛围。

由此可见，大学生志愿服务的开展与校园文化建设之间有着千丝万缕的关系，志愿服务有助于高校校园文化的建设与发展，同时高校校园文化的建设也为大学生志愿服务提供了更广阔的平台。双方共同努力，将有利于高校实现良性互动、全面发展的目标。

（四）大学生志愿服务与校园文化的统一与结合

1. 大学生志愿服务与高校校园文化的静态统一

（1）核心理念的内在统一

志愿服务是大学生的一项重要活动，体现了"奉献、友爱、互助、进步"的志愿精神，这种精神与社会主义核心价值观有着密切的联系。作为坚持社会主义办学方向的高校，我们要在校园文化建设中弘扬社会主义核心价值观，引导大学生在志愿服务中践行社会主义核心价值观，培养他们的社会责任感和奉献精神。

志愿精神的核心是奉献、友爱、互助、进步，这些价值观在志愿者的行动中得到体现和实践。志愿者不图个人利益，不追求名誉地位，不享有特殊权利，而是自觉地为社会进步和人类福祉贡献自己的智慧和力量。志愿者与受助者在服务过程中，他们相互尊重、保持友善，营造了和谐的社会氛围。

"爱国、敬业、诚信、友善"对于我国公民而言是必须遵守的道德规范，也是社会主义核心价值观对个人行为的约束。爱国要求人们热爱祖国，能够将这种大爱融入生活细节中；敬业要求人们在工作中恪尽职守，奉献社会；诚信要求人信守承诺、以诚待人、勤恳劳作；友善强调人与人之间要和睦相处，建立良好的人际关系。志愿精神是社会主义核心价值观的重要体现，它要求我们在爱国、敬业、诚信、友善的基础上，为祖国、为社会、为岗位、为他人贡献自己的力量。只有把爱国、敬业、诚信、友善作为志愿服务的动力和源泉，才能真正实现志愿精神的内涵；而通过志愿服务，我们也能够增强对祖国、社会、岗位和他人的感情和责任感。

具体而言，一个人只有真正认同奉献的价值，才能在工作和生活中将自我价值的实现与爱岗敬业、社会发展紧密联系起来。爱国不仅体现在主体本身对自己祖国的情感依赖，还彰显在主体"先天下之忧而忧，后天下之乐而乐"的情感上，从主观意愿上乐于为祖国的发展建设贡献力量。[1]作为我国公民，只有内心真正认可奉献精神，拥有无私奉献的心胸和情感，才能真正理解并做到处理好个人价值与社会价值之间的关系。友爱、诚信和友善之间有很深的联系，友爱的人在与他人相处时、在日常生活和工作中就能做到诚信、友善对待他人。对于建立和谐的人际关系和社会关系而言，三者更是和谐统一、缺一不可。

在志愿服务精神中，互助与自由、平等、公正、法治是契合统一的。

互助是一种社会行为，体现了人与人之间的相互支持、相互帮助。志愿者通过自己的付出，为社会提供了有益的服务，为那些需要帮助的人带来了希望。

自由是一种社会价值，赋予了每个人追求自我发展、自我实现的权利和机会。社会主义的自由不仅涵盖了政治上的权利和自由，还包含了经济、文化、社会等方面的权利和自由，它以人的全面发展为目标。

---

[1] 白落梅. 雅宋词客[M]. 长沙：湖南文艺出版社，2022.

平等是一种社会理念，它要求社会对待其成员时不应有歧视、偏见或压迫。

公正是一种社会准则，评判一个社会的制度安排是否合乎道德、合理、有效。

法律是人民意志的体现，既规范了公民应当遵守的义务，也保障了公民享有的自由和权利，使每个人在法律面前都能得到公平对待。马克思主义认为，社会发展的核心是人的发展，离开人的发展就不可能有社会的发展。人既是社会存在和发展的前提，也是社会发展的目的。因此，助人助己的精神境界不仅有利于提高人的精神层面的素质和水平，也有利于实现人的全面发展和进步。这种精神境界从个体角度来看，能够促使人自觉地遵循并推动社会公正和法治。从社会角度来看，能够为人们实现真正意义上的自由、平等创造良好的精神氛围和条件。

在志愿服务精神中，进步与富强、民主、文明、和谐也是契合统一的。

进步精神是志愿服务精神的重要内容，与社会主义核心价值观的四个基本要求相一致。志愿者通过奉献自己的时间、知识和技能，不仅提升了自身的素质和能力，也为国家的富强、民族的复兴、人民的幸福和社会的文明和谐做出了贡献。

志愿服务是一种社会进步的力量，体现了富强、民主、文明、和谐的社会价值观。志愿者通过无私奉献为社会文明发展做出贡献，为构建和谐、积极、向上、坚实有力的国家和社会创造条件。

（2）推进落实的载体价值

价值观与社会生活的有机融合必须以实践为基础，只有在生活实践中，人们才能真正理解这种价值观念，并产生深刻的体会。校园文化也是这样的，仅仅依靠理念的传递并不能实现校园文化的建设与发展，我们需要通过具体的形式和载体来展现校园文化的内涵，从而发挥其育人作用。在志愿服务活动中，大学生能够自主践行"奉献、友爱、互助、进步"精神，通过自己的服务行为感受志愿精神的内涵。志愿服务活动与校园文化建设的核心理念在某种程度上是一致的，因此在志愿服务活动中，学校也能实现校园文化的建设与校园文化价值的传达。

通过大学生志愿服务活动，高校校园文化建设可以从理论走向实践，引导大学生主动参与校园文化建设，从而实现校园文化的育人价值与功能。

志愿精神是校园文化建设理论体系中不可或缺的一环。校园文化建设的理论体系，是对学校发展历史、文化特色、人才目标等方面的系统概括和理论阐述。这一理论体系，既要继承和弘扬学校的优良传统，也要适应和引领新时代的文化创新，展现学校的独特魅力和卓越追求。在这一理论体系的指导下，志愿精神作为校园文化建设的核心价值观，体现了学校对社会责任和人文关怀的深刻认识和积极实践。因此，在校园文化建设的理论体系中，融入志愿精神是必要和合理的。

志愿活动要纳入高校校园文化建设过程体系。校园文化建设过程体系的重心主要集中在校园文化主体在校园文化建设指导思想的引领下，积极开展并投身于校园文化活动的过程，这一过程中包含了师生对不同形式的教学、实践、文艺等活动的广泛参与。

志愿服务作为大学生积极参加社会实践、助人助己、提升自身奉献精神、促进社会进步等的必要活动形式，是具有积极意义的校园活动。高校师生可以通过参加志愿活动将校园文化建设的指导思想具体化、生动化、现实化，将其纳入校园文化建设的过程体系，成为校园文化建设过程中必不可少的一部分。

志愿成果纳入高校校园文化建设评价体系。良好的评价体系可以促进校园文化建设积累成果、汲取经验、发现不足。从当前高校校园文化建设的整体过程来看，对其校园文化建设进行评价的标准和体系构建得尚不完善，没有形成具象化的评定准则。志愿服务活动作为校园文化建设环节中不可或缺的组成部分，其活动成果纳入校园文化建设的客观评价体系可将这部分建设过程的成效用具体活动成效加以衡量。同时，其成果纳入评价体系也能够反向促进志愿服务在校园文化建设过程中的作用发挥和意义体现。

（3）育人目标的统一归属

优秀的校园文化必然服务于高校立德树人的根本任务，立德树人的根本任务必然服务于国家建设和社会进步。由"奉献、友爱、互助、进步"的志愿精神统领的志愿服务活动在社会发展的过程中扮演着愈发重要的角色，旨在通过无私奉献的服务活动推动社会和谐、有序、进步、发展，将二者置于育人的同一视角下，最终的育人目标便互为统一。

无论是积极鼓励大学生围绕弘扬志愿精神参加志愿服务活动，还是以社会主义核心价值观为指导思想，积极引领校园文化建设，都意在通过校园文化的主体——师生的自觉行动去认知、践行志愿精神和社会主义核心价值观所倡导的核心理念及精神要义，并将这种理念和要义在实践中转化为自身的自觉行为和稳定的精神追求，培养出理想信念坚定、具有家国情怀、传承中华美德、综合素质过硬的新青年。

人才培养的最终目标归属于推动社会进步和发展，无论是志愿服务还是校园文化建设，对人才培养的最高追求都是通过人才个体目标的全面发展形成推动社会进步的最终动力。实现中华民族伟大复兴的中国梦既是校园文化建设培育大学生的引领目标，也是大学生在志愿服务活动过程中培养利他精神、贡献社会发展的目标诉求，二者育人的社会目标最终统一于培养出能够为实现中华民族伟大复兴的中国梦贡献青春力量的时代新人，从而推动社会的发展进步。

2. 大学生志愿服务与高校校园文化的动态结合

（1）以大学生志愿服务加快高校校园文化系统循环

校园文化以其存在的形式来看属于静态的文化系统，志愿服务活动属于动态的实践形式。文化系统想要健康快速地发展，犹如人的健康成长，离不开健康而和谐的循环系统，加速细胞的更新代谢，以维持系统的健康良好运行。校园文化系统的循环，以其静态的存在形式很难自我完成，需要动态要素的活化和激发。

志愿服务以其实践形式加入校园文化系统，必然为其注入动态元素。志愿服务活动的践行者也是校园文化的建设者和受教育者，这一身份在校园文化系统中达成了主客体的辩证统一。当其以主体身份通过践行志愿服务活动，拓宽视野，感知校园内部和外部的先进事物和优秀思想，以自身实践将先进思想和优秀文化带入各种形式的校园文化活动中时，逐渐形成了对先进文化的自觉认知，以及对于落后文化的否定，并在否定的过程中提炼和升华出与时俱进的先进思想。

实践是检验真理的唯一标准，只有在不断实践的过程中，才能形成对文化以及观念的自我感知、认同和践行。志愿服务活动的践行者通过自身的主体实践以及对多种形式校园文化活动的参与来实现自己主观意识的具象化、生动化和现实化，并通过参与具体的实践和活动，反复总结积淀，最终升华形成新的文化和观念，从而加速新旧思想的代谢和交替，以此推动校园文化系统的更新、循环和良性发展。

（2）以大学生志愿服务提升高校校园文化的显性张力

"张力"一词原本是指受到牵拉的物体任意截面两侧存在的相互作用的拉力，将其引申到特定的文化环境中，与文化相结合，便形成了特定文化对其存在的环境的作用力、影响力以及提升这一特定环境对文化形成的反向的影响及作用，二者之间的相互影响和作用又是通过校园文化的主体这一媒介来得以实现的。

校园文化通过对置身于校园环境中的主体进行影响和作用，从而实现对环境的影响和改变，以及这种影响和改变的持久性和韧性。文化系统欲发挥其显性的作用张力，必然要通过一定的媒介和平台将其理念和主导思想作用于其主体身上进行现实的转化，当校园文化以其核心思想指导大学生参与和实践志愿服务活动时，就通过这种实践的动态形式把本身固有的静态观念作用于校园文化的主体，并对其产生影响。这种影响通过主体的自身实践活动外化于学生的观念和行为，通过主体的观念和行为形成对校园环境的外在的、显性的作用张力。这种张力通过师生的反复实践来实现其持久作用力和韧性，即主体在反复的实践过程中加深对观念的理解、认同，并将认同的观念内化为自身的行为准则和价值追求，通过自己的行动践行这种价值追求，影响身边人去塑造和形成校园环境，这种张力通过不断的"理论—实践—理论"循环往复过程愈发坚韧并且持久。

（3）以大学生志愿服务修炼高校校园文化的隐性优势

文化的隐性功能与显性功能内外呼应、同向同行。如果把文化的显性张力理解为文化主体对于该文化的身体力行，那文化的隐性优势就可理解为文化主体对该文化的观念认可及自觉传承。

大学生在志愿服务的过程中会不断增强社会性和利他性的价值追求，将个人和他人、个人和社会紧密联系在一起，从而辩证地认识利己与利他的关系，努力寻求利己与利他关系的辩证统一，进而实现社会价值和自我价值的辩证统一，并自觉践行社会主义核心价值观，完成校园文化建设指导思想的目标构建。

校园文化的主体通过志愿服务活动进行思想道德的内部矛盾运动，在这个过程中自主构建校园文化所倡导的思想观念和道德要求，完成校园文化对其主体的价值塑造，将其内化为内心的独特品质，转化为稳定的价值取向和思维方式，从而培育其文化内部稳定的隐性优势，对人的思想产生深刻的影响。

三、大学生志愿服务融入高校校园文化建设的方法

（一）建立志愿者组织和管理机制

为了有效地推动大学生志愿服务融入高校校园文化建设，学校可以创建专门

的志愿者组织和管理机制。这样的组织负责志愿者的招募、培训和管理工作，提供必要的资源和支持。同时，应建立健全志愿者管理体系，包括志愿者级别评定、志愿者积分制度等，以激励和奖励参与志愿服务的学生。

在这个过程中，学校可以设立专门的志愿者招募部门，通过制订详细的招募计划和宣传策略，确保志愿者招募渠道的畅通和有效。同时，针对大学生的特点，可以设立多样化的培训课程和活动，提供涵盖各类志愿服务技能的培训和实践活动，以满足大学生对志愿服务的需求。

在管理机制方面，学校可以建立健全志愿者级别评定体系，根据志愿者的服务时长、服务质量等标准进行级别评定，以此激励学生积极参与志愿服务。同时，设立积分制度可以更加直观地记录志愿者的服务成果和贡献，不仅有助于学校对志愿者进行统一管理，还能够为志愿者提供自我激励和成长的平台。

通过以上措施的落实和推进，学校的志愿者组织和管理机制将更加完善，大学生志愿服务也将更好地融入高校校园文化建设中。这不仅能够提升大学生的社会责任感和实践能力，也有助于营造积极向上、团结和谐的校园文化氛围。

（二）设立志愿服务课程和培训计划

学校可以设立形式多样的志愿服务课程，并制订全面系统的培训计划，为学生提供丰富多样的相关理论知识和实践技能方面的培训。这些志愿服务课程可以合理地加入学分体系中，有力地鼓励学生积极参与志愿服务活动。此外，有效的培训计划可以全面涵盖沟通技巧、领导能力、项目管理等方面的内容，从而帮助学生多方面提升参与志愿服务的能力和综合素质。这些培训课程和计划不仅有助于增强学生的社会责任感，同时有利于培养学生的综合素质，为他们在未来的职业生涯中奠定坚实的基础。

在课程内容的设计上，要关注学生的实际需求，确保学生能够真正学有所得。例如，针对志愿者工作中的沟通技巧，课程可以引入生动的实践案例，通过情景模拟等互动方式，让学生在实践中掌握沟通技巧。领导能力方面，课程可以通过组织各类小组活动，让学生学会如何在团队中发挥自己的领导作用，实现团队的共同目标。在项目管理方面，课程可以引入经典的案例分析，使学生了解项目管理的基本流程和方法，提高解决实际问题的能力。同时，还应该定期对课程进行评估和反馈，根据学生的实际需求和反馈，对课程内容进行调整和优化。此外，我们还可以邀请来自社会各界的专业人士，为学生提供多元化的培训资源和经验分享，从而让学生在志愿服务课程和培训计划中获得更为丰富的知识和技能。

（三）推动志愿服务活动与校园文化的融合

学校可以通过丰富多样的举措积极推动志愿服务活动与校园文化的深度融合，以提高学生的参与度和校园文化的影响力。为了实现这一目标，学校可以设置志愿服务活动的具体日程，让学生积极参与其中。同时，学校也可以将志愿服务活动与校园文化活动紧密结合，利用这些活动来增强学生对志愿服务和校园文化之间关联性的认识，并进一步提高他们的参与积极性。学校还可以通过各种方式来举办志愿服务主题的文化节或展览，如组织志愿者参与各种文化活动，让更多的学生了解和参与志愿服务，从而增加学生对志愿服务的认同感。此外，学校还可以邀请社会各界的嘉宾来参加志愿服务主题的文化节或展览，让他们共同见证志愿服务与校园文化的融合成果，并对学校的志愿服务活动给予肯定和支持。这样的深度融合，不仅可以提高学生的参与度，增强志愿服务的影响力和可持续性，还可以营造更加积极向上、团结和谐的校园氛围。志愿服务也将成为学生社会实践和职业发展的重要平台，帮助他们积累经验、提高技能，为未来的发展打下坚实的基础。

（四）建立与社会组织的合作与交流平台

为了丰富大学生志愿服务的内容和参与范围，学校可以建立与社会组织的合作与交流平台。与社会组织的合作可以带来更丰富的志愿服务项目和资源，同时促进了学校与社会的紧密联系。学校可以与公益组织、社区机构、企业等建立合作关系，共同推动志愿服务项目的开展，并确保项目的质量与效果。

通过以上策略和实施方法，学校可以有效地促进大学生志愿服务融入高校校园文化。建立志愿者组织和管理机制，设立志愿服务课程，并制订培训计划，将校园文化建设和志愿服务活动有机结合，为学生提供与其他社会组织合作和交流的机会与渠道，这些措施都有助于提升学生参与志愿服务的意愿和能力，推动校园文化的公益意识和社会责任感的培养。

四、志愿服务融入高校校园文化的评估与推广

（一）评估指标与方法

评估志愿服务融入高校校园文化的效果可以借助以下指标和方法：

1. 参与率和参与时长

可以统计和比较志愿服务项目的参与率和参与时长，以了解学生参与志愿服务的意愿和持续性。另外，也可以统计和比较参与志愿服务的学生的服务时长和服务频率，以了解他们的服务态度和服务持续性。通过对学生参与志愿服务的情况进行分析，可以得出在参与意愿、服务态度和服务持续性上的差异，从而为学校更好地推广志愿服务提供参考。同时，利用统计数据，学校还可以比较不同志愿服务项目的参与率和参与时长，以了解哪些服务项目更受学生欢迎，哪些服务项目更具持续性和可操作性。对于一些服务效果好、学生持续参与率高的志愿服务项目，学校可以给予更多的支持和推广，以发挥这些服务的示范效应。

除了对志愿服务项目的参与率和参与时长进行统计和比较，对学生参与志愿服务的过程进行观察和记录，可以更好地了解他们在服务中的表现和行为。通过观察和记录，可以得出学生参与志愿服务的认真程度、服务态度、技能水平以及与他人的沟通能力等信息。这些信息可以帮助学校更好地了解学生在志愿服务中的表现和发展，为学校开展有针对性的志愿服务提供参考。在进一步的分析和比较中，学校可以发现哪些学生在志愿服务中表现出了较强的领导力和组织能力，哪些学生更擅长与他人合作和沟通，以及哪些学生对志愿服务有更高的热情和投入。通过这些信息，学校可以为学生提供更有针对性的志愿服务支持和培训，帮助他们在志愿服务中发挥更好的作用，提高他们的综合素质和社会实践能力。

此外，学校还可以根据志愿服务项目的实际需求，与政府、企业等社会资源合作，为学生提供更多的实习、实践机会。这样的实习和实践经历，不仅可以帮助学生将在学校学习的知识应用到实际工作中，还可以提高他们的社会责任感和职业素养。同时，学校还可以将这些实习和实践经历作为志愿服务项目的一部分，为学生提供更有价值的服务体验，增强他们参与志愿服务的动力和积极性。

学校还可以通过组织志愿服务交流活动和经验分享会，鼓励学生分享他们在志愿服务中的心得体会和经验教训，以及提出对志愿服务的意见和建议。这些交

流和分享活动，不仅可以让学生互相学习、共同进步，还可以为学校改进志愿服务项目和提高服务质量提供有价值的建议和支持。

总之，学校应当充分了解学生对于志愿服务的需求以及本校学生参与志愿服务的情况，从而进行改善，为学生提供更适合的志愿服务渠道与相应的帮助。

2. 参与人数和团队建设

可以考察高校学生志愿者的数量变化以及志愿服务组织的稳定性和团队建设情况。

高校学生志愿者数量的变化可以反映出志愿服务的吸引力和影响力。评估机构可以关注志愿者的增长或减少趋势，以及参与志愿服务的群体的多样性和覆盖范围。高校学生志愿者数量的增长可能表示志愿服务的吸引力和影响力在提高，说明志愿服务项目或活动的设计和宣传是有效的。而高校学生志愿者数量的减少可能需要进一步分析其原因，例如，项目设计不吸引人、宣传推广不够等，以便进行相应的改进和调整。

评估志愿服务组织的稳定性可以观察其长期的运营情况、管理机制和组织结构。稳定的志愿服务组织可以提供可靠的服务平台，保证志愿者能够有持续参与的机会，并有效地组织和协调志愿活动。评估也需要关注志愿服务组织的团队建设情况，包括领导力、协作能力、培训支持等。具备良好的团队建设和管理能力的志愿服务组织，能够有效地激发和支持志愿者的参与热情，提供积极的志愿服务体验。此外，还可以考察志愿者所提供的服务质量。例如，志愿者是否准时参加了活动、是否按照计划进行了服务、是否表现出了积极的工作态度等。这些都是评价志愿服务质量的重要标准，也是保证志愿服务活动成功的重要因素。

同时，通过考察志愿者之间的团队合作和沟通方式，也可以了解志愿服务组织的稳定性和团队建设情况。如果一个志愿服务组织的成员之间合作默契、沟通顺畅，说明该组织具有良好的团队精神和稳定性，也更容易取得良好的服务效果。

因此，志愿者数量变化以及志愿服务组织的稳定性和团队建设情况，在志愿服务评估中是重要的考察指标。这些指标有助于评估和改进志愿服务项目的有效性和可持续性。同样，每个项目的评估可能会根据具体情况制定评估指标和方法，以确保评估结果的准确性和适用性。

总之，通过考察志愿者的数量变化、服务质量，以及团队合作精神和稳定性，可以对志愿服务组织的运营情况和未来发展作出更加准确的评估，从而为今后的工作提供有益的参考和指导。

3. 社会影响力和效果评估

了解志愿服务项目对受益者、社区和学生自身的影响是评估其社会影响力和效果的重要方面。可以通过调查问卷、访谈等形式，评估其社会效果和可持续性。

（1）调查问卷

可以设计针对受益者、社区居民和学生志愿者的调查问卷，通过定量的方式收集他们的反馈和评价。问卷可以关注志愿服务项目对受益者的影响，例如，在提供社会服务、提高生活质量、增强社区凝聚力等方面的效果。同时，也可以询问志愿者对项目的参与体验、学习成果、自我成长等方面的评估意见，以了解志愿服务对他们个人发展的影响。

（2）访谈

可以进行个别或集体的访谈，与志愿者、受益者和其他利益相关者进行深入的交流和沟通。访谈可以提供定性的数据和案例，更全面地了解志愿服务项目对他们的影响和价值。

通过访谈，可以探讨受益者的观点和体验，了解他们对项目成效的看法和评价；同时，也可以了解志愿者的动机、体验和成长、对项目的认可程度，并为项目的发展提供有价值的建议。

（3）成果展示和案例分析

可以通过展示志愿服务项目的成果和效果，以案例的形式向评估机构和利益相关者进行展示。其包括收集和整理项目活动照片、视频、社会影响报告等材料，突出项目的成果和影响力。

案例分析应深入挖掘具体的志愿服务活动和事件，以详细评估其对社会和受益者的影响，进一步证明其社会效果和可持续性。

通过综合使用调查问卷、访谈和案例分析等评估工具和方法，可以全面了解志愿服务项目的社会影响力和社会效果。这些评估结果将为项目的改进和发展提供有价值的数据和意见，也可用于向利益相关者和社会大众展示项目的价值和影响力。

4.校园文化融合程度

可以观察和收集志愿服务活动在校园文化中的融合程度，例如，项目的宣传力度、活动的吸引力等。

（1）宣传力度

评估志愿服务活动在校园中的宣传力度，包括宣传渠道和方式的多样性及覆盖范围。可以观察是否有宣传海报、宣传栏等宣传物品，以及它们的展示位置和数量。同时，可以收集宣传内容，了解其对志愿服务活动的介绍和宣传效果。宣传力度的高低可以反映志愿服务活动在校园文化建设中的融合程度。

（2）活动的吸引力

通过观察和收集志愿服务活动的参与人数、活动氛围、反馈和评价等，了解活动在校园文化中的吸引力。可以观察是否有多样化的志愿服务活动，涵盖不同兴趣和需求的学生群体。同时，可以收集参与者的反馈和评价，了解活动对他们的吸引力和影响力。吸引力可以反映活动在校园文化中的融合程度和影响力。

（3）参与学生的多样性

评估志愿服务活动参与学生的多样性，即活动所吸引的学生群体的多元性。可以观察参与学生的人数、学生的背景和兴趣等方面的多样性。收集参与学生的个人故事和回忆，了解他们对志愿服务活动的认可和体验。多样性的存在可以反映志愿服务活动在校园文化中的融合程度，以及对不同学生群体的吸引力。

通过观察宣传力度、收集活动的吸引力和参与学生的多样性等信息，可以评估志愿服务活动在校园文化中的融合程度。这些评估结果将为改进与发展志愿服务活动和校园文化提供指导和依据，促进校园文化的多元融合与发展。

（二）推广经验与启示

在高校推广实施相关策略时，可以参考以下经验和启示：

1.多方合作

与校内外相关部门、社会组织、企业等建立合作关系，共同推动和支持志愿服务融入高校校园文化。以下是一些建立多方合作关系的方法和建议：

（1）策划共同活动

与校内外相关部门、社会组织和企业共同策划志愿服务活动，促进校园文化与志愿服务的融合。例如，与社会组织合作开展公益活动，与企业合作开展环保或公益项目等。通过共同努力，可以有效提高活动的影响力和可持续性，增加学生参与的机会和意愿。

（2）联合宣传和资源共享

与相关部门、社会组织和企业建立联合宣传渠道，共同推广志愿服务活动和参与机会。可以共同设计宣传品、利用合作宣传渠道，提高宣传力度和覆盖范围。同时，可以进行资源共享，互相支持和提供资源，例如，场地提供、物资支持等，促进志愿服务活动的顺利开展。

（3）组织合作交流活动

定期举办跨部门、跨学校和跨组织的合作交流活动，促进合作关系的深化和拓展。可以开展合作伙伴会议、工作坊、培训和研讨会等，分享经验、交流合作意向，并探讨如何优化志愿服务活动的设计和实施。这样的交流活动有助于促进多方合作的持续和稳定发展。

（4）建立长期战略合作关系

与校内外相关部门、社会组织和企业建立长期的战略合作关系，共同推动和支持志愿服务融入高校校园文化。可以签订合作协议，明确合作的目标、任务和责任，共同制订长期的合作计划和发展方向。这种长期合作关系可以为志愿服务的可持续发展提供稳定的支持和资源，推动更深入的校园文化融合。

通过与校内外相关部门、社会组织和企业建立合作关系，可以实现资源的共享、互相支持和经验的交流，共同推动和支持志愿服务融入高校校园文化。这种多方合作将有效促进学生参与志愿服务的机会和意愿，提升校园文化的多元融合和发展。

2. 灵活适应

根据不同高校的特点和文化背景，量身定制相应的策略和计划，灵活适应不同学校的需求。

（1）了解学校的特点和需求

每所高校都有其独特的文化和发展定位，了解学校的特点和需求是制定相关策略的基础。这包括了解学校的教育理念、价值观念、学科特色，以及学生和教师的特点。

（2）量身定制策略和计划

根据学校的特点和需求，制定相应的策略和计划，灵活适应学校的实际情况。这可能包括设计志愿服务项目的主题、形式、时间安排等，并确保与学校的教学、研究和社会服务目标相协调。

（3）整合资源与合作伙伴

积极整合校内外的资源，包括学生组织、社团、教师团队、社会机构等，并与合作伙伴建立良好的合作关系。这将为志愿服务活动提供更多的支持和资源，促进活动的可持续性发展。

（4）培养学生参与意识和能力

通过多种方式宣传和推广志愿服务活动，培养学生的参与意识和能力。可以组织宣讲会、培训班、示范活动等，激发学生的兴趣和热情，并提供相关的技能培训和指导，帮助学生更好地参与志愿服务。

（5）强化评估和反馈机制

建立有效的评估和反馈机制，定期对志愿服务活动进行评估和总结，了解活动的效果和问题，并根据评估结果进行适时的调整和改进。这有助于提高志愿服务的质量和影响力。

总之，将志愿服务融入高校校园文化的推广需要灵活适应学校的特点和需求。通过量身定制策略、整合资源、培养学生参与意识和能力、强化评估和反馈机制，可以有效推动高校校园文化中志愿服务的发展和融入。

3. 宣传推广

通过校园媒体、社交媒体等渠道宣传推广志愿服务的重要性和价值，吸引更多学生参与其中。在推广志愿服务的宣传过程中，校园媒体和社交媒体是非常重要的渠道，可以帮助吸引更多的学生参与其中。以下是一些宣传推广的建议：

（1）制定宣传策略

在推广志愿服务活动时，制定明确的宣传策略是必要的。确定目标受众、传播渠道和关键信息，并制订相应的宣传计划，包括宣传媒体的选择、宣传内容的制作、宣传活动的安排等。

（2）利用校园媒体

校园媒体是与学生直接接触的媒介，如学校网站、校报、校园电视台等。可以在这些媒体上发布相关的新闻、报道、栏目、专栏等内容,介绍志愿服务的意义、活动的形式、参与的方法等,吸引学生的关注和参与。

(3) 充分利用社交媒体

社交媒体成为学生获取信息和交流的主要平台。通过创建有效的社交媒体账号,并定期发布与志愿服务相关的内容,如推文、帖子、图片、视频等,引起学生的兴趣和共鸣。可以利用校园App、微博、微信公众号、抖音、小红书等平台,与学生进行互动和交流。

(4) 制作宣传材料

制作吸引人眼球的宣传材料是宣传推广的有效手段。可以设计海报、宣传册、展板等视觉宣传物,突出志愿服务的主题和重点,并包含具体的活动信息和参与方式。这些材料可以在校园内的公共区域、学生宿舍、教室等地方张贴,供学生浏览。

(5) 组织宣传活动

定期组织宣传活动也是推广志愿服务的有效方式。可以举办宣传讲座、主题论坛、沙龙等活动,邀请经验丰富的志愿者、相关专家学者、校园领导等参与,分享他们的经验和见解。这样的活动可以加强学生对志愿服务的认知和兴趣。

通过校园媒体和社交媒体的宣传推广,可以使更多的学生了解和认同志愿服务的重要性和价值,激发他们参与的热情和动力。同时,宣传活动的策划与合作关系的建立将为志愿服务的推广提供更加全面和有力的支持。

4. 奖励激励

设立奖励激励机制是推广志愿服务并增强学生参与积极性的有效方式。以下是一些常见的奖励激励方式:

(1) 奖项和荣誉称号

设立志愿服务的奖项和荣誉称号,如优秀志愿者、杰出团队等,以表彰在志愿服务中表现出色的学生个人和团队,以激励他们继续参与和贡献。

(2) 学分和学业支持

将志愿服务纳入学分认定体系,或在学业方面给予一定的加分或豁免。这将鼓励学生将志愿服务与学业相结合,并帮助他们在学业上取得更好的成绩。

（3）证书和证明

为学生提供参与志愿服务活动的证书或证明，记录和确认他们所参与的具体活动和服务时长。这有助于学生展示自己的参与经历，并为未来的申请提供有效的支持文件。

通过设立奖项、荣誉称号，提供学分、学业支持，颁发证书，提供证明、推荐信等方式，可以有效地激励和奖励参与志愿服务的学生，增强他们的参与积极性和动力。这样的奖励激励机制既能够认可和鼓励学生的努力，也能够进一步促进志愿服务的发展和推广。

（4）社会认可和推荐信

协助学生获得社会认可和推荐信，以增强他们在未来就业或升学申请中的竞争力。相关机构可以提供信函推荐或给予相关机会，进一步肯定学生在志愿服务中的贡献。

5. 经验分享

定期组织经验分享会、研讨会等活动是非常有益的，可以促进高校之间的交流与合作，让已经实施成功的高校分享经验和启示，帮助其他高校借鉴和复制相关策略。以下是关于组织经验分享活动的一些建议：

（1）筹备团队

组织经验分享活动需要一个专门的筹备团队，负责活动的策划、组织、协调等工作。这个团队可以由校内的相关部门、学生组织、志愿者服务中心等共同组成。确保团队成员具备相应的经验和能力，能够有效地推动活动的顺利进行。

（2）邀请成功案例代表分享经验

针对特定的主题，邀请已经在相关领域取得成功的高校或项目代表来分享他们的经验和启示。可以邀请校外嘉宾、专家、学者等，也可以邀请校内的成功案例代表。确保邀请到的嘉宾具备关键性经验，他们的分享能够给听众提供实际的借鉴和启发。

（3）丰富活动内容

除了经验分享，可以安排主题演讲、小组讨论、案例分析、互动环节等多种形式的活动，以提供多样化的学习和交流机会。充分利用现代科技手段，如使用投影仪、视频会议等，使活动内容更加丰富生动，与现场和网络观众进行互动。

（4）打造互动平台

为与会人员提供互动的平台，例如，开设问答环节、小组讨论、经验分享展览等。这有助于参与者主动提问、交流和分享自己的经验，促进更多的互动交流和学习。

（5）形成学习资源

将经验分享活动的内容进行记录和整理，形成学习资源，以供后续的学习和借鉴。可以制作会议纪要、讲演录像、经验总结手册等，以便其他高校和教育工作者能够随时获取这些宝贵的信息。

（6）后续跟进

经验分享活动结束后，建立后续跟进机制，保持与参与者的联系，并提供进一步的协助和支持。可以通过定期的邮件、通信、在线社区等方式，继续和参与者保持交流，分享更多的资源和经验。

通过定期组织经验分享会、研讨会等活动，共享成功经验和启示，可以促进高校之间的交流与合作，帮助其他高校借鉴和复制相关策略，推动志愿服务在高校校园文化中的发展和融入。这样的活动不仅有利于个别高校的发展，也有助于整个高等教育体系的进步与发展。

总之，通过评估志愿服务融入高校校园文化的效果，并结合多方合作、宣传推广、奖励激励和经验分享等方法，可以在高校推广实施相关策略，从而推动更多高校实现志愿服务与校园文化的融合。

第三章 高校校园精神文化建设

高校校园精神文化是高校校园文化的重要组成部分，在人才培养方面具有重要的意义，对社会文化具有辐射和促进作用。本章主要介绍高校校园精神文化建设，分为高校校园精神文化的内涵与特征、高校校园精神文化的地位与价值、高校校园精神文化的要素分析、高校校园精神文化建设的基本思路四部分内容。

第一节　高校校园精神文化的内涵与特征

　　充满青春活力、知识的沃土、和谐共融的社区是高校校园精神文化的真实写照。高校校园精神文化作为高等教育的重要组成部分，不仅是一种理念，更是一种根植于校园土壤中的文化生命力。高校校园精神文化承载着学校的价值观念、育人目标与教育哲学，同时也是高校学生发展个人能力、塑造品格的重要平台。正是这股强大的力量，推动着学生的成长与学校的发展。

一、高校校园精神文化的内涵

　　校园精神文化是学校独特的精神氛围、文化特色和核心价值观念的集合体。它是学校在长期办学过程中逐渐形成的一种精神与文化的传承和体现，代表着学校的特点和使命。校园精神文化包含了学校的办学理念、教育目标、学术追求、行为准则、校风校训、传统文化、校史传承等方面的内容。它旨在引导学生形成正确的世界观、人生观和价值观，通过不同的方式努力培养学生积极向上的乐观性格、品质以及素养，塑造学生的良好行为习惯和道德品质，促进学生全面发展。

　　一方面，校园精神文化反映了学校的办学理念和教育目标。不同学校可能有不同的办学理念和教育目标，例如，追求学术卓越、培养创新人才、弘扬传统文化、关注社会责任等，这些理念和目标会贯穿于学校的精神文化中，为学生提供明晰的发展方向和追求目标。另一方面，校园精神文化还表达了学校的行为规范和道德要求。通过制定校风校训、倡导正确的行为准则，学校希望能够培养学生良好的行为习惯和品德素养，使学生养成积极向上、自律守法、团结协作、尊重他人的良好行为习惯。

　　此外，校园精神文化还体现了学校的传统和文化积淀。学校的传统和文化积淀是学校历史沿革中形成的一些相对稳定的思想、行为和风俗习惯，是学校长期发展过程中积累下来的历史结晶。这些传统和文化积淀可能是学校的创立宗旨、校训口号、校歌校徽等，也可能是学校的特色活动、精神风貌、师生关系等，这些传统文化的传承和发扬，有助于增强学校的凝聚力和向心力。

　　校园精神文化是学校独特的精神氛围和文化特色的体现，代表了学校所追求的智慧、品质和崇高的价值观念。它不仅影响着学生的成长与发展，也是学校软实力和核心竞争力的重要组成部分。学校应重视校园精神文化的建设，通过科学规划、有效引导和全体师生的共同努力，塑造积极向上的校园文化氛围，为学生提供良好的成长环境和发展机会。

校园精神文化作为校园文化的重要组成部分，扮演着引领和推动学校发展的重要角色。它既是学校特有的精神面貌和文化风貌的集中体现，也是学校性质、办学理念和教育目标的具体体现。校园精神文化对于规范学生行为、引领学生发展、营造积极向上的学习氛围具有重要的影响和作用。同时，校园精神文化对学生的行为和发展起到导向作用。

校园精神文化强调了一种核心的价值观念以及行为准则，为学生提供了明确的行为指南和发展目标。通过深入的道德教育以及价值观的正确指导，学校有能力帮助学生建立正确的"三观"（世界观、人生观和价值观），培养学生的积极向上的人格品质和思想修养，激发学生的学习动力和创新能力。

校园精神文化对学校的凝聚力和向心力起着重要作用。校园精神文化是学校凝聚全体师生的精神纽带，使他们在共同的信念和目标下团结一心。学校通过共同的价值观念和行为规范，可以增强师生之间的互信和团队合作意识，形成良好的师生关系和校内秩序，共同为学校的发展贡献力量。

校园精神文化有助于激发学生对学术的追求以及个人的全面成长与发展。学校致力于推广先进的校园文化和精神，充分激发和调动学生学习热情和学术进取心，促使他们追求卓越的目标和奋斗精神，努力提高学习成绩和实现个人发展。在这种积极的学习氛围下，学生更愿意挑战和拓展自己的能力，有助于激发学生的创造力和创新思维，为社会的进步和发展做出贡献。

校园精神文化还起到约束和规范学生行为的作用。通过校园精神文化的倡导和传播，学生能够明晰自己的行为边界和底线，自觉遵守学校的规章制度和道德规范，建立起正确的行为标准和品德观念。校园精神文化约束学生的行为，有效地防范和纠正各种不良行为，维护了校园的和谐稳定。

对于学校而言，校园精神文化的塑造需要全体师生的共同努力和持续推动。学校可以通过校训宣讲、主题教育活动、精神文明建设等方式，不断加强对校园精神文化的宣传和教育，让学生深刻认识到校园精神文化的价值和意义。同时，学校也应该为学生提供充分的发展机会和资源支持，创造良好的学习环境和成长条件，使他们能够在校园精神文化的指引下实现个人的全面发展。

校园精神文化对学校的发展具有重要的影响和作用。它能够指导学校管理和教育工作，激励和引导学生的学习和发展，凝聚师生的共识和向心力，约束和规范学生的行为。通过营造积极向上、和谐稳定的校园精神文化氛围，学校能够实现自身的进步和发展，培养优秀的人才，为社会的进步和发展做出贡献。因此，校园精神文化的建设应被学校高度重视，并由全体师生共同参与和支持。

校园精神文化的内涵可以概括为：校园精神文化是校园文化的重要组成部分，主要表现在师生和广大员工的群众心理、价值观、道德规范等方面，其核心内容是校园精神和办学理念，其主要内容是高校的校风。校园精神主要通过校园精神文化体现，校园精神文化体现了整个校园的价值观念和思想意识，对高校师生价值观的形成具有很重要的引导作用。首先，校园精神文化是一种目标导向，激励着高校师生向着高校文化建设和社会主义文化建设的目标努力奋斗。其次，校园精神文化是一种价值导向。高校的价值氛围直接影响着广大师生的价值观，良好的价值氛围能引导广大师生形成一种积极向上的价值取向，也能促进高校价值目标的实现。

校园精神通过明确的目标设定和愿景引导，鼓励师生朝着高校文化建设和社会主义文化建设的目标积极奋斗。这种导向能帮助学校形成一种共同的追求和动力，推动整个校园向着共同的目标不断努力，并在实现目标的过程中取得成就。

校园精神文化形成了学校特有的价值观念，并将其传递给师生，从而影响他们的价值取向。良好的校园精神文化引导出积极向上的价值观，鼓励广大师生追求真理、追求卓越、追求社会责任感等高尚价值，建立积极的自我评价和社会评价标准。

校园精神文化的导向功能对形成良好的机制构建具有推动作用。校园精神营造了一种积极的工作和学习氛围，激励师生不断创新和追求卓越。师生在这种激励下，形成了相应的工作和学习观念，注重效率和质量，注重创新和进步。

当校园精神文化所蕴含的价值观念和道德观念被广大师生认可并接受时，广大师生就会产生一种内心的凝聚力，从而增强整个校园的凝聚力，还能促进师生的团结。这种凝聚力不仅可以把广大师生的行为和情感聚合到一起，也能推动整个高校的发展。校园精神文化所传递的价值观念和道德准则帮助师生建立起共同的认同感和归属感。当广大师生认同并接受这些价值观念时,他们会有一种身处校园大家庭的强烈归属感,从而愿意为学校的共同目标和价值的实现奉献自己的力量。

校园精神文化的凝聚力让广大师生产生共鸣和互助意识。他们在共同信仰和追求的基础上,形成了一种紧密的联系和合作关系。这种凝聚力促使师生积极参与校园各类活动,共同承担学校的发展责任,形成团结一致、互帮互助的整体力量。

校园精神文化的凝聚功能对于整个高校的发展具有推动作用。当师生共同奉献和努力追求学校共同的目标时,他们形成了一种共同的努力方向和行动力,推动着学校的各项事业蓬勃发展。校园精神文化的凝聚功能在培养师生团队合作精神方面也起到了重要作用。这种精神文化能够鼓励师生之间的相互信任与合作,促进团队协作的有效进行,让学校形成具有凝聚力的团队,更好地应对挑战和机遇。

校园精神文化具有激励功能。高校的校园精神、校训、校歌、校友这些载体所蕴含的精神不仅能激励广大师生不断奋斗拼搏、开拓进取、创新进步,而且能激励广大师生为了学校的发展而努力奋斗。每年,每个高校都会有很多毕业生步入社会,他们经过多年的努力奋斗后,成了各个行业的领军人物。这些出类拔萃的校友,他们是校园精神文化的传播者和践行者,他们的奋斗精神为在校学生树立了良好的榜样,同时也对学生产生了引导、激励和鼓舞的作用。

高校的校园精神文化通过积极的价值观念和信念,激发师生的学习动力。这种精神能够激励广大师生不断努力、拼搏与进取,追求知识与智慧的成长。通过正面的激励,校园精神文化能够让师生充满学习的热情,主动参与各类学术研究与知识探索。

校园精神文化激发了广大师生对创新精神的追求。在这种文化的引领下,师生受到了创新精神的鼓舞与激励,敢于思考并勇于尝试新的想法和方法。这种创新精神在学术研究、科技创新、社会实践等各个领域都起到了积极的推动作用。

校园精神文化激励广大师生对社会的责任感和担当精神。通过校训、校歌等形式，校园精神文化向师生传递了对社会责任的高度关注和承担意识。这种激励作用能够引导师生们积极关注社会问题，参与公益活动，为社会做出贡献。成功的校友是校园精神文化的传播者和践行者，他们的成功经历为广大师生树立了榜样。

校园精神文化激励师生通过学习优秀经验，不断奋斗，努力实现个人的成长与进步。通过激励功能，校园精神文化为广大师生树立了积极向上的目标，鼓舞他们不断学习、探索与创新，培养了团队合作精神与社会责任感。这种激励作用影响着广大师生，并为他们的学习、工作和个人成长带来正面的推动力量。

校园精神文化对校园广大师生的行为起到规范和约束的作用。校园精神文化对广大师生的行为和价值观有着明确的规范和约束，对于什么行为是正确的、什么行为是错误的有着自己的判定标准。另外，校园精神文化的主要表现形式是学校的管理制度、服务制度、规章制度，这些制度约束和规范着广大师生的行为方式。

校园精神文化为广大师生的行为设定了明确的规范和准则。通过价值观念的传递和教育，校园精神文化引导师生普遍认同什么行为是正确的，什么行为是错误的。这种规范功能对于培养师生的良好行为习惯、形成正确道德观念非常关键。

校园精神文化要求师生遵循一定的职业道德准则，规范他们在教学和学习过程中的行为和态度。这种规范功能帮助师生树立正确的职业操守和道德观，培养他们在学术研究、教学实践等方面严谨、诚信、负责任的态度。

校园精神文化通过营造特定的校园文化氛围，进一步对广大师生行为起到规范的作用。优良的校园文化能够反映学校的核心价值观，形成一种积极向上、团结友爱、无私奉献的校园氛围，从而推动广大师生树立正确的行为规范和价值观念。

综上所述，校园精神文化的规范功能通过设定明确的行为准则、制定管理制度、培养职业道德以及营造积极的校园文化氛围等方式，对广大师生的行为方式进行规范和约束。它在培养学生良好行为习惯和价值观念上起到重要的引导和教育作用。

二、高校校园精神文化的特征

（一）继承性

校园精神文化是高校在经历几十年甚至上百年的传承和发展之后，积累和形成的宝贵精神财富，这种精神文化一直引导着高校的教学方向。很多历史悠久的高等学府都有自己标志性的校园精神文化。许多高等学府具有悠久的历史和文化积淀，其校园精神文化经历了长期的传承和发展。这种传承性使得学校能够保持发展的连续性和稳定性，承载着学校的历史荣耀和文化传统。

每个高校都有自己独特的校园精神文化，这是学校的标志性特征。这些标志性的文化特征通过长期的传承和培养，成为学校的重要象征和代表，为师生塑造了独特的认同感和归属感。校园精神文化是高校教育的方向指引之一。通过校园精神文化的传承和推广，学校能够继承并弘扬自己的教学理念、学术传统和教育价值观，为师生提供明确的学习方向和终身发展的指引。

校园精神文化不仅在学校内部具有传承性，而且能在社会上产生影响力。许多高校的校园精神文化代表了学校的价值观念，并与当前社会的发展和道德规范相契合。这种传承性使得学校能够更好地履行社会责任，培养出具有社会责任感和公民意识的优秀毕业生。继承性是校园精神文化的重要特点，它使得高校在保持学校传统与特色的同时，为广大师生提供稳定的学习环境和成长平台。通过学校的继承性校园精神文化，师生能够更好地认同学校的理念和文化，积极投身学术研究和社会实践，为学校的发展和社会进步做出贡献。

（二）时代性

校园精神文化在继承历史流传下来的特点外，还要跟随时代的步伐，顺应社会潮流，建立符合时代性的特点，这样才能与时俱进，不被社会淘汰。校园文化是社会主义文化的重要组成部分，所以在建设自身文化的同时，也要为能在社会主义文化的繁荣发展中做出自己的贡献而努力奋斗。目前，高校精神文化建设的主要目标是培养出能为社会发展做出贡献的学生，坚持以人为本的教学理念。总而言之，校园精神文化既要继承精华，又要发展创新，与时俱进。

校园精神文化需要与时俱进，顺应社会的发展和潮流。随着社会的变化，人们的价值观和行为模式也发生了变化，校园精神文化需要不断调整自身，与社会潮流保持一致，以更好地满足师生的需求和社会的要求。校园精神文化建设需要倡导和践行时代背景下的先进教育理念。教育理念和教育模式在不同时代会有所变化，校园精神文化应该引领学校教育朝着科技发展、创新能力培养、终身学习等方向发展，以适应时代对学生的要求。校园精神文化在建设过程中，既要有中国特色，又要能够汲取和融合国外先进文化的精华。

随着全球化的发展，高校可以更加开放地吸收和借鉴国际先进教育理念和文化成果，使其与本土文化相结合，为师生提供更广阔的学习和发展空间。校园精神文化的时代性要求高校以学生的培养为中心，注重培养具有创新能力、批判思维、团队合作意识以及社会责任感的人才，以适应社会发展的需要。同时，校园精神文化也应该积极融入社会事务，为社会的繁荣和发展做出贡献。

总而言之，校园精神文化的时代性要求它不仅保持传统与继承，还能够跟随时代的步伐，与社会潮流紧密相连。只有具备时代性的校园精神文化，才可以更有效地满足学校和社会的不同发展需求，并为学生的个人成长以及社会的进步做出有益的贡献。

（三）独特性

高校的精神文化与其他社会组织的精神文化不同，有自己独特的内容。社会组织的精神文化主要是创新发展和遵纪守法，而高校是学习文化的教育单位，高校的精神文化主要体现在校风和学风等方面，每个高校都具有自己独特的校风和学风。校园精神文化通过校风和学风的传播和培养，体现出高校的独特性。校风是学校内在的文化氛围和精神风貌，代表了学校的风格和特点，反映着学校的办学理念和教育特色。学风则是师生的学习态度和学术风气，体现了学校的教育质量和学术水平。每个高校独特的校风和学风对于塑造学校独特的文化氛围和教育特色非常重要。

高校的精神文化与其他社会组织精神文化的不同主要体现在其教育特色方面。高校作为学术研究和知识传承的重要机构，其精神文化注重学术探索、创新发展和人才培养，在教育理念、教学方法、学科优势等方面具有独特的特点。

每个高校都有自己的学术传统，这是高校精神文化独特性的一个重要方面。

学术传统是学校历史和学术积淀的体现，是高校在教育和学术领域积累的宝贵财富。这种学术传统在学术研究、学科发展、学术交流等方面发挥着重要作用，体现了高校精神文化的独特性和学术价值观。校园精神文化的独特性还体现在学校的校训和校歌之中。校训是对学校宗旨和办学理念的概括，体现了学校的核心价值观。校歌则是学校精神文化的象征，通过歌词和旋律表达出学校的情感和精神追求。每个学校的校训和校歌都具有独特的特点和风格。

总而言之，每个高校都有自己独特的校风和学风，教育特色、学术传统、校训和校歌等方面展现出其独特的精神文化特点。这种独特性是高校精神文化的重要组成部分，在学校办学特色和文化氛围的形成中起到重要的作用。

（四）创新性

创新是民族进步发展的力量，是企业生存发展的动力，也是国家兴旺发达的源泉和动力。高校校园精神文化建设的精髓也是创新，所以各个高校应该把培养和发展创新精神作为自己的教育目标。首先，校园精神文化的发展需要不断地创新；其次，为了更好地与时代变迁和发展相适应，高校应该高度重视培养具有创新能力的优秀人才，在进行精神文化建设时，尤其要注意创新思维的培养，以创新精神熏陶和激发大学生的创新意识，不断加强大学生的创新和实践能力。

校园精神文化的发展需要不断地创新。为了满足学生成长和社会发展的需求，高校需要持续地更新校园精神文化的内容和形式，引入新的教育理念、教学方法和科技应用，以创新的方式激发学生的学习兴趣和创造力。为了适应时代的发展，高校在精神文化建设中应特别重视培养创新型人才。这包括培养学生的创新意识和创新精神，鼓励他们独立思考、勇于尝试新思路和新方法。通过创新思维的培养，学生将能够更好地适应社会变革和面对未来的挑战。

校园精神文化建设应该注重培养学生的创新和实践能力。通过开展科研项目、创业实践、社会实习等实际活动，让学生有机会将创新思维转化为实际行动，并培养解决问题和创造价值的能力。这种实践创新能力的培养旨在使学生能够灵活应对复杂的现实挑战，为社会发展做出贡献。创新性是高校校园精神文化建设的重要方面，它体现在校园精神文化的内容和形式的不断创新上，也体现在培养学生创新思维和实践创新能力上。通过注重创新性的精神文化建设，高校能够更好地培养出具有创新精神和创造力的人才，推动学校的发展和社会的进步。

第二节　高校校园精神文化的地位与价值

一、高校得以发展和传承的根本动力

校园的精神文化是高校得以发展和传承的根本动力。一所好的学校不仅是看它的成绩排名和升学指标，更重要的是看它的校风、文化和精神。校园精神文化不仅是一种理念，更是一种力量，影响着师生们的思想观念、价值观念和行为准则。它教给学生做人的道理，让学生拥有健康的人格，塑造出正直、勇敢、创新、努力的品质。校园精神文化是学生人生道路的指明灯，指引着他们在繁杂的学业和生活中找到正确的方向和坚持的力量，为他们未来的发展打下坚实的基础。

校园精神文化以多种形式呈现，这些形式的存在不仅是为了装点校园的外观，更是为了表达和传递学校的核心价值观和积极向上的精神面貌。它们是学校的宝贵财富，承载着丰富的历史和文化内涵，代表着学校所追求的目标和信念。高校的校园精神文化具有鲜明的特色，它不仅是正确的世界观、人生观和价值观的集中体现，更是教育教学工作的指导原则和办学宗旨。高校的校风、校训也体现了校园精神文化的内涵和价值。通过校园精神文化的传承和弘扬，学校让师生真正理解并坚守这种文化，实现学校教学价值的真正体现。

校园精神文化对于高校的发展和传承具有重要意义。

首先，校园精神文化为学校提供了根本动力，灌注了学校发展的精神力量。校园精神文化代表了学校的文化传统和精神追求，是学校一代又一代人共同的精神财富和价值基石。校园精神文化激励着学校全体师生不断进取、不断创新，推动学校整体水平的提升。

其次，校园精神文化是学校凝聚力和向心力的来源。一个有着浓厚校园精神文化的学校，师生会因为共同的价值观和信念而产生情感认同，形成紧密的团队合作精神，并营造出积极向上的氛围。这种凝聚力和向心力有助于学校形成良好的学习氛围，促进学生全面发展，提升教学质量和学校声誉。此外，校园精神文化还具有塑造学校形象和品牌的作用。一个有着鲜明校园精神文化的学校，不仅在内部深受师生喜爱，也能够在外部获得更多的认可和赞誉。学校通过校园精神

文化的塑造，展现学校的特色和魅力，吸引优秀的师生加入，吸引更多合作伙伴的关注，提高学校的影响力和竞争力。因此，校园的精神文化是高校得以发展和传承的根本动力，除了有助于教育和引导学生形成正确的价值观与道德观念，还可以为学生未来的人生方向与实践提供正确、科学的指导。所以，在当前教育改革背景下，加强对高校校园文化精神建设具有十分关键的作用，高校唯有始终坚守校园精神文化的初衷，才可以转变为培养人才的基地与推动社会进步的关键力量。

二、高校得以发展的重要文化内核

对于高校来说，校园精神文化建设构成了其持续发展的关键文化因素，对于高校的持续、健康成长，校园的精神文化建设显得尤为关键，不可忽视。一所真正值得尊敬的高校，不仅应该注重催生高水平的学术成果和卓越的教学质量，更应该拥有明辨是非的价值观和宽广的胸怀。这样的价值观和胸怀不仅可以培养出具有坚强人格和自信心的学生，还能够引导学生树立正确的价值观念，关注社会问题，为社会的发展和进步做出贡献。

高校在校园精神文化的建设中，应该注重提高学生全面发展的能力。教师应该通过灵活多样的教学方式，激发学生的积极性和创造力，鼓励他们勇于探索新知识和新领域，培养他们的独立思考能力和解决问题的能力。同时，学校也应该为学生搭建一个自由开放的学术环境，鼓励学生培养多元思维、包容、独立自主的品质。优秀的学校往往都有着独特的校园精神文化，这种文化在高校中具有重要的意义。校园精神文化不仅是学校的发展动力，也是学生人生发展的引领灯塔。一所高校的精神文化应该能够鼓励学生追求卓越、培养人格、树立正确的价值观念。它应该让学生体验到知识的力量，感悟到真理的魅力，培养他们在团队协作中的领导能力和责任感。校园精神文化的建设是一个长期而艰巨的任务，需要学校全体教职员工的共同努力和坚持不懈的付出。高校应该注重培养师生对校园精神文化的认同感和自豪感，通过校园文化活动、讲座、研讨会等形式，推广和传播校园精神文化，吸引师生的热情参与。同时，学校也应该营造良好的学习氛围和校园环境，为师生提供展示才华和实现个人价值的平台。校园精神文化的构建可以分为智能型知识文化、素质型心理文化、情感型审美文化和意识型观念文化。这些文化类型的存在体现了高校的多元文化形态和教育理念。

智能型知识文化，对学生知识与智力的培养进行重点强调，目标是让他们在拥有批判性思考的同时，还具备一定的创新能力。在这种文化里，不仅向学生传授知识，更重要的是培养他们主动思考、独立探索以及解决问题的能力。这种文化激发了学生的求知欲望和求知精神，引导他们积极参与学术研究和学科竞赛，不断追求卓越。

素质型心理文化，关注学生的健康成长，注重培养学生的心理素质和人格修养。学校在培养学生学术能力的同时，也注重培养他们的品德和道德修养。这种文化强调发展学生的自我认识、自尊心和自信心，关注学生的情感需求和心理健康状况。学校提供心理辅导和心理健康教育等资源，帮助学生认识和管理自己的情绪，建立积极的心态和健康的心理状态。

情感型审美文化，注重培养学生的情感和审美观念，让他们具有丰富的情感体验和对美的追求。校园文化活动和艺术教育成为实现这种文化目标的重要途径。学校组织丰富多样的文艺演出和艺术展览，鼓励学生参与艺术创作和欣赏，培养他们对音乐、舞蹈、绘画、戏剧等艺术形式的热爱和欣赏能力。情感型审美文化使学生对美学有了更深入的理解，让他们的情感世界更加丰富和饱满。

意识型观念文化，强调培养学生的社会责任感和思想觉悟，引导他们正确认识社会现实，积极参与社会实践。学校注重培养学生的社会意识和公民素质，鼓励他们关注社会问题，参与公益活动和社会实践，传递正能量并积极影响社会。意识型观念文化使学生具备了独立思考和判断的能力，能够审视社会现象，关注社会的不公正和不平等，提出并勇于表达自己的看法。

这四种类型的校园精神文化在高校的发展中发挥着重要作用。它们相互交融、互为支持，共同营造了丰富多元的校园文化氛围。通过培养学生的知识和智力、心理素质和人格修养、情感和审美观念、社会责任感和思想觉悟，学校为学生提供了全面发展的平台。学生在这种文化氛围下，不仅能够获得学科知识和专业技能的提升，还能使自己成为真正具备创新思维、品德高尚和社会责任感的人才。

高校在校园精神文化的建设中，要注重文化传承和创新。学校需要积极培育和传承具有校园特色的文化，同时也要开拓创新，注入新的元素和理念。高校可以通过开办文化活动、设置校园文化课程、鼓励学生参与社团活动等方式，培养学生的文化素养和校园精神，丰富校园文化内涵。此外，学校还可以通过与外部文化和社会资源的合作，丰富校园文化的表达形式和内容，为学生提供更广阔的发展空间。学校应该注重培养学生的综合能力和全面发展能力，通过校园精神文化的建设引导学生树立正确的人生目标和道德观念。高校需要在教师和学生的参与下，共同推动校园精神文化的传承和发展，为高校的可持续发展做出贡献。只有坚持校园精神文化的建设，高校才能成为培养优秀人才和服务社会的重要力量。

与其他校园文化形态相比，校园精神文化具有一些独特的特点。

首先，它是积淀性的。校园精神文化并非一蹴而就的，它需要长期的积淀。这需要教师和学生共同努力，从内心深处理解和领悟，不追求短期的利益，而是注重长远的发展。学校需要通过教育和校园文化建设，培养学生的积极向上、批判思维和创新精神的品质，同时教师也需要不断提升自己的教学水平和专业素养。

其次，校园精神文化带有一定的隐渗性。只要校园的精神文化得以塑造和形成，它便会深入影响学校的各个层面。学生和教师会自觉地认同并坚守这种价值观，从而影响和引领整个学校的发展。校园精神文化不仅存在于学术教学中，还体现在精神风貌、校风建设、行为规范等方面。学校要鼓励学生积极参与校园文化活动，感受校园精神文化的温暖和力量，从而在学习、生活和社交中实践和传承。

最后，校园精神文化具有持久性。一旦校园精神文化形成，它就不会轻易被替代。这是因为校园精神文化是真正对人们有益的，而对人们有益的事物不会轻易被大众遗弃，它只会朝着更高的高度发展。学生在接受校园精神文化熏陶的过程中，会对这种文化产生认同感，并且将其传承给后续的学生。学校可以通过定期举办传统活动、编写校史教材等方式，弘扬和延续校园精神文化的影响力。这种持久性的校园精神文化不仅给学生的成长带来正能量，也让学校在社会中具有更广泛的影响力。

在校园精神文化的建设过程中，学校的责任不仅仅是提供学术教育，还需要关注文化的多样性和包容性。学校应该尊重学生的个性差异，不论是本土的还是外来的学生，不论他们的背景、种族、宗教信仰如何，都应该得到平等对待和尊重，这样才能促进多元文化的交流与融合。为了实现这一目标，学校需要在教育教学中注重培养学生跨文化意识和跨文化交流能力。学生需要了解不同文化之间的差异和共通之处，学习如何在不同文化背景下相互尊重、理解和合作。

学校可以通过开设跨文化交流的课程、邀请来自不同文化背景的嘉宾举办讲座和交流会、组织文化节或国际交流活动等方式来促进学生的跨文化交流。除了培养学生的跨文化交流能力，学校还应该鼓励学生在文化创造和传承中发挥主动性和创造力。学生可以通过创作艺术作品、组织文化表演、参与志愿活动等方式来展示自己的文化特色和传统。学校可以为学生提供展示和交流的平台，比如，设立文化艺术类社团、举办校园文化节等活动，让学生有机会展示自己的才华。

值得注意的是，学校在关注文化的多样性和包容性时，也需要注意平衡本土文化和外来文化的关系。学校不应仅仅强调对其他文化的融合和接纳，而忽视了对本土文化的传承和保护。学校应该在尊重多元文化的基础上，注重对本土文化的传承和发展，让学生认同自己的文化。总而言之，在校园精神文化的建设中，学校应该不仅重视文化的多元性，还应该强调其包容性。学校有责任培育学生的跨文化认知与交流技巧，鼓励学生在文化创造和传承中发挥主动性和创造力。通过这些努力，学校可以实现多元文化的交流和融合，为校园精神文化的发展注入新的元素和活力。

高校的校园精神文化建设不仅关乎学生的全面教育和成长，还关乎整个学校的发展和社会的进步。学校应该注重培养学生的综合素质和价值观念，通过校园精神文化建设引导学生树立正确的人生目标和道德观念。教师应该起到榜样的作用，注重自身的专业素养和人格修养。学校还应该提供良好的校园环境和文化氛围，为学生提供多样化的学习资源和全面的发展机会。

综上所述，校园精神文化建设是高校得以发展的重要文化内核。它不仅关乎学生的个人发展和成长，还关乎整个学校的发展和社会的进步。高校应该注重校园精神文化的培育和传承，以提升学校的教育质量和影响力。只有坚守校园精神文化的初心，高校才能真正成为培养优秀人才和服务社会的重要力量。

第三节 高校校园精神文化的要素分析

一、高校价值观

高校价值观是指在长时间的教育实践中,广大师生逐步塑造和形成的价值取向、价值观念与思维理念,是全体师生或大多数师生对高校意义的共同判断,也是校园精神文化的基础和标准。从高校价值观主体的范围来看,高校价值观大致可以分为三类。

(一)高校个体价值观

高校个体价值观是全体教师、学生和教职工在教育教学实践过程中形成的各种价值观。这些价值观包括每个人对工作和学习的目的、生活的意义、自己与他人的关系、自己与社会的关系、自己与大学的关系的看法。

(二)高校群体价值观

高校群体价值观是指各种正式组织和非正式组织所持有的价值观,包括学生会、共青团、党支部等。高校的管理人员应该充分意识到这些非正式群体的作用,注意处理这些正式组织和非正式组织之间的合作关系,营造一个良好的氛围,共同努力,提高高校教学质量。

(三)高校整体价值观

高校整体价值观是在对高校周边环境的整体认识基础上形成的高校整体发展目标,是所有或大部分师生、工作人员都能认同的。高校整体价值观对高校的各种群体价值观和个体价值观进行了管理和制约。

二、高校办学理念

办学理念是校园精神和校园文化的重要组成部分,对整个高校的发展具有指导性的作用。随着互联网的高速发展,信息化发展十分迅速,文化交流变得十分方便,高校要把握机会多学习国外高校先进的办学理念,再结合自身的特点,进行创新和改革，摸索出适合自身发展的办学理念。

三、校训

校训是高校文化的核心表征。从某种程度来说，校训就是一所高校的校风、学风和行政管理作风的总结和提炼，并和学校的传统、历史、民族文化传统、地域文化特色结合起来，用紧凑、流畅、典雅的文字表达出来。

（一）校风

构建优良校风主要从以下四个方面入手：

第一，发挥校领导作用，引领优良校风。校领导的精神状态、思想方法和工作作风对校风建设起着重要作用。校领导要具有高瞻远瞩的精神，充分意识到校风建设的重要性，力求提高教学质量，敦促教师改进教学方法、积极开拓创新；要理论联系实际，将国内外先进办学理念与本校优势资源相结合，开创具有特色的校园文化。

第二，推进制度建设，营造良好教学环境。明确教学理念，规范课程教学和考风考纪，严格依章办事、从严执教、从严管理，真正发挥教学管理对学风的培育和引导作用；创新考核机制。

第三，以教风、学风推动校风建设。

第四，加强师生思想政治教育，抵制不良风气。要把握好人的全面发展理论，保障学习和生活的质量，学校应采取多媒体教学、网络教学及远程教学等教学形式；宣传马克思主义，并建立以马克思主义理论为核心的思想政治理论课课程的新体系。

（二）学风

高校校园文化主要包括物质文化和精神文化两个方面，其中精神文化是它的重要组成组分，具体体现为学风、教风、班风、校风等方面。学风贯穿建设始终，是高校校园文化建设的基本要素。

狭义的学风，指全体学生在学习目的、态度以及方法上逐步形成的具有一定稳定性和持续性的心理特征及其外在表现。

建设学风需要做好以下两点：

第一，明确学习方向，转变学习模式。学生要树立明确的学习目标和学习方向，然后，根据自身实际制订合理的学习计划，一般分为短期计划和长期计划，通过短期计划的制订和实现起到激励自身的作用，从而调动学习积极性，进而开展下一阶段的计划。同时，变被动的教师监管模式为主动的自我监督模式，通过教师的授课内容拓展思路，重点掌握整合知识的能力和看问题的思辨性。

第二，树立马克思主义观。良好学风的创建也要有正确价值观导向，学习马克思主义基本原理，树立马克思主义实事求是、理论联系实际的思想，用联系的、发展的眼光看世界，把个人利益与社会利益紧密结合。抵制不良思潮，不贪图短暂安逸享乐，学会透过现象看本质，用发展的眼光看待个人成长，在良好的学风氛围中，把练好本领以后实现个人价值与社会价值的统一作为奋斗目标。

（三）教风

教风的建设工作主要是指完善知识结构，提高教职人员职业素质。一方面，教师不能故步自封，要不断地学习新知识，完善自己的知识结构，提升自身的素质，把教学同社会实践和学生的个人发展紧密联系起来；另一方面，应将社会热点与课程相结合，不断更新教学内容。例如，采用多媒体设备播放图片、视频，提高教学效果，通过与时俱进的教育手段改进教学，激发学生上课的积极性。反之，如果老师治教不严，对学生和教学不负责任，必将产生消极作用，挫伤学生的积极性，助长厌学怠学的不良风气。因此，教师应以自身的人格魅力感染学生，严格要求自己，提高自身的道德修养，加强自身的师德建设。

（四）班风

优良班风的建设应从以下三个方面入手：

第一，发挥辅导员作用，了解学生动态。

第二，建立健全班级规章制度，干部带头示范。对损害他人的行为应予以抵制，支持健康的行为并约束不良的习惯、风气、倾向，由学生干部带头示范并建立学生监督机制，形成民主团结的和谐氛围，促进学生养成艰苦奋斗、求真务实的精神。

第三，以优良学风促进良好班风建设。学风是班风的核心，良好班风又能促进良好学风的形成。故应该以良好学风带动良好班风的形成，塑造积极健康的高校校园文化氛围，最终在学风和教风相互促进、形成良好班风的氛围中，促成优良校风的形成。

第四节 高校校园精神文化建设的基本思路

一、高校校园精神文化建设的重要性

对于高校而言，校园精神文化建设对于整体校园文化的推进起到了关键作用，同时对其开展也具有极其重要的作用。高校校园文化的建设应以校园精神文化为价值导向，以确保不偏离整个校园文化发展的方向。二者朝着一个方向发展，能提高建设工作的效率，也能取得更好的效果。在现代社会，伴随着互联网的快速发展，知识和文化交流的方式也发生了很大的改变，因此，我们既要继承传统的优秀的精神文化，又要勇于创新，为学校打造一个与其发展相匹配的校园精神文化。

中国传统文化的核心理念和根本精神是和谐。中国拥有5000多年的历史，在很久之前，中华祖先就创造了伟大的文化。在高校校园文化建设的过程中，不仅要继承和发扬传统文化中的和谐文化精神，也要努力为学生的健康成长建设一个和谐的校园文化环境。和谐的文化氛围与和谐的人际关系能让每位教师始终以学校的整体发展为主要目的，能让每位学生在和谐融洽的校园环境中学习和成长，也能使高校的办学工作的顺利进行得到保障，办学质量得到提高。大学校园精神文化是社会精神文化的重要组成部分，大学校园是现代化人才的培育基地，因此尤其要重视校园精神文化的建设，在经过仔细思考后，有计划地去宣传和建设它。

二、高校校园精神文化建设的思路

（一）明确办学理念，建设特色校园精神文化

近些年，高等学校之间的竞争愈演愈烈，如何在激烈的竞争中脱颖而出成为各大高校冥思苦想的问题。各个高校之间有很多共同点，也有一些不同点，想

要在竞争中胜出，就要深入了解和分析自己的特点，走自己的特色发展道路。一所高校的特色之处主要体现在校园精神文化建设上，因此想要在竞争中立于不败之地，就要形成自己独特鲜明的精神文化。高校要从自己的发展历史、教学类型和教育目标出发，了解自己的优点和缺点，实事求是，不盲目跟风，挖掘自身特色，保持自身特色，确立自己的办学理念，使之成为校园精神文化建设的基础和核心。

校园精神文化的重要核心组成部分是办学理念，确立自己独特的办学理念是高校构建特色发展之路的重要方面。特色就是个性，特色就是创新，要走特色发展的道路，首先要创立自己的办学理念，在创立过程中尤其要注意以下三个方面：

第一，高校在创立自己特色的办学理念时，要充分考虑到专业类型、发展历史、所处的地理位置等因素。按照专业类型，高校可以划分为研究型高校、教学型高校、技术型高校；按照学科类型，高校可以划分为文科院校、理科院校、工科院校。另外，高校校园精神文化的发展也受到地域文化的影响。例如，如果高校位于北京，校园精神文化的发展就会受到京味文化的影响；如果高校在湖南，校园精神文化的发展就会受到湖湘文化的影响；如果高校在湖北，校园精神文化的发展就会受到荆楚文化的影响。这种影响是经历了多年的发展而形成的，所以高校在创立自己特色的办学理念时，不仅要从地域文化中吸取精华，也要考虑自身的特点。

第二，校长在高校建设中发挥着极其重要的作用。一个好的校长能带领高校发展进步。世界上曾经涌现过很多优秀的校长。例如，北京大学校长蔡元培，清华大学校长梅贻琦，浙江大学校长竺可桢，南开大学校长张伯苓等，正是他们谱写了各自高校史上的辉煌。由此可见，杰出的校长对办出水平、办出特色高校具有举足轻重的作用。

第三，结合社会发展的需求，与世界其他国家沟通，建立自己独具特色的办学理念。市场经济高速发展，各个行业面临很多机遇，需要大量的创新型高科技人才。为了适应社会发展的需求，很多高校都会与社会各个行业的企业进行沟通，找到企业的需求点，根据市场的变化来随时调整自己的办学理念，只有这样才能向社会源源不断地输送有用的人才。同时，在经济全球化的背景下，特色的高校办学理念建设开始与世界文化发生了密切的联系。这也客观上要求高校在发展过程中自觉地加快国际化进程，使自身具备更加宽广的视野。在精神文化领域，高校要加强与世界文化的交流，融会贯通，汲取其中的精华，创新自身的办学理念，为我国的社会主义现代化建设培育出敢于攀登世界科技文化高峰的创新型人才。

（二）凸显人文精神，更好地实现育人功能

育人功能的深层含义不仅涵盖公共道德观念的培养，还涵盖个人道德品质的进一步提升。高校作为培养学生良好道德品质的重要阵地，理应承担起教书育人的重任，其核心方法是将人文精神有机融入，并整合到不同的校园文化活动以及多种形式的大学生社会实践活动当中，这不仅有助于提高学生综合素质，还能促进高校素质教育的实施；有助于将学生的学习热情、兴趣、积极性与主动性充分激发出来，让他们在参与学习的过程中不仅能够获取知识，更重要的是他们学习到竞争、合作等公共价值观与责任，从而为塑造一个健全和健康的人格打下坚实的基础；有利于促进大学生全面发展，推动和谐社会建设，大学生在参与各种校园文化活动时，能够对大学开放、包容、创新等精神进行深层次体会，使他们在潜移默化的过程中有效提高自己在思维、思想方面的境界与层次。

将人文精神融入课堂是个人道德教育的核心路径，有助于提高学生的人文修养。要实现这一目标，应注重加强对大学生正确价值观的教育，引导他们形成良好的道德观念，提高其自身的思想政治素养，同时最大限度地对学校内的人文教育资源进行发掘和利用。例如，通过增加和提升人文素养的必修与选修课程，构建一个涵盖课堂教学、课外活动以及社会实践的全面人文素质教育体系；有序组织和开展人文主题的讲座，并指导学生研读人文相关的书籍等。此外，还应注重对当代大学生进行思想政治教育工作，提高其文化素养和道德情操。通过在多个层次上融入人文精神，旨在协助大学生持续提升其人格、气质和修养等多方面的内在素质，并指导他们在人与人、人与社会、人与自然之间建立正确的关系。

（三）加强网络文化阵地建设，彰显时代特色

充分挖掘与利用网络文化的优势，努力优化校园的网络环境，同时借助不同方法提高校园网络文化的品质，从某种程度上来说也是构建和谐校园所需面临的一项不容忽视的重大任务。在社会转型期，随着经济发展、社会变迁及人们思想观念的转变，互联网已经成为校园文化发展的新型平台。校园网络文化是一种以学生为主体，以校园网站为主阵地的新型文化形态。在新的时代背景下，高校需要与校园网络文化的发展需求相符合，严格遵循"积极发展、加强管理、趋利避害、为我所用"的基本原则，一方面加强建设，另一方面加强管理，以使校园网络成为教师和学生共同的精神文化家园。

首先，在互联网中建立一个专为学生设计的"园地"或"专区"，为他们及时介绍国内外的重大事件，帮助他们更好地了解和掌握国家、地区和政府的具体情况。同时，鼓励学生通过网络平台表达自己的观点，发表个人看法。鉴于学生在网络上的参与度逐渐增加，高校应该对学生的这种参与需求给予高度重视，为他们提供正确、科学的指导，以增强他们独立思考、辨别以及判断是非的能力。

其次，推出网上党校或网上团校，通过微博、微信群等网络技术，对中国特色社会主义理念与核心价值观进行积极推广与传播，这有助于武装年轻学生的头脑，并提高他们区分对错的判断力。要实现这一目标，应注重加强对大学生进行正确的价值观教育，引导他们形成良好的道德观念，提高其自身的思想政治素养。

再次，网络教育的一个显著优点是其互动性更强。所以，我们应该对网络平台进行充分、灵活的利用，积极为学生创建专用的留言板或者聊天室，让他们能够自由地将自己的观点或者意见表达出来，并且针对网络上的热门话题，开展不定期的讨论与网络调查。

最后，建立防护措施，以构筑防线的形式全面提升学生在网络道德与心理适应方面的素质与能力。加强制度建设，营造良好的社会氛围，促进高校校园精神文明建设。通过网络平台为学生提供心理健康教育和咨询服务，旨在帮助他们顺利解决思维难题并摆脱思想困境，并且满足他们的不同心理需求。网络平台带有某种程度的虚拟特性，当学生通过网络进行心理健康的教育和咨询时，利用他们的虚拟身份比在课堂上面对面的互动更能让他们敞开心扉、自由表达自己的真实感受和想法。

（四）教师和高校辅导员共同参与

《中共中央宣传部教育部关于进一步加强和改进高等学校思想政治理论课的意见（教社政〔2005〕5号）》对大学生思想政治课程进行了较大调整，并且对思想政治理论课教师提出了更严格的要求。① 在高校中，思政理论课的教学起到了塑造教师和学生思想觉悟的价值导向作用，这主要是通过解读马克思主义的基本原理、中国特色社会主义理论、中国近现代的历史背景以及培养大学生的思想道德等，将社会主义的核心价值观正确传递给年轻的学生，从而进一步增强他们对外部不良文化的抵抗能力。在互联网时代，信息的沟通已经不再受限于空间和时间，人们可以通过网络接触各个国家的文化。诚然，有些思想是先进的，然而也存在一些观念或思想是不正确的。因此，思政理论课在塑造校园的精神文化方面起着重要的作用。高校要加强教师的自身修养，以良好的职业道德引领师生共同参与到校园文化建设中来，为培养具有时代精神的"四有"新人提供智力支持。这意味着思政理论课的教师需要通过不同的方式和手段，持续、有效提升自己的学科素养、科研能力等，并且和学生进行深入的交流，关注他们的思维趋势与不同的精神需求，对他们在日常生活中可能遇到的问题进行及时解答。唯有思政理论课的教学效果得到持续性增强的时候，社会主义核心价值观才可以真正深入年轻人的内心，进而确保校园的精神文化建设朝着健康和充满活力的方向发展。

相较于思政理论课的教师，高校辅导员和大学生共同生活，更能贴近学生的日常生活，与学生的交流和沟通更为顺畅，并且可以更迅速、更有效地了解学生在思维和思想方面的动态。所以，高校辅导员应该站在实际的层面，利用"第二课堂"这一方式，发挥对校园精神文化建设的作用，这意味着高校辅导员需要持续提高自己的政治理论知识水平与工作策略，把校园精神文化以一种巧妙的方式和校园文化活动紧密结合在一起，通过更具针对性的校园文化活动与社会实践活动，使学生能够体会校园精神文化的内涵，并且提升他们在人文方面的素养。同时，要积极发挥共青团组织的桥梁纽带作用，为大学生提供良好的成长成才环境。青年代表着祖国的将来和民族的期望，同时也是我们党的未来和希望所在。一个年轻人只有确立了清晰的信念，才不会丧失自我；一个人如果没有崇高的理想，就不能实现自己的人生价值。因此，对当代大学生进行共产主义理想教育成为一项重要任务。作为年轻学子的培育"基地"，高校在这个新的时代背景下，更应不辜负党和国家的期望，承担起时代的义务，用崇高的大学理念和精神来正确、

---

① 中华人民共和国教育部政府门户网站. 中共中央宣传部教育部关于进一步加强和改进高等学校思想政治理论课的意见 [EB/OL].（2008-04-25）[2023-06-10]. http://www.moe.gov.cn/srcsite/A13/moe_772/200502/t20050207_80415.html.

科学指导新时代的年轻人。

（五）对高校校园精神文化进行合理规划

校园精神文化建设工作是一项系统性的工程，要坚持整体性的原则。如果有任何一部分没有完成，都不可能实现校园精神文化建设的目标，因为它最终反映的是校园精神文化建设的各个方面和谐统一的成果。高校校园精神文化包含五部分的内容：高校价值观、高校办学理念、大学精神、校风和校训、高校伦理观。这五部分结合到一起构成了校园精神文化，缺一不可，因此在进行校园精神文化建设的时候，就必须做到有序的整体建设。要达到高校校园精神文化建设整体化的目的，就必须对校园精神文化各层面的基本建设进行整体性、系统性的考虑。

对高校校园精神文化进行系统性的建设，就是要对负责高校精神文化建设的领导进行培训，确保高校领导能够清晰地知道要建设哪种类型的校园精神文化，是独具特色的还是选择建设综合性的校园精神文化，准确把握精神文化建设的方向。要想保证建设不偏离方向，高校首先就要根据自身的特点确立自己的办学理念、价值观、伦理观，尤其是塑造本学校的大学精神，其次沿着这个方向开展校园精神文化建设。校园精神文化建设能取得什么样的进展和成果，很大一部分取决于高校管理阶层的合理设计。

当然，高校还必须在机构建设、人员选择和经费管理上给予校园精神文化建设以必要的支持，使得高校校园精神文化建设能够成为有本之木、有源之水。只有这样，高校校园精神文化建设才能够沿着正确的方向和道路去健康发展。同时，高校校园精神文化建设并不是单单一个人或几个人就能办好的，而是要靠每个人的参与才能完成。因此，要想更快地完成高校校园精神文化建设，全体师生要把这项责任牢记心中，从自己做起，在教育教学、管理等工作过程中积极地想办法推进建设步伐。高校应该制定各种章程规定，清楚地说明每个人的职责、任务和考核办法，全体师生都要遵守这些规定，在校园中形成良好的精神文化氛围和工作格局。另外，要建立健全校园精神文化建设的组织机构，分为领导组织机构建设和学生组织机构建设，领导组织机构的主要成员是党委、团委、学生处，学生组织机构的成员是以各种学生社团为主，这两个组织机构是高校的主要群体。高校在进行校园精神文化建设时，主要做好以下三个方面的工作：

第一，要培养一批具有高尚道德情操、较高政治觉悟、熟悉国家相关政策的管理者。这些管理者还要具有过硬的专业知识、丰富的教育教学实践经验，通晓教育教学的相关规律。高校的管理人员都具备很高的知识文化水平，知识是一种文化，管理同样也是一种文化，是高校管理人员必须具备的一种素质。高校管理人员在管理工作中，对学生要有热情、包容、耐心的态度，帮助学生排忧解难，始终以热情乐观的心态工作，这才是管理的文化内涵，也是管理育人的内涵。因此，高校的管理工作要以人为本，尊重学生的想法，把严格日常管理和引导大学生养成良好精神面貌与行为习惯结合起来，这是高校校园精神文化建设不可或缺的软件设施。

第二，要重点培养高校教师和大学生两方面的领军人物。要善于在全体师生中培养出一批具有较高的组织管理和社交能力的人，着力加强对他们的教育和培训，在实践工作中锻炼他们，渐渐地把他们培养成校园精神文化建设的重要核心力量，有序组织和带领人们共同投身于校园精神文化建设的工作中。

第三，要对新入职的年轻教师进行激发和鼓励，鼓励他们学习其他教师的经验，提升自身的知识水平，对学生有耐心，做好教师文化建设。为人师表是对教师的基本要求，其实也是要求教师平时注意自己的行为举止，用自己的行为影响学生的行为，这也是一种行为文化。

教师必须积极地提高道德修养和业务水平，做到爱岗敬业，教书育人，为人师表，用自身良好的道德风范和思想政治素质去影响并教育学生。校园精神文化建设的主要对象是大学生，但是也不能忽视教师的作用，教师的言行举止、价值观都会无形中对学生产生影响，因此说教师在高校校园精神文化建设中起着引导的作用。教师，特别是青年教师，他们的治学态度、道德品质等表现对广大的大学生能够产生很大的影响，能够调动学生的主动性和积极性，对整个高校校园精神文化建设具有重要的意义和影响。

（六）开展健康的精神文化活动

在学校组织的精神文化活动中，应该更多地关注活动的质量而非数量，每一次的活动均应该清晰地定义其意义、目标等。在此基础上，还要结合学校实际，进行有效的组织和安排，使之形成一个有机的整体。高校应当按照实际的需求，组织不同的活动，如知识交流会、辩论赛等，并在建军节、国庆节等具有特殊意义的节日当中，积极开展不同形式和类型的教育推广活动，同时还要组织丰富多彩的文体活动，如篮球比赛、文艺会演、乒乓球比赛等，丰富校园文化生活。除此之外，还应该广泛吸纳学生代表、班长等具有代表性的观点和意见，以增强学生的自觉参与意识，并鼓励他们自发、主动、积极地参与此类活动。学校还应当加强对大学生的心理健康辅导，提高他们的心理素质。从事思想政治教育工作的人员还应当持续地更新他们的知识结构，对学生的情感变化与不同需求进行综合分析，并在科学指导精神文化活动的过程中，按照学生的成长特点与心理需求及时提出适当且有效的建议。

第四章　高校校园物质文化建设

高校校园物质文化建设是高校校园文化建设的重要组成部分，具有物化性、承载性和规划性的特征。本章主要介绍高校校园物质文化建设，分为高校校园物质文化建设的概念与特征、高校校园物质文化建设的原则、高校校园物质文化建设的基本思路三部分。

第一节　高校校园物质文化建设的概念与特征

一、高校校园物质文化建设的概念

　　高校的物质建设、环境氛围在某种程度上影响和塑造了公众对高校的看法、认识以及感受。当学生首次进入一所大学时，他们会被其独特的建筑风格吸引；学生在毕业后，会怀念学校里的每一棵树和每一株草。高校物质建设与高校校园文化之间有着千丝万缕的联系。在高校中，物质建设不仅是校园文化的具体表现形式和物质载体，也构成了教师和学生在教育和学习方面的基础空间。高校的硬件设施既为师生员工提供了休息和娱乐场所，还成为学校开展思想政治工作和进行素质教育的重要阵地，高校所有的活动都是基于相应的硬件设施来完成的。高校的每一座建筑和雕塑也都具有一定的精神内涵与价值追求，高校每一个基础设施不仅承载了其特定的功能，还深刻地反映了其文化内涵和意蕴。高校的物质文化既反映了学校历史发展过程中形成的传统与风貌，也折射了时代和社会生活的变迁。那么，高校的物质文化内涵到底是什么呢？高校的物质文化又包含哪些内容，它们之间有何内在联系和作用关系？现如今，学术界对高校物质文化内涵有着不同的定义。

　　对于高校而言，物质文化不仅是校园文化的象征，也是其具体体现，即具有象征化与实体化特征。从本质上说，高校物质文化就是由学校物质形态构成的各种有形要素所表现出来的精神风貌和价值取向。根据文化形态学中的洋葱理论来说，高校物质文化是物质和文化的有机结合。[①] 物质是构成学校整体形态的基本元素，高校物质文化则是由这些基本要素组成的具有特定功能和价值的总和。高校物质文化，一方面是可以被外界感知的文化形式之一，它承载并体现了高校的校园文化，另一方面也在物质层面上将文化的潜在隐性作用淋漓尽致地发挥出来。从这个意义上说，高校物质文化也可以称作高校校园文化的"内核"，是由学校物质设施所构成的精神层面的存在形态。高校物质文化可以被视为大学校园文化

[①] 王雁，张贝丽. 新时期高校校园文化建设的探索与实践 [M]. 北京：中国原子能出版社，2021.

的"躯体",它以独特的文化方式展现出来,其中的每一个细节、每一个元素都充分揭示了校园文化的独有核心精神。所以,高校物质文化也应该属于高校校园文化建设当中不可或缺的一部分。尽管学术界对高校物质文化有不同的定义和解读,然而它们都有一个共同点,即均认同高校物质文化的物质基础,具体而言就是高校组织和开展的教育、教学活动等,均是基于高校的物质设施进行的。

高校物质文化除了是其文化载体,也是校园精神文化和制度文化的具体体现,这反映了一所大学深厚的文化底蕴与独特的精神风貌。具体的表现形式涵盖了以下方面:高校所处的地理位置与其周围的设施、学校的建筑和环境、学校的基础设施,如雕塑、校旗等,这些都是学校得以存在的基本条件,也是高校物质文化最直观的表现形式。高校物质文化是其物质基础文化形态的一部分,也是高校校园文化在物质层面上的具体表现。高校的每一座建筑和雕塑也都具有一定的精神内涵与价值追求,高校物质文化能够满足其成员的不同实际需求。这种文化是由高校成员所创造并对他们产生影响的,它不仅反映了他们的精神状态与需求,还展现了他们的审美取向与价值观,同时也反映了高校的办学理念、教育追求以及校园文化的核心价值。在新时期,高校应该注重对物质文化资源进行开发利用。然而,有两个关键点需要特别留意。

第一,仅仅依赖单一的高校环境和物质景观是不足以定义高校物质文化的,也不能简单地把"物质"与"物质文化"混为一谈。环境与物质景观以"物质"的方式展现,它们构成了"物质文化"的基础和载体。从其深层含义来看,如果高校物质文化与高校这一富有创造力的文化组织或团体相脱离,那么它就失去了精神与文化的价值、内涵。因此,作为一种特殊形态的物质景观,高校物质文化应该包括学校建筑与校园环境,以及校园内一切有形或无形的东西。正因为在高校成员的教育和教学实践中,学校的环境与物质景观才被赋予了深厚的文化意义和文化内涵。校园文化建设要体现出一种人文关怀,即从人的角度去考虑问题,使之成为一个有生命的整体。在这一演变过程中,"物质"被提升为"物质文化",进而充分发挥文化在教育人才方面的功能。

第二,在高校物质文化体系中,物质与文化构成一个不可分割的整体。只有当校园作为一个整体存在时才能构成高校物质文化的基本框架。高校物质基础设施是物质文化的承载工具,同时也是其物质文化传播的重要渠道和媒介。在高校物质建设过程中，只有通过学校物质文化才能真正实现对校园空间、设施以及环境的美化与优化，从而形成一种独特的校园环境氛围和文化氛围。正因为高校校园文化被融入其物质基础设施中，才逐渐催生了高校物质文化；反过来，高校物质文化又对高校物质基础设施进行改造并使其丰富起来，高校物质文化不仅为其物质基础设施注入了生命力与灵魂，还赋予了它们一种充满活力的精神价值与文化价值。高校物质文化既具有一般物质文化的属性特征，又有自身特有的性质特点。高质量的高校物质文化一方面为高校主体提供了活动的重要基础，另一方面也积极地培养人才，将学校的精神文明传统以及核心价值理念充分展现出来。高校的物质文化就是对师生日常生活的一种反映。不夸张地说，高校的物质文化是其校园文化的核心部分，它为高校的教学与科研活动提供了物质支撑的同时，更是有形的重要空间基础，并且呈现为一种实体文化的具体形态。高校的各种设施、设备以及其他相关配套资源，均可视为一种特殊的物质财富和精神财富。高校所有的校园建筑均承载着丰富的物质文化内涵，这些建筑不仅包括教学设施和建筑，还涵盖了自然景观和环境布局等方面以及富有创意和深意的雕塑和标语，这些都具有独特的教育意义和价值观念。当将具有教育价值的文化元素融入高校的实体建筑或环境当中，它便塑造了学校的物质文化，从而将学校的教育理念与价值观充分反映出来，是学校综合能力的具体展现，并且对高校充分发挥育人功能产生了重要的作用和意义。

二、高校校园物质文化建设的特征

（一）传承性

万事万物都不是孤立存在的，有着千丝万缕的联系，相互依存。校园物质文化具有历史传承的特点，把当今文化同历史联系起来，这同样体现了高校校园文化的传承性特征。高校物质文化包括物质设施、精神环境以及制度三个方面内容，三者相辅相成，缺一不可。在学校的物质文化背景下，缺乏文化传承就如同建筑缺乏根基。在发展中，每一所高校均积累了独特的校园物质文化传统。例如，具有个性的校园主楼是在高校发展中不断进行更新和改进的，从而逐渐形成了适应学校发展需求的专属形式。这一点成为高校与其他高校不同的精神象征，为师生员工提供了一个令人充满活力和进取心的精神动力。

(二) 卓越性

学校建筑作为孕育科学的重要基础设施和承载体，除了是教学中的关键和主导环节，更是教育实践的重要场所，因此应当作为改革开放中人才培养与供应的重要主体。要想使大学校园能够保持旺盛的生命力和持久的活力，需要不断地继承发扬校园文化的优秀传统，将其作为重要的组成部分来建设和发展。现代大学生无疑将成为未来国家发展的核心力量和各个行业的精英骨干，他们也将不可避免地成为校园物质文化建设的主要参与者。他们在学习、生活等方面所体现出来的精神风貌，会影响着整个社会风尚与风貌，对社会有着巨大且深远的意义。所以，校园物质文化的建设不仅具有更高的文化水平和道德内涵，并且相对于其他类型的社会文化，其建设具有更为显著的卓越性。

(三) 承载性

校园物质文化的承载性指的是高校在日常组织和开展的教学和科研活动当中逐渐形成的一种独特的文化氛围，并且将校园物质文化作为基础和前提，通过物质文化的传播，向各个方向扩散，从而让身处其中的人受到潜移默化的感染与影响。在我国现代化进程不断加快的今天，校园建设已被提到重要议事日程上来，其重要性不言而喻。高校的日常生活，在某种程度上为某些特定区域、建筑和雕塑赋予了特定的精神内涵或意义，当人们身处这样的环境中，会在潜移默化中产生刻苦钻研、勇于挑战等精神。这些物质成为文化的象征，并为文化赋予了深厚的承载意义，即所谓的承载性。

(四) 地域性

由于所在的自然和社会环境的差异，因此校园的物质文化也会有所不同。

第一，人文文化的形成是基于当地的实际情况，物质文化不仅是人文文化的组成部分，还应当与当地的文化特色保持一致。

第二，学校的物质文化起源于当地的社会环境以及人们的智慧，这与当地的文化传统是紧密相连的。学校建筑的形式、功能以及布局等都受到了所在地域的影响，每一个区域都拥有其独特的风貌。

作为文化的引领者，高校需要与其周边环境深度融合。在不同的区域，高校所拥有的历史传统和地理位置也不尽相同，因此各高校应因地制宜，创造出适合本地方发展的校园文化。不同地域的学校物质文化都融入了各自独特的地方特色，并严格按照当地的环境特点来塑造其物质文化。

第二节　高校校园物质文化建设的原则

校园物质文化对人才培养和育人起着重要的作用，这是其自然而然的影响。高校校园的物质文化具有大学文化的普遍价值，它们是思政教育的关键载体，也是培养具有创造力人才的内在需求，同时又有自己独特的内涵和外延。高校物质文化具有其独特和明确的功能：

第一，校园物质文化可以起到熏陶功能，如心灵熏陶。

第二，审美功能。校园物质文化与校园内的各类物质艺术是密不可分的。不管是建筑的景色、山脉的水系，还是曲折的小径、古老的园林遗迹，均和校园中的成员进行深入的交流，以提升他们的审美鉴赏能力。大学校园物质文化是大学教育的载体，它可以潜移默化地影响学生的行为方式和心理状态，对学生的发展有着不可忽视的作用。大学的核心精神被融入校园物质生活中，它代表了一所学校的经验和沉淀，这种精神也在潜移默化中影响和塑造了学生的个性和气质。

第三，校园的物质文化也起到了显著的标识功能。标识是校园文化建设的一部分，它通过对环境、建筑物的色彩和线条等视觉符号传达出一个具体的概念，让人们知道这个地方有什么特点或者是什么意义。标识的功能在于通过外部的展示方式，呈现每所大学的历史、独特之处、风格和核心精神等。

更具体地说，校园物质文化呈现出多种形态，这些形态直接或者间接地反映了学校所处的时代背景。其中，以建筑物为载体的建筑符号是最为直观和常见的形式之一。正因为校园物质文化具有独特的标识功能，所以以在构建校园物质环境的过程当中，必须充分考虑学校应有的文化特质和气质，不能忽视代表学校的丰富文化传统，同时也不能过分追求"独特性"，唯有如此，才可以获得更广泛的社会认可。学者们在之前的研究中，也提出了许多有价值的建设理论和建设方法，并要求根据相应的原则进行建设，这无疑为大学校园的未来发展指明了不同的方向。

一、方向性原则

高等教育必须坚持社会主义方向，坚持以马克思主义为指导。马克思列宁主义、毛泽东思想、邓小平理论、"三个代表"重要思想、科学发展观和习近平新时代中国特色社会主义思想为我国社会发展指明了前进的方向，是我党长期贯彻坚持的重要指导思想。高校物质文化作为高校校园文化的重要组成部分，在建设发展过程中必须坚持体现方向性，要感染人、熏陶人、发挥育人作用。高校物质文化建设坚持方向性原则包括以下三个方面：

首先，我们必须坚定地维护中国共产党的领导地位。中国共产党不仅代表了最先进的文化发展方向，而且是确保中国特色社会主义文化健康成长的重要支柱。中国特色社会主义的发展经验告诉我们，党的领导是社会主义意识形态的坚实基础，只有坚定地维护党的领导，高校物质文化建设才能始终保持在社会主义意识形态的核心范畴之内，并对西方文化的渗透进行有效抵御。因此，加强对高校物质文化建设中存在问题的研究具有重要意义。高校物质文化建设方面的经验也证实，唯有坚定地维护党的领导地位，才可以确保高校社会主义办学观念和理念得到全面、认真的贯彻和落实。这要求高校相关部门对党的各项政策和方针给予高度重视，并在思想上同党组织保持高度一致性，全面贯彻和落实党的指导原则和方针，同时也要注重高校的物质文化建设。高校应依据党的指导方针和政策，制定具有阶段性的物质文化发展策略和方针，明确短期与长期的发展目标，并且把物质文化发展纳入优先考虑的事项。通过对文化校园的建设，使高校的物质文化跟随时代发展的步伐，与时俱进，为其全面和深入的发展提供精神和文化支持。

其次，要坚定地沿着先进文化的发展路径前进。经济与科技的进步促进了全球文化的深度融合与交流，并且也塑造了一个多样化的文化环境与格局。在多元文化背景下，人们的多种选择方式不仅对其世界观、人生观和价值观产生了强烈的冲击，同时也影响了高校物质文化的发展。高校应该加强大学生道德素养教育，培养学生正确的价值观念，使他们能够树立起积极向上的人生观和世界观，同时这也意味着人们需要增强对文化的自我保护意识，并在高校物质文化建设中始终坚守先进文化的发展和前进方向，确保社会主义先进文化的核心地位。高校应当最大限度地发挥校园网络媒体的影响力和作用，积极推广主流和先进的文化观念，通过学校的广播电台、报纸等媒体，对典型的文化事件和人物进行重点强调，将他们的榜样作用充分发挥出来。同时，通过宣传栏以及横幅标语，确保每一个高校的主体都能在校园的各个角落感受到先进文化所带来的正能量，这不仅可以创造出具有高校特色的主流文化，还可以使高校主体更加主动和自觉地接触先进文化，最终将高校物质文化的特点、作用展现和发挥出来。这样，高校物质文化就能真正成为高校主体乐于接受的文化，并能够自觉地投入物质文化建设的实践过程当中，将建设物质文化和支持社会主义先进文化视为自己的光荣责任与乐趣。

最后，需要确立一个全方位且可持续的高校物质文化发展观。高校物质文化建设是一个漫长的进程，同时遵循其独特的发展模式和规律。高校物质文化与其他事物一样要遵循自身客观规律，同时受其他因素制约和影响。为了推动高等教育机构的物质文化建设与发展，我们应当确立一个全方位且可持续的物质文化发展观。高校物质文化与高校其他文化一样具有社会性，它是人类在创造物质财富过程中所积累起来的精神财富的总和。高校物质文化除了是其物质活动的基础，还深刻地影响和塑造了这些主体的精神层面和精神活动，同时这些主体的学习和生活活动也对社会进步产生了一定的影响。因此，高校应该基于其当前的发展状况，对其物质文化发展的成果和短板进行及时的总结，并且对物质文化建设的内在规律进行深入理解，以此为基础着眼于高校物质文化建设的长远发展，确立一个全方位且可持续的物质文化发展观。高校物质文化建设既需要从整体上进行规划与布局，也需要从局部着手开展具体工作，不应只关注当前的物质文化建设，而是应从长远的角度出发，致力于创建具有独特特色且可以传承的高质量高校物质文化。高校物质文化建设必须坚持科学发展观，把以人为本作为根本出发点，这意味着在高校物质文化建设的过程当中，我们必须坚持"以人为本"的原则，重视高校的主体与核心地位，最大限度地平衡教师、学生以及每一位高校员工的不同需求，对文化的人文价值进行重点强调，借助不同的方式努力推动人的全方位自由发展，并且将物质文化的"化人"作用充分发挥出来，同时也要重视对物质文化进行合理利用，让其成为高校师生生活中不可或缺的一部分。此外，高校在物质文化建设方面应更多地从高校、社会等更深层次的视角来考虑，以赋予高校物质文化在社会和时代层面上的价值，这样才能真正实现高校物质文化与社会和谐共处，共同繁荣发展。为了让高校物质文化在更高层次上更好地起到文化育人的重要作用，需要顺应与符合时代的发展需求，塑造具有时代特征和中国特色的高校精神，弘扬和突出中华民族的优秀文化以及时代的主旋律，并且以不同的方式把这些精神内涵深刻地铭记在高校主体的心中，以此来传承和建设高校物质文化。

二、客观性原则

尽管人类制造的物质在某种程度上带有主观性，但我们仍然不能忽视物质的客观存在。因此，必须认识到物质与精神之间有着不可分割的联系，并要从物质角度来审视校园文化建设中所存在的问题。实际上，校园中的所有事物都是客观存在的，在创建和构建大学校园，以及培养大学生的过程中，应该把客观性放在首位，始终坚持马克思主义的唯物辩证法，唯有如此，才可以适应发展变化的内在规律，从而正确、合理、科学地建设和谐校园物质文化。

三、系统性原则

马克思主义认为世间的万事万物无不处于普遍联系之中，并且是一种普遍的、客观的、具体的联系。[1]在这个系统里，每一个要素都有其独特的功能和作用，并共同形成一个强大的合力。在特定的环境条件下，关键部分有一定的能力对整个系统产生决定性的影响。高校与校园文化实际上构成了一个庞大复杂的系统，其中的要素共同组成了大学的整体，并且物质文化也是这个整体中的一部分。如果其中某一部分或几个要素出现问题，就会影响到整个系统甚至整个社会。因此，在建设过程中不仅需要对高校的校园文化进行综合考虑，还需要关注校园文化之外的其他要素，避免在某些方面失去平衡，从而导致高校校园文化的"失重"。在高校的校园物质文化建设过程中，应该尽可能地追求在这个阶段实现"无形胜有形"的最终效果。

四、科学性原则

在高校物质文化建设的过程当中我们必须始终坚守科学性原则，这意味着在马克思主义正确、科学的指导下，按照学校的实际发展状况，全力实施创新、协

---

[1] 王雁，张贝丽. 新时期高校校园文化建设的探索与实践[M]. 北京：中国原子能出版社，2021.

同、环保、开放和共享的科学性原则。每一所高校都受到其独特的地理和文化背景的影响，因此在进行高校物质建设时，需要根据实际情况进行深入分析，但始终坚守科学性是所有高校在物质文化建设过程当中应当严格遵守的原则，不容忽视。高校物质文化是校园文化的基础，也是校园精神文化的重要组成部分，在高校物质文化建设中持续创新是至关重要的。高校物质文化具有时代性与民族性特征，其发展变化受到社会环境以及时代要求等多方面的制约。高校在进行物质文化建设时，应根据其独特性质，创新其内容、形式与方法，确保与时代同步发展。为了更好地实现创新，应该深入研究优秀高校物质文化建设传统，并从中外的建设观念中吸取精髓，以实现不断创新和进步。此外，在物质文化建设中应该注重培养学生的创新能力，使其能够适应社会发展需要。高校中的大学生在思维方面比较敏捷，对新事物的接受度极高，并具有强烈的创新意识和精神。因此，应该通过不同的方式和手段激发和提升学生在创新方面的潜能与精神，确保高校的物质文化建设始终具有创新动力，同时高校也应加强对校园物质文化的保护与利用，使其更好地为学生提供良好的学习、生活环境和文化氛围。高校物质文化建设是一个不断变化和发展的过程，在每一个发展阶段都需要遵循协调性的准则。当前我国高等教育改革已经进入攻坚期，高校应该抓住历史机遇，以科学发展观为指导，加强物质文化建设，提高育人质量。在高校物质文化建设过程中，一方面要明确主次关系、强调核心内容，另一方面也要确保内容的全面性和均衡性。高校不仅是人才培养的重要场所，也是高校主体生活与娱乐的重要场所，因此高校的建筑群落需要功能明确、层次分明，并特别强调关键区域的重要性，校园规划应注重以人为本、体现特色。高校中教学和科研区域，应该与自然景观区的组合恰到好处，有主次之分，一定不能主次颠倒。

在高校物质文化建设的过程当中应该从整体出发，立足全局，重视其进一步的发展。高校应根据自身特点和优势，以培养高素质人才为目标，加强校园文化建设，营造良好校园文化氛围。在高校物质文化建设中，还应该始终遵循绿色科学原则。绿色设计与创新将成为未来社会的主流趋势，在新的时代背景下，绿色、环保和节约成为备受关注的议题。高校物质文化的内容和形式必须与环境相协调，符合可持续发展观的要求，高校物质文化建设应当重视其持续发展并追求其发展的高质量。在高校物质文化内涵中应该对绿色环保的理念进行重点强调，培养学生的环保和节约意识，努力打造一个环境友好型的校园环境，倡导绿色校园的理念，珍视每一朵花和每一株草，致力于环境保护和水电资源的节约，同时加强对学生的环境道德教育。这种做法不仅有助于更有效地推进绿色高校的物质文化建设，也有助于培育和全面提高高校主体在绿色环保与节约方面的相关意识以及道德素养。

高校物质文化建设必须遵循绿色、开放和共享的科学原则。高校物质文化是一个有机整体，具有开放性、共享性等特征，高校物质文化开放与共享意味着所有高校成员均可以参与其中，让每个人都有机会深入体验和感受高校物质文化，并受到其深刻的教育影响与熏陶。高校物质文化建设的开放性和共享性也意味着全方位的资源共享，不仅包括物质文化设施和建筑，还包括物质文化的深层含义和校园各个角落的物质文化，所有这些形式的高校物质文化均对高校主体全面有序开放。高校物质文化的建设是一个共同参与和共享的具体过程。众所周知，高校物质文化是一种软实力，具有不可替代的作用，对提升学校核心竞争力意义重大。高校主体不仅是物质文化的塑造者，同时也是其受益者，他们需要创造一个"我参与""我享受""我为之自豪"的活跃环境和局面。高校物质文化是一种隐性资源，它对学校的可持续发展具有重要意义。高校物质文化建设的开放和共享是一个逐步发展的过程，因此在推进高校物质文化建设时，不能仅满足于现状，而是应该根据学校的实际发展需求，稳步前行，持续推进物质文化建设，与社会需求相结合，互相学习和借鉴，努力弥补自身的不足，这样才能推动学校的持续发展，增强其整体竞争力，并致力于打造具有独特特色和高质量的物质文化。

五、适应性原则

这里所说的"适应性"主要涵盖了三个方面：首先是为了适应自身的成长与发展，其次是为了适应主体的发展，最后是为了适应外部环境的变化与发展。大学在本质上就是一种社会组织机构，它的一切活动都应该围绕着人这个中心展开，这就要求高校必须把大学生培养成具有独立人格、自由意志、能够独立思考的高素质人才。每一所独特的大学都有其独特的发展路径和文化背景，无论它们进入哪个历史时期，都会携带其特有的基因，不断地丰富和深化自身的文化内涵。因此，在进行大学建设时，应首先根据自身的实际能力和环境条件来塑造独特的特色，而不是对不实际的建设方式进行盲目模仿。大学中的教师和大学生作为两个具有特殊地位的群体，他们之间既相互独立又相互依存，彼此构成了完整的大学系统，在大学里，师生是最核心的部分，并且这些主体在大学的发展过程中起到了至关重要的作用，就某种程度而言，是大学持续充满活力和发展的核心动力。因此，在学校的建设过程中，必须始终围绕学生这一核心群体，始终将学生放在中心位置，深度探索他们的内在需求，并在此基础上创造一个和谐的校园物质文化，从内心深处去潜移默化地感化他们，并在不知不觉中对他们产生一系列的影响。大学并不是一个孤立的环境，也不是一个与外界隔绝的象牙塔，大学的建设和管理受外界环境的影响和制约，大学文化的传播同样也离不开这个外部环境，大学构成了一个不断与外部世界建立联系的社会环境。大学校园作为人类知识和信息传播的重要平台，不仅有它自己独特的风格特点，还具有丰富深刻的内涵。在引入大学文化的同时，也需要将其推向外界，以营造一个更为开放的文化环境和氛围。同时，大学应该积极地适应经济和社会的不断发展，以便将服务社会的职能充分发挥出来，这一点在校园物质文化中得到淋漓尽致的体现，意味着大学需要与时俱进，在更广阔的文化背景下，正确、科学地创造适合自身发展的独特校园文化。

六、主体性原则

（一）高校应充分调动高校领导的主观能动性

高校领导在物质文化建设方面拥有高度的决策权，他们的观念、意志将直接影响到高校物质文化建设的未来方向。众所周知，高校物质文化在满足人们精神需求方面发挥着重要作用，高校领导与普通师生有所不同，他们更倾向于从战略角度出发，对高校物质文化建设的未来发展方向进行综合思考。因此，通过不同的方式将高校领导的主观能动性充分激发和调动起来，有助于他们从一个科学和全面的视角出发，从而在高校物质文化的建设过程中积极参与，承担起决策者应有的责任，提供更多具有建设性的发展建议，将创新精神充分发挥出来的同时，在构建高水平高校物质文化方面发挥一定的引领作用。

（二）高校应调动广大学生的主观能动性

高校中数量最多的是学生，他们的思考和思维方式敏捷活跃，并且最具创新精神，他们不仅是高校物质文化建设的重要核心力量，还是高校物质文化消费的主要人群。因此，要加强高校学生对校园物质文化建设的积极性与主动性，发挥学生的主体地位，要想激发他们的主观能动性，就需要给予他们更多的发言机会。学生参与高校物质文化建设，既能丰富校园文化生活又能够提高自身综合素质，高校应该深入了解大学生对于高校物质文化建设的观点、想法与建议，肯定他们的想象力与创造力，将其喜欢的文化形式与元素展现出来，确保高校物质文化建设是一个真正"接地气"并且受到大众喜爱的文化。这样才能激发学生的积极性和主动性，使其参与到高校物质文化建设中来，从而为学校创造出更加丰富、生动的物质文化产品，也更有助于高等教育机构在物质文化方面发挥其"育人"功能。除此之外，大学生在物质文化的实践和创新过程中也能获得乐趣与深刻的感悟，有助于优秀文化的传承，产生巨大的社会影响，进而激励和感染更多的人。

（三）高校应调动高校教师的主观能动性

高校教师作为物质文化的重要传播者，对高校物质文化的传播有着重要作用。高校物质文化的传承和创新需要有一支高素质的教师队伍来完成，这就要求我们加强教师自身素质修养。高校教师将卓越的物质文化传递给不同的学生群体，与此同时，他们也与学生共同为高校物质文化注入了更多的内涵。教师参与高校物质文化建设，既能丰富校园文化生活又能够提高自身综合素质，激发教师的主观能动性，不仅能稳固高校物质文化建设的基础，还能以更高的效率推动高校物质文化建设的全面发展。在此过程中，高校教师的个人素质也将得到进一步的提升，他们将成为高校物质文化建设中最有价值的精神资源与火种，从而加强高校的教师队伍力量，并使高校的整体竞争力得到提高。

（四）高校应调动高校其他员工的主观能动性

高校的员工，特别是那些在高校工作的非教职人员，为确保大学的硬件设施得到完善提供了必要的支持。一个完备且干净的高校环境能够给人带来身心上的愉悦感，这对于大学的物质文化活动是有益的，但过于陈旧的高校物质文化环境可能会给人留下不良的印象。因此，要重视对高校物质设施的完善和利用。高校员工日常职责是确保学校的物质设施得到完善，并为物质文化的建设提供必要的支持。所以，如何做好高校员工和校园物质设施的结合是当前高校管理者面临的重要课题。激发高校员工的主观能动性不仅能为高校的物质基础提供全面的支持，还能为高校日常运营活动提供有效的载体保障，进一步促进高校物质文化建设的平稳推进。

七、创新性原则

创新是推动进步的根本动力。高校物质文化是高校整体文化中一个重要组成部分，也是校园物质文明和精神文明的体现，只有高校在物质文化建设上持续创新，它才能展现出真正的活力和生命力。在社会经济快速发展的今天，人们对精神文化生活提出了更高的标准和要求。坚持创新性原则，从某种程度来说，意味着高校在物质文化建设上，应根据当前时代的需求，持续更新其文化内涵以及展现方式，以充分满足高校成员在精神和文化方面的不同需求，并持续推动社会主义文化的繁荣与进步。伴随着时代进步和科技的巨大飞跃，事物的更新换代速度越来越快。因此，唯有快速适应新环境的文化表达方式，才可以满足时代不断变化的需求。在开展校园文化活动时，要充分把握学生主体，尊重个性差异，使其积极参与到校园文化活动中来，从而实现高校文化的育人功能。高校在进行物质文化建设时，应充分考虑其独特性和服务对象的需求，吸取其优点，持续创新，使其充满活力的同时，也进一步感染和影响高校主体。高校主体也应该充分发挥其在创新方面的思维和意识，把创新的观念、思想和文化形态巧妙融入高校的物质资源中，从而构建一个强大的高校物质文化体系。

在高校物质文化建设的规划与设计过程中，也应该秉持创新性的原则和理念，探索新的设计方案布局。高校物质文化是学校精神与形象的载体，其内涵决定着校园特色的形成与校园文化的品位高低。最关键的一点是，高校物质文化的创新需要在现有文化基础上进行继承和创新，只有这样才能够让高校文化更加具有生命力和创新性，才能为社会培养出更多优秀的人才。创新并不意味着彻底改变，而是在已有的基础上，根据自己的发展特性进行新的适当调整与有效变革。因此，创新需要一个过程，并不是一蹴而就的。同时，创新的过程也是适度的，适度的创新才能够促进校园文化氛围的形成,才能使师生更好地感受到学校精神文化的魅力,从而激发学生对学习知识的兴趣,达到事半功倍的效果。创新必须与社会主义文化的发展趋势相一致,不能盲目地追求创新或过分崇拜外国文化,这样的创新是不被推崇的。高校校园文化建设应该与社会实际相结合,既要继承传统又能与时俱进,从而使之能够为培养高素质人才服务。高校物质文化的创新可以体现在物质设施、景观设计等多个方面,在这些创新活动中应更加重视对文化内涵的进一步创新,以满足时代发展的多样需求。高校精神文化的创新也应该体现时代精神和民族特点,使之能够与时俱进。在当下,我们应当高度重视中国梦与文化自觉的创新,唯有如此,才可以站在时代发展的最前沿,塑造具有时代特色的高校物质文化。

八、艺术性原则

高校在开展物质文化建设时,要树立正确的思想观念,遵循科学规律,把握工作重点。艺术性原则虽然在表面上看似非常抽象,但实际上它在各个方面都深刻地影响着高校主体的日常生活。艺术反映了人们在社会中的日常生活,它可以揭示并满足人们的心灵与思想需求。因此,在高校教育中必须重视对学生的艺术性教学与指导。高校不仅是思维活跃的场所,也是高质量文化的聚集地,具有艺术性的物质文化则是培育高品质人才的"土壤"与"摇篮"。高校物质环境在高校中发挥了重要作用,高校主体的日常生活和学习活动是与其物质环境紧密相连的,其中包括高校的自然环境与人为环境,并且高校物质环境是大学生进行社会活动的载体,它包括学校周围的空间环境、校园绿化等硬件设施,以及师生之间的关系等软件环境。高校主体在日常生活中有序组织和开展不同类型的实践活动,持续性地改变他们所处的环境,这些不同的环境因素也对高校主体产生了各自不同的影响。高校物质文化环境通过一种不易察觉但具有教育意义的方式,对大学生产生了潜移默化的影响,这种教育模式通常是与艺术性原则密不可分的。因此,高校应该重视校园的艺术设计工作,把"以人为本"作为基本出发点和归宿,在高校现代化舒适的建筑环境、分层清晰的园艺设计中都充满了富有深意的名人名言,这些都体现了以人为本的艺术原则,为师生提供了一个充满美感的空间,并带给他们身心愉悦的体验与感受。

遵循艺术性的原则意味着在学生早晨阅读的地方摆放藤条形状的椅子，在前往自习室的道路上种满了芬芳鲜艳的花卉，图书馆的玻璃窗外有清澈的湖水供人远眺等。在这些令人流连忘返的校园角落里，鸟儿的歌声和花儿的芬芳相互辉映，为人们注入正能量。这不仅将单调乏味的学习生活转化为一种愉悦的体验，还有助于调整高校学生的身心状态，并激发他们的斗志和进取心。高校物质文化是学校精神与形象的载体，其内涵决定着校园特色的形成与校园文化品位的高低。因此，我们要重视校园文化建设，注重发挥其育人功能，为培养高素质人才打下坚实的基础。在指导高校物质文化建设的过程中，艺术性原则应当是理性和感性相结合的，借助不同的方式全面和多层次地将高校主体对生活和学习的热情充分激发出来，使他们的心灵得到净化的同时，也对生活与学习的理解更加深入，从而使他们的思想境界得到质的提升。

九、继承与创新原则

无论是继承还是创新，都蕴含着双重的意义。继承意味着高校需要恰当地继承历史上的杰出文化遗产和大学的核心思想、精神理念；创新则是要积极利用现代科学技术，创造出更多有价值的新产品，以适应社会经济生活对科技水平提高的要求。需要注意的是，既不能盲目模仿国外先进技术与经验，也不能一味照搬本国传统文化中的精华部分。创新意味着需要持续地寻找新的突破点，而不是固守旧习，同时需要进行深入的批判，并在创新过程中学习如何识别不健康的文化风气或者氛围，并对低级的文化形式提出科学性的批评。只有这样，才能使大学校园内的精神生活变得丰富多彩，让大学生真正感受到大学的魅力所在。大学校园的环境建设应该与社会发展相适应，不能脱离时代潮流，否则就失去了自己独特的魅力，甚至成为一种摆设。大学从某种意义上来说是继承的产物。所以，在构建校园物质文化的过程中，我们不仅需要传承大学文化的经典精华，还需要学习如何更好地保护自然和文化遗产，同时还要重视精神层面上的校园文化建设，使之与校园环境和谐统一，形成一个有机整体；既需要对文化进行创新，也要摒弃那些不良的文化。不可以简单地遵循"先开发再保护"的策略，也不能简单地全盘采纳或不加区分。

第三节　高校校园物质文化建设的基本思路

一、高校物质文化建设基本思路的概念

高校校园物质文化建设的基本思路是指通过制定明确的发展目标、规划和策略，投资改善和创造校园的物质环境，以提升学校整体发展水平并提供良好的教学、学习和生活条件的过程。常见的高校校园物质文化建设的基本思路是从纵向角度来分析，有明确发展目标、制定长期规划、关注教学和学习环境、提升学生生活品质等方面。

（一）明确发展目标

在进行物质文化建设之前，高校应当明确自身的发展目标和定位。明确发展目标是确保物质文化建设与学校整体发展目标的一致性，并能够有针对性地规划和改善校园的物质环境，以满足教学和学习的需求。首先，学校需要明确教学的重点和方向。这意味着确定学校所擅长的学科领域、强项专业和教学方法。例如，某高校可能擅长工程类专业，那么物质文化建设就应该特别关注工程实验室的建设和设备更新。其次，学校还需要明确研究的重点和方向。这包括确定学校的研究重点领域，以及培育和支持高水平科研团队的需求。在物质文化建设中，要重点关注科研设施的投入和改善，为教职员工提供先进的研究设备和实验条件。最后，学校需要明确培养目标。这意味着要确定学校培养学生的核心素养和专业能力，明确学生在人文素养、科学素养、创新能力和实践能力等方面的培养目标。在物质文化建设中，学校需要关注学生学习的环境和设施，提供先进的学习资源和学习平台，以促进学生全面发展和实现培养目标。通过明确发展目标，学校可以在物质文化建设中注重资源的优化配置和合理利用。这意味着根据学校的发展目标，有针对性地规划和改善校园的物质环境，以提供更适合教学和学习的条件和设施。同时，明确发展目标也有助于增强学校的核心竞争力，提升学校的声誉和影响力。

（二）制定长期规划

高校需要制定长期的物质文化建设规划，以确保持续地改善和投资。该规划应包括校园设施、实验室、图书馆、体育设施、宿舍等方面的改善和建设。长期规划将为物质文化建设提供指导，并使学校能够有计划地进行投资和发展。

（三）关注教学和学习环境

物质文化建设的基本思路是关注教学和学习环境的提升。学校应投资于先进的教学设备和实验室，提供丰富的图书馆资源和信息技术设施，以支持教学和学习的创新和发展。随着科技的不断发展，教学手段和方法也在不断更新和创新。学校可以引入先进的电子白板、多媒体投影设备等教学设备，以提高教学效果和互动性，同时，也可以投资于创新的教学软件和平台，及时给师生提供更为全面与丰富的学习资源以及辅助工具。实验教学在科学和工程类专业中占据重要地位，因此学校应该投资于实验室设备的更新和改进。这包括引入先进的实验设备、建设适宜的实验室空间、提供充足的实验耗材等，以提供给学生更好的实践学习机会，培养他们的实验能力和创新思维。通过优化教学和学习环境，高校可以提高教学质量和学生的学习体验和成果。良好的教学环境和先进的设施设备可以提升教师的教学效果和学生的学习积极性，激发大学生对学习的热情以及在创新方面的相关能力。此外，高校还可以通过提供大量的学习资料或者技术援助，帮助学生更好地获取知识，提高学习效果和成绩。关注教学和学习环境的提升是高校物质文化建设的基本思路之一。通过投资于先进的教学设备和实验室，提供丰富的图书馆资源和信息技术设施，高校可以实现教学质量的提升和学生学习体验的提高。这将为学生提供更好的教育资源和学习机会，帮助他们实现全面发展和取得优秀的学术成绩。

（四）提升学生生活品质

物质文化建设也应关注学生的生活需求。学校需要提供良好的宿舍、休闲娱乐设施、餐饮服务等，以提升学生的生活品质和幸福感。创造宜居的校园环境有助于增强学生的归属感和满意度，促进学生全面发展。

这些思路将为高校的物质文化建设提供指导，促进学校整体发展，并为教育质量和学生综合素质的提升做出贡献。不同地区的高校校园物质文化建设具体情况有所不同，因此要根据具体情况具体分析的原则进行高校物质文化建设思路梳理。

二、高校物质文化建设思路

在横向角度来看，高校物质文化建设思路的三个层面是校园物质优化层面、大学生德育层面和基本保障层面。在这些层面上建设高校校园物质文化，可以实现全面的发展和提升。

校园物质优化层面的思路是通过投资和改善校园的物质环境，提供先进、舒适和功能完善的设施与场所。高校可以致力于更新教学设备、提升实验室和图书馆的资源和服务水平、改善体育设施和宿舍条件，并营建美观和适宜学习的校园环境。这样可以提高学生的学习体验和学习质量，创造有利于教育教学活动的氛围。

大学生德育层面的思路是通过引导和培养学生的优良道德品质和行为习惯，建设阳光、健康、积极向上的校园文化。高校可以开展德育教育和活动，加强学生道德修养的培养，倡导积极向上、自律、团结协作的精神风貌，促进学生的全面成长和综合素质的提高。这有助于构建积极向上的学生群体，推动校园物质文化与德育文化的融合。

基本保障层面的思路是为高校物质文化建设提供良好的保障。这包括合理的财务投入和资源配置，建立健全的管理和运行机制，完善校园管理服务体系，以确保物质文化建设的可持续发展。高校应注重资金管理和项目实施的规范性，加强对物资设备的维护和更新，以及加强管理人员的培训并提升专业素养。这样可以为高校物质文化建设提供坚实的基础和支撑。

下面将针对每个层面进行详尽的阐述。

（一）从校园物质优化层面建设高校校园物质文化

高校的物质文化不仅是校园文化的基石，也是其外在的展现，在培养学生方面发挥着至关重要的作用。大学校园环境和设施构成了一个相对稳定的整体——"同心圆"型的空间环境系统，构建具有同心圆结构的高校校园文化不仅依赖校园精神文化这一核心支柱，还需要得到校园物质文化这一外围环境的支持。因此，加强高校物质文化建设对培养学生健康高尚的思想道德品质具有极其重要的意义。高校物质文化作为对大学生身心成长有最直接影响的文化元素，应当通过其有形的存在来展现其无形的价值。

高校在致力于大学校园物质文化建设的过程中，必须坚持马克思主义关于人和物质互动中的主观能动性作用的一系列观点和思想，创造出新的物质，简单来说就是所谓的"大楼"。当前，我国高等教育正处于转型阶段，在这个时期内加强对大学生的教育是十分重要的任务，也是高校精神文明建设的必然要求。现代大学的大楼代表了大学的主要物质基础。狭义上的大楼指的是校园内的高楼大厦，广义上的大楼则涵盖了包括图书馆、宿舍等在内的所有硬件教学设施。在大楼里，可以找到各式各样的装备与设备，包括体育设施、实验室内的各类仪器等。除此之外，校园内的所有建筑都展示了一种大学的文化底蕴，这是一种外延性的象征，能够代表大学的精神。在大学校园的物质文化中，如何平衡大师与大楼之间的关系变得尤为关键。

为了建设现代化的大学，不仅需要杰出的大师，还需要宏伟的建筑，这既满足了现代社会的进步需求，也是为了创建一个和谐的校园环境，培养高质量的专业人才。大楼不仅是现代大学硬件设施的象征，也是大学存在的关键物质基础。因此，强化大学大楼的建设、合理地规划和建设大楼及其设备，以及更新现有资源是至关重要的，需要注意的是不能过于盲目追求大楼的规模和浮夸的风格。此外，大楼的设计应当尽量与大学的历史背景、历史特征和人文精神相契合，为其创造适宜的环境，从而形成独特的大学文化遗产并继续传承。尽管现代大学不一定是培养大师的唯一场所，但它们确实能够甄选出杰出的大师。现代大学应当努力发掘真正有才华并且具有大师风范的人才。众所周知，建筑本身就是一个人，所以建筑师应以人为中心设计建筑物，让人们能够感受到一种亲切自然的气氛。优质的大楼不仅是吸引学术大师的关键因素，在大学环境中也有助于培养大师的高尚职业道德，进而对学生的品德产生积极影响。

例如，北大的沙滩红楼和民主广场承载着历史的沧桑，其中还能发现鲁迅、李大钊等文学大师的足迹。燕南园的湖光塔影既是北大深厚历史、独特人文精神和独特性格的见证，也是数学家江泽涵、经济学家马寅初等居住在泥石砖瓦间享有盛名的学术巨匠的栖息之地，他们共同验证了"山不在高，有仙则名，水不在深,有龙则灵"的名言。只有当我们深入了解这片土地上的山脉和水域,以及学术巨匠,北大的人文与风物才能完美融合,展现其深邃持久的吸引力,同时可以充分体现北大独特的精神魅力和气质,最终成功实现教育的目标,达到令人满意的育人效果。站在生态物质的层面来看,大学校园的物质文化在建设的过程中必须遵循特定的生态原则,确保高校内部的生态系统保持在平衡和稳定的良好状态。为了美化校园,我们可以对国外或国内在校园物质文化建设上表现出色的高校进行适当的参考和借鉴,进行合理的规划和布局,明确各功能区,坚持持续发展的理念,合理分配和利用校园资源,充分发挥现有资源的优势,避免过度美化,努力打造一个简洁、高雅、幽静的校园环境。

对于高校硬件设施而言,为了真正达到现代化的标准,大学应当致力于技术的创新,适当提高资金投入,同时确保硬件设备得到及时的更新和全面管理。现代大学的建筑应当体现出时代的精神气质与人文精神,在功能上需兼具开放性与多样性、科学性与艺术性等特点。从旅游景点的建设角度考虑,山脉、水系和草地植被,均应紧密结合学校的历史发展和传统文化,注重标志性建筑和景观的打造,确保大学生一踏入校园便能感受到历史的沉淀以及厚重之感。另外,高校应该充分挖掘自身资源,打造特色鲜明、内涵深厚的校园环境。高校的校园文化既不是盲目、毫无目的地建立,也不是一成不变、刻板的,而是在规划和建设大学校园的过程中应展现出独特的创意,让其洋溢着浓厚的艺术气息。校园中的每个角落都应该体现出其独特的风格,而非仅仅满足人们的基本需求。唯有如此,大学生才能展现出无法估量的创造活力,从而使知识在校园环境中迸发与传播。除了始终坚守大学校园物质文化这一核心地位外,高校的校园文化在精神、行为和制度上也应同步进步与发展。观察大学校园的行为文化,我们可以发现高校的校园文化建设与实际的行为活动是密不可分的。通过这些具体生动的行为活动,学生可以获得大量的信息和经验,增强自身素质能力。多姿多彩的活动不仅使大学生的学习生活变得更加丰富多彩,还体现了当代的精神风貌。因此,加强校园行为文化建设是非常重要的。在校园文化中,我们应当广泛地组织各种主题丰富的课堂、节日活动等,并与深厚的传统文化相结合,这样可以更有效地平衡大学中的人际关系,对学生的学习和生活节奏进行适当的调整,使他们身心得到真正的放松。

学校的空间布局必须充分考虑到教师和学生的生命安全以及多方面的不同发展需求，同时要关注教育活动的组织、交流和表达的需求，并在空间的固定与灵活、功能的普适性与专用性等多个方面作出区分。校园物质文化是一种无形的精神产品，它不仅能给学生提供学习环境、交流场所以及休闲娱乐空间，还能为学生营造一个良好的文化氛围，促进其身心健康和谐地成长。大学校园的物质文化并非孤立存在或发展过程，它需要多元文化在大学校园中的相互交融与创新。大学作为一个学术氛围浓厚的学术殿堂，更应拥有丰富的校园文化，使其充满活力。只有在这种文化的影响下，大学生的身心与道德品质才能得到全面的提升，从而真正实现"大学之道，在明明德，在亲民，在止于至善"[①]的教育目标和育人宗旨。

在我国，大众文化与市场经济同步发展，市场经济与传媒的进步为大众文化在我国的诞生与进一步发展提供了必要的物质支持。大众文化深入地影响了社会生活的各个层面，并在高校校园物质生活中得到充分的体现。大众文化以其独特的文化魅力吸引着越来越多的青年学生投身其中，并逐渐形成一种潮流和趋势。大学生展现出了鲜明的思维、敏锐的观察力和前瞻性的审美观念，他们追求事物的新鲜和永恒的时尚魅力，成为大众文化的主要追随者。此外，大众文化对现代大学生的思维方式、思想观念、审美意识以及行为习惯也产生了较为深远的影响。大众文化具有鲜明的娱乐性、商业性及通俗性特征，这些特征使大众文化逐渐渗透到大学校园中。大众文化对大学生产生了积极的影响，它一方面丰富了大学的人文教育物质基础，为其提供了广泛传播渠道，另一方面还为大学生提供了丰富多彩的大学生活体验。大众文化以其特有的魅力吸引着广大大学生参与其中，为校园文化建设做出贡献。

从本质上说，校园文化就是一种特殊的意识形态，不仅能够体现出特定时期人们对于某种价值观念或信仰的追求和态度，还能反映出一个时代的思想状况和精神面貌。事实上，无论是哪种类型和形式的文化，其核心价值观均在深层次上决定了文化的根本属性，简单来说，就是文化的意识形态属性。同时，校园文化作为一种特定的精神生产活动，也必然会受到意识形态的支配，从而决定了文化的发展方向。换句话说，意识形态的本质决定了文化的走向和创新，同时文化也对意识形态的形成与构建产生了一定的反作用。在校园文化发展过程当中，物质

---

① 梁枢. 国学精华编[M]. 北京：商务印书馆，2011.

文化的生产、传播和消费都离不开意识形态的引领，同时也会直接或间接地反映出当代大学生的思想意识及价值观念等方面。因此，为了有效地推进大学校园的物质文化建设，十分需要强大和良好的意识形态，毫无疑问，社会主义核心价值观在当前阶段是融入大学物质文化建设的关键力量。

高校校园的物质文化建设也会受到外部客观环境的制约和影响，因此在构建高校校园物质文化的过程中需要采用历史的辩证思维方式。对于高校校园的物质文化建设，可以简洁地用两个具有矛盾性的词语来描述，即"变"和"不变"，其中前者是校园物质文化发展到一定阶段所出现的新情况和新问题，意味着变革、刷新、创新和传承，后者则是校园物质文化自身的本质要求，代表了稳固和必然的核心要素。校园文化是一个开放复杂的系统，它的发展必须顺应社会的潮流，并受其约束和引导，这就要求校园物质文化必须与时俱进，并加以创新。高校物质文化追求变革的原因在于，学校的文化需要持续地适应外部环境的各种变化。校园物质文化的发展也是如此，随着社会环境的变迁，其内涵和外延都会发生一系列变化，这就要求对高校校园物质文化进行变革，从而满足新时期高校教育改革和发展的需求。为了适应不同高校的文化需求，高校校园的物质文化必须根据客观环境的变化进行相应的灵活调整，这样才能正确引导大学生的思想和心灵持续地变化。所以，大学物质文化的发展应该从外部着手，也就是寻找一个合适的载体来进行变革。然而，变革并不代表它是无界限的，为了创新和提高文化的品质，需要恰当地把握，既要有节制也要有放松，做到张弛有度，在适应外部和内部变化的同时，也要保持正确的方向和大学的核心价值。因此，我们必须正视"变"的存在，也应该认识到"不变"的意义，即尽可能地保持校园物质文化原有特色与风格，这意味着需要重新审视"不变"的大学根本属性与核心价值，也就是大学精神的重要性。

大学精神与其他社会组织的精神相比具有一定的区别，它涉及大学发展的价值取向，还与大学的精神特质存在密切联系，肩负着特定的历史使命与社会责任，并且在某一特定时代的精神背景下逐步形成。大学历来被视为象牙塔，是一个既独立于社会又与主流社会紧密相连的纯净之地。从大学诞生的那一刻起，大学主要被看作一个传授深奥知识的地方。随着高等教育规模不断扩张，大学已经成为人们生活中不可或缺的一部分。显然，无论是在大学深造还是进行学术研究，均离不开大学精神这一关键的催化因素。大学精神作为一种特殊的精神力量，它能够引导人们正确的价值取向和行为准则，帮助大学生形成高尚的道德修养和健康积极的人格特征。大学教育不仅是对其内在的大学精神进行锤炼的一个具体过程，同时也承担着给大学生传递大学精神的重任，这种精神在某种程度上体现了对人的道德关怀。

高校应当致力于推动大学校园在物质和文化方面的和谐统一，妥善解决"变"和"不变"之间的矛盾，以维护大学的安全屏障和防线，唯有如此，才可以构建一所真正的大学"驿站"。大学作为一种特殊的文化形态，其本身就是人类历史上最伟大的创造之一，不仅承载了知识的传承、思想的传播、道德的陶冶等多种职能，还具有强大的精神力量。大学在本质上应当是人生旅程中的一个"驿站"，不论年纪大小或经验丰富与否，人们都可以在这样的物质环境中成长和思考，然而在其他地方则很难真正感受到这种独特性。大学有什么特别之处呢？大学的独特性和其所带来的优势究竟体现在何处？最重要的还是在于它所拥有的教育功能——培养合格人才，为国家输送高素质人才。除了这些，我们还必须正视大学存在的合理性与重要性。大学作为一种教育组织形式，其功能在于培养有创造性思维的人才，并把这些人才从学校里解放出来。大学之所以存在，并不是因为学生有机会获取知识或为教师提供研究知识的平台，而是因为无论年龄大小，都能共同参与到富有创意的学术研究中，以维护知识与日常生活的紧密联系。大学的精神是一种创造自由又充满激情的氛围，这种氛围使人们在思考问题时能够从各种不同角度思考问题并提出自己独特见解。一个充满活力的环境是由对知识的重新塑造而来的，一个事实不再仅是简单的事实，原因是它被赋予了无限的可能性，具体而言就是在大学这样的物质环境下，能够激发无限的想象力。

大学物质文化是大学防线的重要组成部分，与大学精神紧密相连，共同守护着大学的教育使命。为了培养具备良好道德情操和精神品质的人才，大学要营造一个良好的学习环境和氛围。大学物质文化的创新发展，不仅是建设现代化的教学设施和学术资源，更重要的是将大学精神融入其中。在大学校园中，学生在优质物质条件下，接受着正规教育，拥有多元化的学习机会。通过大学精神的熏陶，真正成为健全人格的社会人。大学的教育使命不仅仅是传授知识，更要培养学生的道德情操和精神品质。大学校园是一个现实的社会，而大学精神则是守护和引导这个社会的灵魂。在大学校园中，大学物质文化的创新发展与大学精神相互融合。从优质的教学设施、现代化的实验室，到丰富的图书馆资源，都应该成为大学精神的表达和延伸。在这样的人生驿站里，学生有机会与有共同兴趣和目标的人共同学习与共同成长，从而培养他们应具备的道德品质和内在修养。校园是人们生活的场所和交流的平台，不管大学的物质文化如何进行创新和发展，都必须承载大学的精神使命，使其"形散而神不散"，最终真正为学生提供一个全面发展的平台。

大学是一座思想的港湾，一个情感交流的场所，也是学术自由的沃土，在这种特定的"驿站"环境中，学生有机会与那些有共同兴趣爱好的人，共同学习和提升自己的道德修养。大学精神是校园精神与时代精神的结晶，也是大学生成长成才的精神支柱和动力源泉。不论大学校园的物质文化怎样进行创新和发展，我们都应该在保持与时代同步的同时，继续传承大学的核心精神，使之形散而神不散。

（二）从大学生德育层面建设高校校园物质文化

1. 重视君子人格的培育

大学校园的物质文化具有培养人才的功能，关键在于如何充分发挥这一功能，以及应该培养何种类型的人。大学是社会中知识最密集的机构之一，也是对学生进行道德教育的主要场所，更是培育大学生正确人生观、价值观以及世界观的重要基地。关于如何更有效地发挥育人的作用，我们之前已经有所讨论，在我国古代，关于应该培养何种类型的人，已经有了清晰的指导方针。例如，在《论语》中，"君子"的人格特质被视为核心的教育目标，并强调了自我修养的重要性。在当代的语言体系里，"君子"是指那些道德纯洁、兴趣高尚的人，这包括了君子所具备待人之道、仁义道德等。身为一名君子，不仅要在内心深处追求善良和高尚，还要在行为上表现得体和高尚，唯有这两者都得到满足时，才可以真正地成为君子。

为了培养君子的人格，家庭教育与学校教育需要共同努力，并合理地进行人才培养。家庭教育被视为中国传统的核心教育方法，家庭教育的适当性会在某种程度上对一个人的整个生命轨迹产生一系列的深远影响。在培养君子人格的过程中，大学生除了需要向着正确、合理的方向努力提高自己的能力，还需要家庭教育和学校教育运用合适的方式培养大学生，对以前传统的培养路径进行变革和创新，从大学生的实际需求出发，改变教育方法，采用阴阳二分的思维方式进行培养。一方面通过家庭对学生的培养，另一方面通过学校对学生的培育，最终达到二者相互补充的作用，从而使大学生德与智同步发展，只有通过这种方式才能达到既有道德又有才华的人才培养目标，即德才兼备。

2. 自然天性与习惯养成

西方教育家卢梭的《爱弥儿》集中论述了自然人的塑造、儿童的教育思想等。[①] 卢梭在其著作《爱弥儿》中阐述的天性与习惯之间的辩证关系，在大学生的习惯培养教育中也同样适用。正因为在他们的童年或青春期，行为习惯并未得到适当的培养，因此在大学时期，依旧需要尊重客观规律，并且以此为基础开展习惯养成教育。在大学生的培养过程当中，应该从他们自身的特点出发，遵循学生身心发展规律，以培养其良好的道德品质和生活习惯为目的来进行教育工作。在卢梭的观念中，人类的天性被视为纯净和善良的，人的本性是自然高尚的。随着社会的不断发展，人们的天性逐渐发生了变化，甚至出现了扭曲。卢梭深信，通过自然的教育手段，可以恢复与重塑人的自然本性，这意味着在一个自由且充满善意的社会中，人们可以根据自然的法则培养有益的习惯，从而增强自己的天性。只有这样才能实现人类的自由与幸福，而不是人为地去强制或限制人们的天性。

高校应该鼓励学生按照自己的愿望去做他们真正想做的事情，让他们的天性得到真正的解放，同时应该视学生为一个独立的存在，每个人都有自己的独特性格、思维方式和价值观。无论是学校还是家庭，均应该关心孩子真正的需求，让他们在一个自由和舒适的环境中，根据自己的想法愉快地学习与生活。除此之外，自然人是与社会紧密相连的，社会为这些自然人提供了生存的重要基础。所以，大学生要从自身出发，努力养成健康的生活习惯、良好的道德品质以及健全的心理等。在开展大学生习惯养成教育的过程当中也不能忽视大学的物质条件和学生群体的实际需求。这要求在学习主要课程的时候，大学生应该走出教室，和周围的人进行更多的沟通和交流，积极、主动参与不同类型的社会实践活动当中，提

---

① 让·卢梭. 爱弥儿 [M]. 沈阳：辽宁人民出版社，2019.

升其独立思考的能力，激发和调动对学习的兴趣和积极性，从而促进他们的思维能力和创造能力的进一步发展，增强判断是非的能力，使他们在充分遵循自己内心想法过程中，可以始终坚持正确的世界观、人生观和价值观，最终真正成为一个有条理、有分寸、有良好的行为习惯的道德高尚的人。

3. 承担文化传承创新的社会责任

高校有责任培养具备"四有"特质的人才，并致力于让学生深入学习马克思主义的核心理念。大学生应当积极推广和传承自己的民族文化，并致力于学习先进的世界文明。大学生应该树立正确的世界观、人生观和价值观，坚定理想信念。高校应该对大学生进行爱国主义与中华传统文化的教育，以进一步激发他们的民族自信和自豪感，从而不断提升和加强他们维护国家文化安全的自觉性和意识。除此之外，大学生应当借助不同的手段和方式努力学习世界先进的文化，并积极和全球文化进行互动，以实现文化的相互补充。对于高校大学生而言，他们肩负着传承和创新中华文化的社会责任，在大学文化建设和国家文化适应的过程中应当主动地对中华文化进行维护与关怀。在大学物质文化发展中，需要将先进文化引领的理念贯穿其中，与大学精神相协同发展，以适应时代需求和培养"四有"人才。同时，大学物质文化应与弘扬民族文化、学习先进世界文明以及文化交流中的教育任务相结合，为大学生提供一个丰富多元、开放包容的文化环境和学习平台，促进其全面发展并为国家文化的维护和繁荣做出贡献。

站在国家文化视角看，当现有的文化开始适应新的物质形态时，大学生应当展现出他们的独立性，同时发挥自主性，学习如何筛选和辨别，并且对文化中心主义思想持反对态度。此外，需要具备强烈的自觉意识和自我认知，这样才能深入了解自己文化的起源、发展历程、独特之处以及未来的发展趋势。同时，应学习如何自觉地将各种不同的文化融合在一起，以形成一个更为包容、开放以及和平共存的文化观念。

从高校校园文化的层面来看，大学生作为高校的主要成员，同样需要从文化自觉的思想层面出发，深入了解和认识自己学校的文化背景和发展趋势，对自己的校园文化给予足够的重视，真正践行"以天下为己任"的爱校情怀。需要将校园文化作为一个整体来看待和研究，使之成为促进自身发展的强大动力，并以此来指导实践活动，不断推动校园文化的创新与繁荣。应该在高校大众文化的发展过程中，学会识别和理解有意义、健康的校园主流文化，并付诸实践，通过参与校园主流文化的建设，与学校的相关建设者紧密合作，对校园文化给予充分关心，并提出具有建设性的建议和方案，同时也要不断地反思自身所做的工作，通过自我反省、完善和提升，将先进的理念转化为具体行动，并最终实现对校园文化的有效管理与引导。需要用一种开放和包容的心态来汲取外来文化的精髓，以使校园文化变得更加丰富与充实，为其发展注入新的活力和生命力，同时也为校园文化建设贡献一份微薄的力量。

（三）从基本保障层面完善高校物质文化建设

1. 强化"四位一体"的制度保障

第一，高校校园文化价值主要体现在精神文化方面。高校的根本任务是培养人才，人才的培养需要有先进的精神文化作支撑。精神文化既深刻地反映了高校的价值目标，也体现了高校的发展理念。高校要想实现自身的健康可持续发展，就需要将精神文化视为学校教育工作的重中之重来对待。高校的精神文化不仅渗透在校园文化的各个层面，并且与其他几个方面的高校文化发展密切相关。高校精神文化是高校物质文化发展的思想基础和智力保证，唯有当核心的精神文化理念对高校物质文化建设起到积极的推动作用时，这种建设才能持续、稳健地前进，并得到强大的精神后盾，从而使其文化价值和内涵更为深厚和丰富。

第二，为了推动高校物质文化建设，必须提供适当的制度支持与保障。高校制度文化不仅是大学校园文化的核心部分，同时也构成了其他文化发展的关键基石。高校物质文化建设需要以学校规章制度为依托和准则实施。高校物质文化建设的不断发展，是基于各部门之间的紧密协作和共同努力。因此，高校物质文化建设应以制度为依据，并且只有健全的制度框架，才能确保高校物质文化在各部门之间得到有效的推广和有序的实施。高校物质文化要想获得持续性的发展，必须依靠健全的管理制度来实现，得益于制度文化的支持，建立制度化的管理方式和行为习惯。通过制定相关规章制度，对物质文化进行约束和规范。随着时间的推移，高校在物质文化建设方面的制度保障，逐渐成为各相关部门自觉遵循的行为规范，这不仅确保了高校物质文化建设的有章可循和科学合理性，还让制度意识深入人们的心中，促使他们自觉地维护和重视物质文化建设的严肃性与重要性，从而为高校物质文化建设创造一个健康发展的良好环境。

第三，高校的行为文化反映了高校主体在日常生活中的一系列动态文化，它不仅是高校校园文化活动的展示窗口，还是一种宣传手段。高校行为表现为教师、学生等个体对校园精神和环境所持有的态度及相应的行为习惯，它既体现了一所学校的整体风貌，又折射出整个社会的文明程度。高校行为文化反映了该机构在物质文化建设方面所取得的显著成就。高校物质文化建设与高校行为文化建设具有密切的联系，高校行为文化在高校物质文化的影响下显得更加高尚和得体；反之，滞后的高校物质文化建设，则制约着高校行为文化的进一步发展。在高校物质文化建设滞后的背景下，高校的行为文化并没有充分反映出高校在物质文化建设方面的明显不足。高校的行为文化与物质文化相辅相成、相得益彰，共同构成了和谐有序的校园环境和育人环境。高质量的高校行为文化，不仅可以使高校物质文化的内涵变得更加丰富，还可以为高校物质文化的进一步发展注入新的活力和内容。优秀的高校行为文化可以激发师生参与学校管理的热情，提高学生自我管理能力和自我约束意识。行为文化是在物质文化所提供的物质基础上展现出来的，在多姿多彩的校园活动中，行为文化的反映可以为物质文化的发展提供宝贵的经验和借鉴，从而推动其向更加完善的方向发展。因此，要想推动物质文化和行为文化共同健康持续地向前发展，就必须加强两者间的相互融合与互动作用。为了加强"四位一体"的制度保障，高校一方面要确保制度的明确性，对"四位一体"的真正含义有更加深层次的认识和了解，另一方面也要在此基础上进行有效的协同强化。当前，我国高等教育事业蓬勃发展，但由于受各种因素影响，"四位一体"机制没有得到很好落实和发挥。高校领导层应当高度重视，在制定高校校园文化建设规划的过程当中，应该重点强调"四位一体"的制度设计，最大限度地平衡高校的精神文化、物质文化、制度文化和行为文化，确保它们之间的紧密联系。同时，还要通过各种途径加强对"四位一体"管理制度落实力度和执行效率的考核评估，使之能够发挥应有的作用。在年度评估体系里，高校需要进行全面的工作分析和经验汇总，以确保为高校物质文化建设创造一个和谐且持续的良好发展氛围。

2. 强化高校物质文化建设的主体作用

对于高校物质文化建设而言，高校被视为"主体"，物质文化则被视为"客体"，两者之间相辅相成，共同进步。因此，进一步强化高校物质文化建设的主体地位和作用变得尤为关键。高校的主体结构呈现出多样性，其中大学生不仅是推动物质文化建设的重要核心力量，也是这一建设过程中的受益者和创造者。高校物质文化建设离不开学生，加强高校学生在高校物质文化建设过程中的主体性发挥显得尤为重要。大学生构成了高校的核心部分，作为主要群体他们在身心方面均展现出了强大的创造能力，高校物质文化建设的终极目标是全面培养和塑造更多杰出的大学生。为了加强大学生在高校的主体地位和强化其作用，首先需要提升他们在主体方面的意识，并让他们明白高校物质文化建设的重要性。其次需要利用模范大学生在物质文化建设中的模范作用，通过课堂外的社团和团队活动来激发他们参与物质文化建设的主动性和积极性，同时将校友和前辈在传承中的作用淋漓尽致地发挥出来，以促使历年来积累的高校物质文化力量得到更广泛的传播和持续的传承。

学校的教职员工是高校中负责教育和培养学生的主体与核心力量，在高校的物质文化建设中承担着不可或缺的角色。高校行为表现为教师、学生等个体对校园精神和环境所持有的态度及相应的行为习惯，它既体现了一所学校的整体风貌，又折射出整个社会的文明程度。高校教职工除了是思想政治教育的引导者，还是重要的实践者，如果在高校的物质文化建设中，教职工的指导作用被忽视，那么大学生在发展和成长过程中将会失去方向，并且高校的物质文化建设将会陷入停滞。因此，要想使高校物质文化建设取得更好的效果，就必须重视教职工对高校精神文化的影响，同时，为了加强高校物质文化建设中的主体作用，需要将教职工的主体作用充分发挥出来，通过组织不同类型的培训，有效提升他们的专业素质和文化修养，从而使他们自觉地参与到高校物质文化的建设过程中，为高校文化的持续发展贡献自己的一份力量，并且为大学生树立学习的典范。

3.建立健全高校协调运行机制

（1）建立健全部门相关机制

高校物质文化建设是一个持续的任务，需要得到相关部门的机制支持，同时也需要建立有效的运行管理、激励和竞争机制。高校物质文化的建设和管理工作必须坚持科学发展观，遵循可持续发展原则、统筹兼顾原则以及以人为本的理念，进行合理规划。在高校物质文化建设中需要不断加强科学化的有效管理，将高校主体的主观能动性充分调动和发挥出来，创造一个健康的竞争环境，为高校物质文化建设创造一个有利的发展空间，并为高校主体提供持久的服务。众所周知，每个学校都有自己的规章制度，要想做好高校物质文化建设工作就必须建立健全学校的管理制度体系。一个完善的制度框架和体系，实际上是确保物质文化建设顺利进行的关键，完善的规章制度能促进学校事业健康发展，也有助于提高工作效率和管理水平，一个完善且科学的高校规章制度是为了明确各个部门的职责，并为高校的所有工作提供全面的规划保障。制度是权力运行的依据和准则，唯有当制度得到明确时，职责才会变得明确和清晰，问题出现后才会迅速得到解决。在高校的物质文化建设中，不仅包括物质设施的建设，还涵盖了文化方面的建设。在这一过程中，不可避免地会面临多种问题，为了确保各部门能够有效地协调合作，并使高校的物质文化建设能够有序地进行，非常有必要制定一套既符合高校实际需求，又具有明确职权和科学合理性的规章制度。

（2）建立健全行之有效的监督问责机制

随着法治社会逐步完善以及高校法治意识的进一步增强，构建一个有效的监督和问责机制，对推动高校物质文化建设具有极大的助益。高校物质文化建设是高校精神文明建设和物质文明建设的基础，其水平高低直接影响到整个高校育人效果的好坏。因此，唯有确立并完善问责制度和机制，明确奖惩制度，才可以真正确保该制度起到其应有的作用，稳固地推动高校物质文化建设，充分发挥其教育和培养人才的功能，并且成功实现思政教育的最终目标。

第五章　高校校园制度文化建设

　　制度文化作为校园文化的核心，不仅是其重要组成部分，还具备激发先进、规范行为、促使改进的功能。在校园文化建设中扮演着依托和保障的角色。一个完善的校园制度文化能够有效丰富学校的办学内涵，从而提升学校的整体办学品质。本章主要介绍高校校园制度文化建设，分为高校校园制度文化建设的内涵与特征、高校校园制度文化建设的管理分析、高校校园制度文化建设的基本思路三部分。

第一节 高校校园制度文化建设的内涵与特征

了解高校校园制度文化建设的内涵与特征对于促进制度建设、营造校园文化氛围、培养学生成长和提升高校形象与影响力具有重要意义。了解高校校园制度文化建设的内涵与特征有助于高校更好地运行管理，提高教育质量和学校的发展水平，从而进一步推动高等教育的有效实施与社会进步。

一、高校校园制度文化建设的内涵

（一）制度

学术界对"制度"进行研究的历史悠久，早在古希腊城邦政治时期，亚里士多德即已展开对城邦制度的研究。至今，"制度"仍然是学术研究中的关键领域，因其广泛的覆盖面，不同学科和学者对其的理解和诠释存在多样性。社会科学家在不同学派和时代对"制度"赋予了多重含义，使得其除了与行为规则相关，难以提供一个普适的定义。通过梳理分析不同观点，可以逐步揭示"制度"的深层内涵。目前，学术界对"制度"的理解主要有以下四种代表性观点：

1. 制度是一种思想习惯和生活方式

西方早期制度经济学派奠基人托斯丹·邦德·凡勃伦（Thorstein B.Veblen）在《有闲阶级论》中强调，"制度实质上就是个人或社会对有关的某些关系或某些作用的一般思想习惯；而生活方式所构成的是，在某一时期或社会发展的某一阶段通行的制度的综合，因此从心理学方面来说，可以概括地把它说成是一种流行的精神状态或一种流行的生活理论"[1]。他认为制度是"一般思想习惯"和"流行的精神状态"。[2] 尽管这一定义着眼于非正式制度，强调思想习惯、精神状态和生活方式是制度的雏形，但制度的存在并不仅仅依赖于它们。精神信仰、道德规范、社会风俗等同样与制度紧密相连。因此，凡勃伦的定义虽然揭示了制度的一部分属性，但过于偏重非正式制度，对于整体制度的把握仍显不完整。

---

[1] 文锋. 经济学经典语录 经济大师金言 [M]. 广州：广东经济出版社，2014.
[2] 凡勃伦. 有闲阶级论 [M]. 蔡受百，译. 北京：商务印书馆，2018.

2. 制度是一种社会互动系统和模式

英国社会理论家安东尼·吉登斯（Anthony Giddens）认为制度是能在时间上延续、在空间上进行人员配置的一种社会互动系统。他认为制度体系与社会结构之间存在着一种互动关系，将宏观层面与微观层面相结合来认识制度。[①] 美国政治学家塞缪尔·P.亨廷顿（Samuel P.Huntington）在《变化社会中的政治秩序》中指出制度是一种具有稳定性、周期性的行为模式。[②] 这种观点反映出制度的两大特性，即相对稳定性和规律性，对把握制度的内涵具有一定的启发意义。

3. 制度是对行为进行约束的规则或规则体系

德国社会学家马克斯·韦伯（Max Weber）在《经济与社会》一书中指出"制度应是任何一定圈子里的行为准则"[③]。美国政治哲学家约翰·罗尔斯（John Bordley Rawls）也曾给"制度"一个简明的定义，即"一种公开的规范体系"[④]。在我国，大部分学者都是从规则和规则体系的角度来认识和阐释制度的，如郑杭生认为："社会制度指的是在特定的社会活动领域中围绕着一定目标形成的具有普遍意义、比较稳定和正式的社会规范体系。"[⑤] 张宇燕认为："制度无非是那些人们自愿或被迫接受的、规范人类选择行为的习惯和规则。"[⑥] 这种观点可能更加符合人们的语言表达习惯，一条单一的规定不成制度，制度是系统的规则或规定，这就给制度赋予了一定的逻辑性、组织性和系统性，而不是规则或规定条文的简单叠加。

学者因研究需求对制度进行不同学科和角度的定义，尽管这些定义侧重于特定特性，但学者们普遍认为"制度是重要的"。深入了解不同类型的制度定义既有助于加深对制度的理解与把握，也提供了借鉴意义。首先，制度是规则的集合，

---

① 王雁，张贝丽. 新时期高校校园文化建设的探索与实践 [M]. 北京：中国原子能出版社，2021.
② 塞缪尔·P.亨廷顿. 变化社会中的政治秩序 [M]. 王冠华，刘为，译. 上海：上海人民出版社，2021.
③ 马克斯·韦伯. 经济与社会 第1卷 [M]. 阎克文，译. 上海：上海人民出版社，2019.
④ 罗尔斯. 罗尔斯著作集 正义论 修订版 [M]. 何怀宏，何包钢，廖申白，译. 北京：中国社会科学出版社，2009.
⑤ 罗公利. 大学生社会实践管理 [M]. 济南：泰山出版社，2007.
⑥ 同①.

其中规则是核心。作为人类创造的限制和约束，制度旨在调整和规范人们的行为，同时为其提供自由活动的空间。其次，制度可为正式的法律法规，也可表现为非正式的风俗习惯和行为规范。进一步，制度和组织需理性区分，因为制度为关系和活动提供基本框架，而组织在这一框架下形成，为达成目标而存在。组织的产生与发展受到制度框架的决定性影响，反之，制度演进也受到组织发展的影响。最后，作为人类所创造出来的制度为人际交往和交换服务，具有一定稳定性，并在时代发展和经济社会进步中进行适当调整。这些观点构成了对制度多方面理解的基础。

4 制度是集体行动控制个体行动的组织和机构

西方早期制度经济学派代表人物约翰·洛克斯·康芒斯（JohnR Commons）在《制度经济学》中将制度界定为集体行动对个体行动的控制。[①] 这一概念凸显了制度的三大特性：首先，具有强制性，即集体对个体行动施加控制；其次，具有约束性，要求个体服从集体行动，形成对个体行动的规范；最后，具有组织性，表明制度是经过有组织、有策划、有安排的集体活动所形成的。康芒斯进一步指出，这些运行中的机构，无论是家庭、公司、工会、同业协会，甚至国家本身，都被称为制度[②]。此定义将集体行动控制个体行动的运行机构和组织都纳入制度范畴。尽管组织内涵盖各种工作规范和程序等制度性元素，但这些组织更多地被视为制度的执行机构。康芒斯的定义对制度进行了广义化，对于促进对制度的认知和理解具有积极的意义。

（二）制度文化

制度文化并非简单的"制度"与"文化"组合的词语，实际上，它与单一的"制度"概念存在显著差异。制度通常指规则本身，而制度文化更侧重于从文化角度探讨制度的文化内涵。

国内学术界主要从文化层次理论的视角对制度文化展开研究，普遍认为文化是一个包括物质文化、精神文化、制度文化、行为文化四个层次的复杂系统。作为文化的一个子系统，制度文化反映了社会政治和经济生活中相关制度和规则。它对人们的物质生活、精神状态和行为习惯潜移默化地产生影响，在提升民族凝

[①] 康芒斯. 制度经济学 [M]. 于树生，译. 北京：商务印书馆有限公司，2021.
[②] 同①.

聚力、促进社会关系和谐方面发挥着重要作用。因此，制度文化的研究有助于更深入地理解和评估社会文化的方方面面。任伟、麻海山从意识形态角度将制度文化定义为：制度文化是指制度意识形态以及与其相适应的社会规范、制度及组织机构和设施等的总和。① 也有以钱斌、冯永刚为代表的不少学者从广义、狭义的角度来探究制度文化，他们认为，狭义的制度文化主要是指具有强制性的法律法规、方针政策、条令章程等显性规则体系的集合；广义的制度文化是在狭义制度文化的基础上，还包括人们在长期的社会生活中形成的风俗习惯、道德规范、精神信仰等具有有限约束力和规范性的隐性文化形态。②

学者对制度文化的表述虽然存在差异，但一个广泛共识是：制度文化是制度的文化表现形态。它在制度的基础上产生，涵盖了人们制定制度时的社会环境和价值理念，以及在制度执行过程中形成的相对稳定的认知与习惯。可以说，制度文化是一种源自制度、又超越了制度本身的精神文化成果。制度文化包含着正式与非正式、显性与隐性、刚性与柔性等多重文化形态。

制度文化是制度和文化有机结合的产物，其存在依赖规章制度作为物质基础。没有科学合理的制度文化内涵，制度就难以被认同和有效执行，甚至可能引发负面影响，从而使制度失去存在的意义。因此，具备科学合理的制度文化内涵是维护社会和谐、推动社会进步的必要条件。科学的制度文化能够使制度在实践中得以顺利运作，为社会提供有效的规范和引导，促进社会成员共同遵守和参与。相反，缺乏科学合理的制度文化内涵可能使制度成为阻碍社会前进的障碍，阻碍社会的稳定和发展。

制度文化，不论从制度管理还是从文化的角度来看，都蕴含重要的育人价值。正式的制度作为制度文化的核心要素，呈现显性刚性的文化形态、内涵明确的价值导向和丰富的育人资源，因而具备强大的思想政治教育功能。在实现民族复兴的伟大征程中，充分发挥制度文化，特别是正式刚性的制度文化，发挥其思想政治教育功能，使我国独有的社会主义制度优势更好地转化为国家治理效能，对于党、国家和人民都具有积极的时代意义。

---

① 王雁，张贝丽. 新时期高校校园文化建设的探索与实践 [M]. 北京：中国原子能出版社，2021.
② 同①.

（三）高校校园制度文化

不同社会群体拥有各自不同的文化，而高校作为重要的教育和科研机构，也具有独特的文化体系和品位。在高校的校园文化中，制度文化作为最为权威的组成部分一直备受国内外众多高校的关注。尽管高校校园制度文化非常重要，但学术界迄今尚未形成一个系统的定义。在制度文化研究领域的影响下，学术界对高校校园制度文化概念的界定主要呈现以下三种观点：

第一种是认为高校校园制度文化是高校内明文规定的所有规章制度的总和，即显性高校校园制度文化。其中最具代表性的是杨德广教授在其主编的《高等教育学概论》中的观点：制度文化主要指学校各种规章制度以及保证制度执行的组织结构。从制度文化的内容看，可将制度文化分为行政工作制度、德育工作制度、教学工作制度、体育卫生制度、后勤管理制度等。[1] 第二种是高校校园制度文化是渗透于学校的各种组织机构与规章制度中的价值观念与行为规范。第三种是前两种观点的结合，高校校园制度文化既体现为各项规章制度的总和，也包含着制度本身所蕴藏的价值观念，是两者的统一。

高校校园制度文化可以理解为隐含在规章制度中的文化，即高校师生在制度制定和执行过程中形成的相对稳定的价值观念和行为方式。这种文化是高校长期办学实践的结晶，不仅为全体师生所共识和遵循，而且是高校独有的标志，凝聚了其特有的大学精神和办学理念。高校校园制度文化也是一种代代相传的宝贵精神财富，对学校的办学、治校和育人等方面都具有重要价值。这一理解有助于深化对高校内部文化动态的认知，为高等教育领域的研究和实践提供更为精准的参考。

国内外知名高校普遍展现出与时俱进、彰显卓越品位的独特制度文化。我们必须将制度文化建设置于高校校园文化建设的核心地位，以引领物质、精神和行为文化的全面发展，从而维护和促进高校的稳健发展。

正如制度分为正式和非正式，制度文化也遵循相同的分类。在建设高校校园制度文化时，应从正式制度入手。高校作为正式文化教育组织，应当积极推动科学化、系统化的规章制度建设，形成目标明确、导向正确的正式制度文化。只有通过这样的努力，才能培养出健康的非正式制度文化。全体高校师生在其中才能心甘情愿、自觉主动地接受文化的熏陶和教化。

---

[1] 杨德广. 高等教育学概论[M]. 上海：华东师范大学出版社，2002.

需要注意的是，高校制度和高校校园制度文化不可混为一谈，其建设也不能混为一谈。制定大量规章制度并不能直接形成高校校园制度文化。真正的高校校园制度文化形成的前提是，高校内部的制度不仅仅是一套规定，而应当转化为一种深层次的素质文化。只有当"高校制度"本身成功演变为一种植根于素质文化的体系，才能真正构成高校校园制度文化的实质。

（四）高校校园制度文化建设的内涵与重点

高校校园制度文化建设的关键是明确和倡导正确的价值观。通过制度和规范的建设，引导师生形成共同的价值追求。高校校园制度文化建设的重点在于建立健全的制度和规章体系，确保师生按照规则和程序行事。这包括完善学校管理体制、规范教学管理、拓展学生活动的规范等。通过制度的引导和执行，促进学校内部秩序和规范的形成，维护学校的正常运转。

高校校园制度文化建设的重点在于对师生进行教育引导，倡导正确的行为准则和道德观念。通过教育引导，使学生意识到合法行为、道德行为和文明行为的重要性。

二、高校校园制度文化建设的特征

（一）强制性与柔和性统一

高校校园制度文化展现出强制性与柔和性相统一的特质，既确保了制度的公信力和执行力，又没有扼杀个体的个性，实现了人性化管理。这种"刚柔并济"的高校校园制度文化，为全校师生营造了一个民主、自由的氛围和环境，更有利于实现个体的全面发展。

首先，高校校园制度文化的强制性特征主要体现在执行的坚定性和遵守的严格性两个方面。2016年12月，教育部修订并通过《普通高等学校学生管理规定》（教育部令第41号），由总则、学生的权利与义务、学籍管理、校园秩序与课外活动、奖励与处分、学生申诉、附则七个部分构成，对高校学生管理做出了详细的规定。[①]根据教育部的文件，各高校会根据相关制度严格贯彻执行。比如，各

---

① 中华人民共和国教育部政府门户网站. 普通高等学校学生管理规定 [EB/OL].（2017-2-16）[2023-6-10]. http://www.moe.gov.cn/srcsite/A02/s5911/moe_621/201702/t20170216_296385.html.

高校会制定"学生手册",以此为标准进行学生管理工作。一旦明确的制度条例通过并实施,学校及学校主管部门就会坚定地以严格的标准来贯彻执行。同时,坚持制度面前没有特权。习近平强调,要坚持制度面前人人平等,执行制度没有例外。所以,学校相关成员要认真学习并自觉遵守规章制度,如果学生违反了相关的制度条例,就要采取相应的、严厉的惩处措施。

其次,高校校园制度文化的柔和性特征主要体现在两个方面:

一是其约束并非刚性的,而更多地依赖主体的自我约束。该文化强调,主体需对制度产生认同,逐步实现由他律到自律的过渡。只有学生从内心深处认同制度,其约束力才能从根本上发挥作用。

二是高校校园制度文化采用柔性的调节手段和目的。制度文化实行一种软性调节。注重人性化管理,通过说服、教育、沟通、示范、感化等方式纠正不当行为,更富柔性、更人性化。在调节目的方面,传统高校制度常被误解为限制和束缚个体,而高校校园制度文化更关注个体的发展,将促进全面发展作为终极目标。

(二)外显性与内隐性统一

高校校园制度文化的外显性与内隐性相统一,两方面特性相互制约、相互补充,更好地发挥了高校校园制度文化的强制力和感染力。

高校校园制度文化在表现上可分为正式制度与非正式制度两大层面。正式制度以成文形式呈现,包括规章制度、条例和守则等,具有明确的外显性特征,是有形的、可见的。相对而言,非正式制度则是无形的、不成文的,主要涵盖学校成员广泛认同的价值理念、伦理道德、风俗习惯等隐性文化。举例而言,校风、习惯、风俗等属于非正式制度,其特征主要表现为内隐性。这两者共同构成了高校校园制度文化的复杂体系,正式与非正式制度相互交织,共同塑造着校园社会的规范与秩序。

高校校园制度文化的形成经历了多个阶段,其对成员的影响在不同阶段表现出差异。一个制度的确立包括制定、审议、通过、实施直至被师生认同并固化的漫长过程。在初期,高校校园制度文化尚未完善,更多地采用强制性形式对全校师生行为进行规范,取得了显著成效。举例而言,学生守则和日常行为规范的制定使违纪学生数量显著减少;教学管理制度的实施提升了课堂质量;基层党建制度的完善促进了大学生党支部党员素质的提高；毕业生就业保障机制的施行显著提升了学生就业率。

可见，初期高校校园制度文化表现为短期内可见的外显效果。然而，当某一制度被认同并固化为道德自觉后，在相当长的时间内，其效果难以直观地观察，因为高校校园制度文化已经内化为一种内在动力，学生自觉将其作为行为准则。这一过程呈现出明显的内隐性特征，以漫长和效果不明显为主要特征。这阶段的制度文化已经融入个体的认知结构中，不再表现为外在的强制力，而是在学生的自觉中潜移默化地发挥作用。

（三）约束性与激励性统一

高校校园制度文化具有约束性与激励性相统一的特征，主要表现在两个方面：

第一，高校校园制度文化具有约束和激励的双重作用。不论是成文的规章制度还是不成文的道德规范，不论是强制性的制度还是道德性的行为规范，都对师生的教学和学习活动施加潜在约束力，同时也提供一种动力。通过制定规章制度和道德规范，对全校师生进行约束和激励，培养他们的规则意识、法治意识和纪律观念。以教师代表大会制度为例，一方面，其要求强制执行，否则将面临某种制裁；另一方面，其鼓励并激励个体形成道德自觉。当教职工能够自觉遵守并将其视为常态时，表明该制度逐渐形成一种制度文化的雏形。

第二，高校校园制度文化的目的在于整个建设过程中同时涵盖约束性和激励性，尽管它们在不同阶段的侧重点有所不同。首先，约束性是高校校园制度文化初级阶段的目标。约束和限制并非最终目的，而是在制度发展和完善中必不可少的一环。透过约束、惩罚、纠正，主体对某一制度形成自我认知，通过实践和探索形成对制度的价值判断。然而，单纯的惩罚可能导致学生失去自信，产生反效果。其次，激励性是高校校园制度文化的终极目的。激励性通过文化的熏陶和感染，激发大学生的积极性和主动性，鼓励他们将制度内化为行为准则，培养他们的道德自觉，推动全面发展。

《大学》中指出："大学之道，在明明德，在亲民，在止于至善。"[①] 尽管"大学"的内涵和范畴各异，但"止于至善"的道德目标与当今高校校园制度文化的契合

---

① 白炜，王金鹏. 立德树人：回归大学之道[J]. 榆林学院学报，2016，26（3）：113-116.

表明，制度文化通过蕴含道德元素的规范，旨在培养全体师生"善"的道德品质，服务于德智体美劳全面发展的大学生。高校校园制度文化的激励成效成为衡量其成熟度的重要标志。

第二节　高校校园制度文化建设的管理分析

一、高校校园制度文化的重要性

精神文化是一种隐性的校园文化，贯穿于学校各个方面，时而被视为学习风气，时而被看作学校历史传承的体现，这些实际上都是精神文化不同侧面的体现。学校好坏的评价标准往往以学习风气的良好程度和是否具有突出的办学特色为依据。然而，如何塑造良好的学习风气？如何展现独特的办学特色？关键在于学校是否具备严格而科学的管理制度，形成了积极的制度氛围，是否依托制度治校，塑造了独特的制度文化。制度文化的健全是构建积极向上精神文化的关键所在。缺乏健全的制度氛围，就无法形成严格而科学的管理制度，而没有这样的制度基础，便难以塑造良好的学习风气，从而难以形成具有优良校园传承的环境。因此，制度文化是构筑良好精神文化的基石。

二、高校校园制度文化的构成要素

制度文化作为文化的一个分支，代表着人们长时间积累形成的认知和习惯，是对价值观和特定行为方式的反映。高校的发展过程以及大学生为生存和发展而需遵循的规范和规则，都彰显了高校在长期发展实践中形成的观念和习惯，进而构建了大学制度文化。

高校校园制度文化是确保高校教育有序进行的基本规范和具体保障。在长期的人才培养、科学研究和社会服务实践中，形成了有组织性和规范性的文化概念，为高校制度的规划、执行、监督和实施提供了内在的价值取向。高校校园制度文化不仅是一种理念层面的选择，而且是不可或缺的实体层面，为高校的运作提供了具体框架和有序运行的基础。

（一）高校组织制度文化

我国高校的宏观管理体制由国家主办、政府主管，国家作为主要投资者，政府行使高校的领导、调控和监管权力。高校必须服从国家和政府领导，按照国家教育方针和法规运行，致力于培养社会需求的专业人才。实施党委领导下的校长负责制，突出政府集体领导，实行民主集中制，并强调管理原则中的政务和校务公开、群众监督，特别是对各级党政领导层的监督和管理。在行政管理方面，要尊重并展现校长的行政领导权，体现行政部门在广泛开展教育工作中的效能。我国高校的内部管理机制独具特色，不同于其他管理机制，是组织机构与相对独立的学科模式的结合。这意味着，组织机构的构建采用政府组织的方式，而学科则按照学术组织的模式构建。

高校组织制度文化是在长期的教育实践中逐步形成的，并且这是一个不断完善的过程，建立的目的是引导、激励和约束人的观念和行为。因此，高校各利益群体的文化理念会在不同程度上影响和制约其制度文化。管理层及其职能部门遵循何种理念，必然与其相适应的组织制度文化相呼应。随着社会的进步和高校功能的深化，原有的组织制度文化如果不能适应社会变化和时代潮流，将对高校正常运转产生影响。因此，高校管理者有责任完善组织制度文化，以满足现代高校校园制度文化的发展需求。这一过程既是对历史经验的总结，也是对未来发展的主动应对，确保高校管理机制与时俱进，适应不断变化的社会环境。

任何制度都受一定的思想意识和理想追求的影响，高校组织制度文化作为一种具有明确价值取向的主体性制度文化，在高校校园制度文化的形成与发展中具有重要意义。管理者在这一文化的构建与引导中扮演关键角色，是高校组织制度文化的塑造者和引导者。高校组织管理的对象是全体人员，旨在实现其自由全面的发展。因此，高校组织制度文化需注重人文关怀，将关注焦点置于个体的发展和全面培养上。

（二）高校人事制度文化

高校作为培养创新型人才的关键场所，肩负着教书育人、服务育人和管理育人的使命。高校教师在这一制度文化实施中担任主导角色。教师在发挥主导作用的同时，对于提升教学质量和科研水平至关重要，这直接关系到高校职能的有效发挥。在高校校园内，不同岗位存在差异，高校应深入了解人才激励需求的多样性。为了达到人尽其才的效果，高校需要在制度文化方面差异化对待不同岗位和个体的特征，创新和调整相应的制度，使其更符合个体需求，从而充分激发个体的主动性和潜能。这种人性化的制度文化有助于形成更为积极、有活力的工作氛围，进一步促使高校全体教职工在各自岗位上充分展现个体特长和能力。

目前，高校人事制度文化的核心理念在于优化队伍结构，以促进人才培养为导向。这一文化立足于实际情况，根据不同岗位的设置、责任范围和工作量等因素，科学合理地制定人员职位、责任和数量等的规划。高校作为知识密集型机构，其人力资源的数量和结构对于有效运转很重要。教育工作者团队包括专业教师、管理者和工勤人员等，大学在达到一定条件时可自主选拔人才，进行职务聘任活动。为了促进高校的发展，应当鼓励大学向社会公开招聘，引入高级人才，以不断提升教育质量和科研水平。

高校需构建合理的岗位结构比例，完善教师评价体系和激励机制，并将其纳入大学人事制度文化中，以确保有序实施，提高用人质量和效率。

当前，我国高校环境总体上保持和谐，但教育工作者面临的不断增长的压力可能引发潜在的不和谐因素，这是需要关注的问题。为了避免这种情况的出现，高校领导者应努力创造条件和提供机会，以促进教师的全面发展，并建立团结、平等、轻松和谐的文化氛围。在完善教育工作者管理制度文化时，特别需要关注如何提高教学、管理和服务能力。授课教师的制度文化应当重视教学内容、方法和手段，积极探索新型教育方式，提升教学水平并采用创新教学方法。高校领导者应经常与教师沟通，真正了解每位教师，关心并激发其主观能动性。每位教师都应在人事制度文化中得到真诚关心和爱护，从个体需求出发，通过人性化的管理激发教师的积极性，使其更主动地参与高校管理。

（三）高校教学制度文化

教学任务作为高校核心任务，是高校管理的重要组成部分。优秀的高校教学制度文化是培养高质量人才不可或缺的条件，是建立在科学教学制度基础上的文化。以牛津大学为例，其特色教学采用"导师制"，通过一对一的面对面辅导，导师与学生商榷个性化的教学方式。课程期间导师会为学生提供相关论文题目、一本书和参考目录。学生须在规定时间内完成导师提供的阅读材料，并提交一份约两千字的论文。随后，导师会引导学生和自己一同参与论文的研讨，双方就论文观点和论据展开深入讨论。学生有自由选课权，没有考勤压力，导师制提升了学生学习的自主性和积极性。此外，导师制注重道德和知识的共同培育，导师不仅关注学业进步，还承担关怀学生个人问题、心理问题和品行问题的责任，形成师友关系，营造亲密的教育环境。

目前，高校的主要使命是培养具备高层次创新能力的人才。在这一背景下，高校教学制度文化的创新成为至关重要的因素，特别是需要关注教学资源的有效配置，以使高校适应社会对人才评价的新标准。高校教学制度文化的创新旨在建立制度保障，实现教学资源的合理配置，激发教师和学生的积极性，充分挖掘两者的潜能，从而提升高校的教学水平。这一创新不仅有助于培养更多高素质人才，也是现代教学制度文化的重要内涵。

鼓励创新的教学制度文化被认为是培养创新型人才的关键保障。教学创新以激发和引导为主要教育形式，旨在焕发学生的创新意识、提升整体素养，并以培育学生的创新能力为核心，全面推动创新人才培育计划。在高校的教学环境中实施创新型教育需要明确系统的定位。一方面，将创新教育融入素质教育，通过专业科目、思想教育和改进学习方式提高学生的基本素质，特别注重培养学生的动手能力和创新能力。另一方面，将创新教育融入实践教育，通过社团活动、科技创业比赛等方式，使学生掌握与专业相关的创业基础能力。我国众多高校在这些方面采取了切实有效的措施，积累了丰富的经验。

教学管理制度的核心要素包括教师、学生、课业和教学方式等。通过提升教师教学热情、提高教学质量以及培育学生专业素养等方面的努力，可以构建科学而标准的高校教学制度文化。要对这一制度文化进行系统思考，必须深入了解教师、学生以及教学环节的具体情况。通过系统的分析，结合高校的价值取向和信仰追求，重点考虑这套制度体系的导向性、自我约束力和人性化，从而创造出更为科学的教学层面的制度文化。

因此，高校校园制度文化的建设需要与科研、人事、学科构建、思想政治教育等各类制度文化相衔接，实现协同运作。通过这种协调，高校校园制度文化在教学层面将得以形成一套完整的运行体制。这些运行体制的不断改进和持续加强将逐渐塑造出高校校园制度文化的良好理念和环境，最终渗透至教师的行为习惯中。

（四）大学生日常行为制度文化

如何制定符合高校校园制度文化的规范，以约束大学生的行为，成为当前高校亟待解决的问题。在这一背景下，必须强调大学生的主体地位，保障其自由全面地发展。这涉及对各项制度文化理念的关注，确保它们能够充分维护大学生的切身利益，从而更好地服务于大学生的全面成长。

1. 着眼于构建和引导大学生群体文化

学生群体文化是指在相似情境下，学生群体形成的相对一致的价值观念和行为方式。它是学生根据社会需求、教育目的，在特定环境中营造的具有校园特色、与社会时代相关的人文氛围。这种文化体现在学生共同遵循的价值观念、社会心理、基本信念、思维模式和行为规范上，是学校性质、个性和精神面貌的生动体现。学生会和各类社团是大学文化活动的主体，通过组织文体活动等途径，培育和引导学生群体文化的形成。

2. 建立科学的学生自身管理运行体制是高校学生管理任务的关键

这一体制不仅倡导科学民主的管理理念，信任、依靠并尊重学生，充分激发他们在管理中的积极性和自主性，塑造全员参与的双向沟通的管理方式，还需要树立服务意识，涵盖学校领导、教师、教学和保障管理等各个层面，使他们都以大学生为学校行为主体的服务理念为核心。通过明确义务和责任，确定各部门的职权范围，辅以高校辅导员、导师和学生工作干部的协同介入，完成大学生日常管理工作，最终实现高校的育人目标。

三、高校校园制度文化的管理

高校校园制度文化建设的管理包括以下几个方面的分析和阐述：

（一）管理理念与导向

高校校园制度文化的管理需要建立合适的管理理念和导向。这包括以学生为中心的管理理念，注重师生的参与和主体地位，建立共同的目标和共识。同时，管理导向应强调规范性、公正性和灵活性的平衡，使制度规范和文化建设能够适应不同发展阶段和特色发展需求。

（二）组织机构与人员配备

为有效管理高校校园制度文化建设，需要建立合适的组织机构和明确的人员配备。这包括成立专门的校园文化建设部门或办公室，负责统筹规划、推动和监督校园文化建设工作。同时，需要有专业人员担任管理职位，具备相关的知识和技能，能够有效运营和协调校园制度和文化建设的各项工作。

（三）制度规范与执行

高校校园制度文化的管理需要建立明确的制度规范并严格执行。制度规范应包括学校的各项规章制度、管理办法等，涵盖学生行为准则、教学管理、活动组织等方面。重要的是确保规章制度的合理性、透明性和可操作性，避免过度烦琐和僵化。同时，需要加强对制度的宣传和培训，确保广大师生的认知和执行。

（四）文化营造与传播

管理高校校园制度文化建设还需要注重文化营造和传播。这包括通过丰富多样的文化活动、文化节庆等形式，营造积极向上、团结和谐的文化氛围。同时，利用校园媒体、社交媒体等渠道，广泛传播校园文化，加强师生对学校价值观、精神文化的认同和传承。

（五）监督评估与持续改进

高校校园制度文化建设的管理需要进行监督评估以及持续改进。这可以通过定期的校园文化建设评估、问卷调查、意见收集等方式进行，了解校园文化建设的实际效果和需求，及时调整管理策略并改进工作方法。

综上所述，高校校园制度文化建设的管理需要建立适合的管理理念和导向，明确组织机构与人员配备，制定规范的制度和执行机制，注重文化营造和传播，以及进行监督评估和持续改进。这样的管理将有助于推动高校校园制度文化建设的健康发展。

第三节　高校校园制度文化建设的基本思路

一、高校校园制度文化要体现独立性

（一）政府进行管理权利分配

从政府的角度来看，现代高校校园制度文化的管理理念要充分发挥导向作用。作为构建高校校园制度文化的主导力量，政府应当有效引领高校校园制度文化的发展，协调好高校的文化资源。因此，政府必须以代表高校和社会根本利益为出发点，统率全局，对高校实施宏观管理。划清政府管理高校的责任范围，以确保在其管辖范围内逐步提升管理水平，进而促进高校的健康、有序发展。

随着市场调节对高校行为影响日益加强，以及各类中介机构的蓬勃发展，政府可将部分权力委托给这些机构，以便更好地履行其职责。通过实施委托代理制，正式分离举办权、办学权和管理权。

为符合高校校园制度文化的特征要求，应该以法律要素的构建为基准，确保分离出的各个主体具备应有的法律职责、权利和义务，而不仅仅是简单地划分行政权力。委托代理制作为一种能有效划分权力的举措，在当今社会的各领域得到广泛应用。委托代理制是指委托人通过法律文书将部分权力转移给代理人行使，代理人必须依照委托人的规定，合法行使其被赋予的权力。在这一制度下，委托人是分离权力的提供者，而代理人是接收和行使这些权力的执行者。委托代理与行政授权虽在形式上类似，都是一种权力的分配，但实际上存在巨大的差异。委托代理制可以视作一种契约合同制度，涉及法律上双方平等拥有相同权利的关系，而行政划分则呈现上下级的从属授权关系。

同时，需要建立中央和地方分级管理、以地方为主的管理制度。这一制度应该以细致化的管理内容和方法为基础，推动政府进行宏观管理，合理分配中央和地方之间的权力比例。

我国地域辽阔，各行政区域在天然风貌、人员组成以及经济文化推进速度等方面存在显著差异。通过实施分级管理、以地方为主的管理模式，旨在科学管理，

更好地满足地方经济发展需求，并有助于细化中央的管理范畴，提高管理的可行性和科学性。此外，通过权力划分，建立行之有效的控制系统，使中央政府能够及时了解地方的执行情况，实现双向信息流通。值得强调的是，采用省级为主的管理制度并非提高省级政府的管理权限，而是确保高校在符合地方实际发展的前提下进行有序发展。

（二）体现办学自主权

政府在对待高校时，不应简单将其视为下属行政机构，而应将其看作社会的公共区域，作为社会的学术机构来创办。关键在于体现高校主体性和相对独立性，强化高校办学自主权，减少对制度性的依赖。实现高校办学自主权的核心在于培养高校具备自主决策和自我管理的能力，使办学者在行使自主权的同时，能够承担相应的责任后果。这要求高校建立自我责任意识和自我约束、自我监督机制，确保决策权与责任制相结合，形成完整的自主权实施体系。决策权与责任制相结合，组建出完整的自主权。只有两者完美结合，才能使自主权顺利实施。

决策权需要有详尽的决定内容做基石，否则就是纸上谈兵。确保高校拥有有效的决策权，关键在于详尽规定决策内容，贯彻《中华人民共和国高等教育法》的规定，真正将高校的自主权还给高校。在专业与学科设置方面，应将专业和学科目录作为参照对象或任务目标，而非束缚，这将有益于学术研究的提升。专业和学科科目是人为划分知识类别的措施，不能全面反映研究对象的真实面貌。新专业及学科的涌现将为划分知识类别提供新标准，因此促进高校的学科建设需注重不断更新学科目录，而非仅关注现有目录。

领导选任方面，采用各级领导的任期制度是一种体现责任制、在监督与管理方面具体实践的手段。这种制度要求领导在特定的任期内充分履行其承担的责任和工作义务。通过设定明确的领导任期，不仅有助于凸显领导的责任担当，也更有利于高校的持续健康发展。这一制度的实施能够在一定程度上推动领导层的工作动力，加强领导责任的透明度，为高校的有效管理与长期发展奠定坚实基础。

二、高校校园制度文化要体现开放性

（一）建立政府、高校和社会联动机制

随着知识经济时代的不断演进，高校的学术理念也经历了转变。政府、高校本身以及社会都承担着促进高校社会化、保持机构平稳发展的重任，因此形成有效的联动机制成为当务之急。高校作为特殊组织的涌现是社会需求的产物，而高校的改革和发展则受社会新需求的推动。如果一所高校忽视了解决实际生活问题的职责，显然无法履行其应尽的责任。当代高校更加注重调节和平衡不同价值观。作为独特的社会机构，高校的行动无论是直接的还是间接的，都最终与政府和社会产生交集，使得它们与政府、社会紧密相连。

高校的终极目标在于为社会提供服务，因此，高校会根据社会需求的变化不断完善自身的制度文化。在政府的引导下，高校面向社会与自主办学是一种相互影响的过程，不仅展现了高校对社会的依赖，还凸显了社会对高校的依赖。社会不仅被看作高校的消费者，更被视为高校的支持者。脱离了社会的反馈信息，高校将无法有效面向社会。这个双向依赖的过程显著消除了高校与社会之间的隔阂，对高校的高度社会化产生了积极的推动作用。在监管社会问题方面，政府和社会共同发挥作用，彼此呈现出对等的法律合同关系，而非上下级的关系。

在政府与社会的关系中，政府不仅是领导和管理者，更是合作伙伴。对于社会能够自行解决的问题，政府无须过多干预，而对于社会难以自行解决或解决不够完善的问题，政府则需要介入。这样，政府和社会各自发挥作用，不仅为国家和社会的稳步前进奠定基础，而且充分保障了社会和群众的利益。

高校应采用多种办学制度文化的创建模式，逐层推进，形成以政府主导、社会各界协同的办学制度文化。要推动多样化高校制度的形成，不仅需要鼓励各种社会力量介入高校领域，支持高校的创办，还要肯定各种多元化的创办模式。对于那些有益于推动我国高校发展的创办方式，应鼓励高校进行尝试。

（二）建立与市场经济文化相协调的校园制度文化

高校校园制度文化建设需要充分发挥市场经济文化的作用，以确保高校能够灵活调整校园文化活动，与经济发展和社会潮流保持一致。在现代社会中，高校

活动逐渐呈现出商业化的趋势，成为商业化高等劳动力和科学技能的创造者和管理者。这时，市场功能及其调整能力正式发挥重要作用。

市场调节机制保障了高校能够灵活而迅速地适应外部社会需求。高校的适应性本质上体现在对社会消费需求的敏感度上，高校越能准确、高效地洞察社会需求，其适应能力就越为强大。在社会需求的反映中，市场机制是最为显著的展现方式。高校通过持续调整目标以适应市场需求，实现自我调整，这种方式相对于政府计划调节，在多方面都表现出更为优越的特点。

市场模式的主要优势在于其能够不断激发高校，使其适应经济和社会状况的快速变化。市场调节机制保障了高校的多元化发展，并促使高校形成特色。

高校在市场模式下必须灵活应对社会多元化需求，这要求它们提供多样化的服务。同时，为了维持竞争优势，高校需要打造独特的文化，通过独特的内涵和形式彰显自身特色。当高校能够有效运用这种调节手段时，便能够自主地建立合理的结构并制定规划，不断提升自身适应力，实现在多元化和变化迅猛的社会环境中的可持续发展。

市场机制在高校管理方面产生的影响愈发显著。市场调节不仅赋予了高校更大的自主权和独立性，而且呈现出高校敢于承担责任、持续发展和充满活力等特征。市场活动广泛涉及不同市场主体，而高校只有具备了自主性和独立性，才能在这个多元体系中充当活跃的市场主体。市场机制通过对主体性的要求，为原本以学术自主为基础的高校管理注入了更为强大的活力。

此外，市场机制的调节也使得高校活动呈现出更富有责任感和活力的特征。在市场的运作下，各类经营主体会面临着盈利、亏损和破产等风险，这是不可避免。风险机制在商业规划中通过追求利润和承受损失的压力，激发每个经营主体时刻关注生产运营情况的积极性，促使高校更加注重认真努力、传承创新和持续发展。

市场调节不仅确保高校的价值得到社会的广泛认可，同时促使高校更加开放。在市场经济体系中，一个市场主体的价值只有在市场交换中才能充分展现。高校必须以更加开放的态度面向社会，积极寻求市场交换的机会，才能真正展示其内在的价值。在市场有效交换的背后，高校的劳动价值得到了社会的认可。

知识与人才在当今社会中的巨大价值通过市场交换得到了进一步的验证，这推动了社会对高校的日益关注和支持。市场机制主要以供求关系来调整高校活动，而高校对于不同的供求关系采取不同的对策，自身难以充分反映这种供求动态。因此，市场调节仅是其中之一，必须与相应的政府宏观调控相结合，以实现更为有效的管理。政府宏观调控和市场调节的有机结合，是创造更完善高校运行制度的关键。

市场调节在高校管理中的有效性需要建立一套高效的市场反馈体制。市场调节的效果可以被当作一种信息反馈，呈现社会发展的最新需求。通过政府或高校建立高效的市场信息反馈体制，不仅能合理调配高校资源，还能迅速而准确地将市场信息反映到高校校园制度文化的各个层面。全面规划高校校园制度文化的运作，推动高校举办具有独特文化特色的活动，培养能够服务社会的人才，确保市场竞争优势。改变教学方式和课程设计，创造富有创新和协作氛围的学习环境，有助于激发学生的开放思维和创新意识，培养其适应社会变革的能力。

在竞争激烈的社会中，具备明确的价值理念和能力是实现成功的必要前提。为确保高校在文化资源竞争中享有平等的权益和义务，必须营造一种公开、公平的制度文化氛围。随着市场经济的发展，高校之间的竞争体现在院校、学生和教师之间。文化资源的竞争同样存在于高校校园制度文化中，但这种竞争需要在遵守相关政策法规的前提下发挥积极作用。因此，我们需要建设和完善对高校市场活动的评估和监管制度文化，以塑造一个公平竞争、适者生存的市场环境。

另外，需要建立一套开放性的评估机制，整合自我评估、社会评估和政府评估等多途径的评估信息系统。通过分类评估制度文化，增强评估的真实性和有效性，使评估成为高校竞争的有益参考。这样的评估机制不仅有助于高校在竞争中得到更好的发展，同时也能够使高校充满活力、持续发展，并确保其校园制度文化的价值在社会中获得认可。

三、高校校园制度文化要加强人本管理

（一）树立服务至上的管理理念

为实现制度的育人目标，必须充分倾听学生代表的声音，使这些规章制度更容易为学生所接受。学生参与并非要求他们直接制定规定，而是倡导倾听他们的观点、理解他们的需求。高校学生管理的核心目标之一是激发学生学习的主动性和

积极性，因此，所有管理规章的制定应当符合这一目标。在此过程中，管理者应秉持以人为本的理念，以服务学生为宗旨，创造有利于学生发展的学术环境，以促进他们创造性思维和个性的充分展现。在高校制度中，管理者与学生之间存在权利与义务的相互关系，必须明确学生的权利，包括参与教学管理、拥有知情权等。

学生的参与在学校制度文化改革和建设中发挥着重要作用。人本化管理的理念旨在赋予学生更多的自主权和知情权，这并非否定高校管理制度的权威性，或者削弱制度对学生的规范作用，而是要思考哪种制度更有利于学生成长发展。学校的管理工作需要管理者与学生不断地沟通，要做到相互理解，因为只有通过亲身参与，才能真正体验其中的滋味。青年学生处于成长阶段，具有较强的可塑性，忽视他们的自主意识，仅采用刚性管理，容易引起学生的反感。正确认识高校的主体地位，将主动权交还给学生，引导他们加强自我管理，并让他们参与制度的制定和管理，是高校尊重学生主体性的实际体现。这种做法不仅能够激发学生的积极性，使他们关注学校教学科研工作的改革，还有助于建立起良好的学生与管理者、师生之间的关系。

（二）建立发展性教育评价体系

教育评价的范畴涵盖了对学生、教育和学校的评估。评价制度的改革可通过建立学生发展性评价体系来实现。发展性评价关注学生的成长过程，通过搜集和保存与学生发展相关的资料，分析其发展情况，旨在形成对学生发展的客观全面认知，以此为基础提供激励或具体、有针对性的改进建议。在高校中，导师制度、教授研究室的开放以及专题报告活动等方式可用于对一、二年级学生进行科学的兴趣、能力、性格测试，评价其个性和优势。通过这样的评价，可以指导学生选择职业目标，将职业目标与学习紧密结合，协助学生制订选课计划和活动计划。定期让学生根据自己的计划对所学课程和各种能力进行自我评价，并不断修改方案，有助于学生主动进行素质教育，提高学习能力和学习动力。这一方法促进了学生的全面发展，为其未来职业规划提供了有力的支持。

四、高校校园制度文化要坚持学术自由

高校作为社会性的学术与文化组织，具有独特性。现代高校校园制度文化注

重高校作为学术性文化组织的主导作用和独立性。高校的管理需要多个团体的参与，旨在实现权力的共同承担，但这也带来了权力的分散。行政权力是法定权力，用于规划、组织、指挥、协调和控制高校的日常运作，是保障高等教育有序发展的关键。学术权力则是在教学和科研中形成的一种权威，能引领学术工作的开展并激发创新意识。在高校自身的管理制度中，有效平衡学术权力和行政权力是一项基础性法则。为了实现最佳管理状态，必须合理分配学术权力和行政权力的比例，确保学术权力能够最大程度地发挥效用，使高校能够享有足够的学术自由。同时，行政权力需要依法行使，以维护管理的正常运行和教育成果的公正性。这种平衡不仅是高校校园制度文化建设的基石，也是高校管理的终极目标。

高校应当建立以学术为核心的管理体系，特别是在知识生产和学术研究方面，创设一种旨在激发和引导学术研究的体制。这一体制应该强调高校校园制度文化的厚重性、广博性、批判性，以及对新知识和真理的不懈追求。在服务社会的同时，高校需重新确立教育和探索的目标，使其文化更加注重学术的深度和广度。对于构建一流高校的目标而言，这种制度创新和文化更新具有根本性和关键性的意义。

高校在发展过程中，需要构建一套体制，以尊崇和保护其独特的学术文化特征。这个体制的核心在于充分发挥学术权力，而支撑这一体制的基础则是高校自治和学术自由。学术自由象征着对问题平等地思考和自由地研究探讨。为了创造一个让每位学者都能独立进行自由思考的环境，高校可以通过建立委员会制度，为教授提供在教学和研究方面发挥专业专长的机会，彰显学术权力。在委员会成员的组建中，应以专家为主体，注重多元化，降低行政化对委员会的干扰，强调事务导向而非人员导向的理念原则。

为确保委员会制度有效发挥作用，高校可建立一套严格的规章制度，为学术权力提供系统性的支持。在高校的职位聘用、人员引入以及学术水平评估等方面，应积极吸纳专家的建议，赋予学术委员会、职务评聘委员会、教学委员会等组织更为实质性的权力。这样的安排能确保委员会按照规定程序做出的决策得到真实而有效的实施，防止行政权力对其进行任意改变。

第六章　高校校园文化载体建设

　　高校是先进文化的创新基地和重要辐射源，高校校园文化是中国先进文化的重要组成部分，是一种汇集着深厚的历史底蕴与时代精华的先进文化，具有独特的魅力。校园文化是对学校的历史传统、精神风貌、理想信念、目标追求的集中展示，对于全面贯彻党的教育方针、推进学校教育改革发展、加强和改进大学生思想政治教育、全面提高师生综合素质具有十分重要的意义。在高等教育快速发展的今天，校园文化已成为衡量学校竞争力的重要条件之一。可以说，积极搭建多文化的校园文化建设平台，大力开展并加强校园文化建设，全面协调、科学推进校园文化的繁荣发展，是新形势下高校建设的当务之急。本章主要介绍高校校园文化载体建设，包括大学生班级文化建设、大学生公寓文化建设、大学生社团文化建设、高校网络文化建设、高校工会文化建设五部分内容。

第一节　大学生班级文化建设

班级是大学生的基本组织形式,是大学生自我教育、自我管理、自我服务的主要组织载体。需着力加强班集体建设,组织开展丰富多彩的主题班会等活动,发挥其团结学生、组织学生、教育学生的职能。任何一个团队或集体的蓬勃发展,都必须有支撑自己努力前行的精神力量,班级的建设与发展也是如此。班级有了支撑自身全面发展的积极的文化支持,才会变得更优秀、坚强,才能形成更强的凝聚力,才能取得更好的成绩。这种精神力量和班级文化,不仅有助于学生形成坚实的核心价值观,也有利于引领学生融入集体,从而找到协助学生个体成功的路径。因此,加强高校学生班级建设,特别是重视学生班级文化建设,是创新高校校园文化建设平台的重要基础,也是推动大学生全面发展的关键。

一、班级文化的内涵及特征

(一)班级文化的内涵

班级文化是班级气质与班级修养的综合体现,以及由此而形成的独特的,能够被全体班级成员认可和坚持的价值观、思想作风、行为准则、学习风气、学习环境的总和。班级文化可从广义和狭义两个角度来理解。从广义的角度看,班级文化是指班级生活中的一切文化要素,由此可以把握住班级生活中一切影响班级成员发展的文化因素。从狭义的角度看,班级文化是指班级的全体成员创造出来的独特的文化,由此可以把握住班级文化建设的核心。一个优秀的班集体,必定有一个由班级全体成员共同创造出来的、被班级全体成员认同的班级文化条件。

(二)班级文化的特征

1. 以大学生为主体

班级文化是为了塑造学生的灵魂而长期积淀形成的。班级文化组织、宣传、落实的各个环节都应秉承以学生为本的理念,力求创新,增强吸引力,确保把学生的精神和力量凝聚起来，在开展班级文化建设的过程中自然地提升学生自身的素质，为走出校园、走向社会奠定良好的基础。

2. "软硬"兼施

班级文化从大层面可以分为软文化和硬文化。苏霍姆林斯基曾经说过："要使教室的每一面墙壁都具有教育的作用。"[①] 可见，对于教育而言，除了重视对班级制度和行为等方面的"软性"建设，还要重视对文化环境等方面的"硬性"建设。关于"硬性"文化的环境建设，主要强调物质的方面。例如，墙壁上的名言警句、班训班风、提醒图标以及窗明几净的环境等，着重此方面的建设，有利于营造一种积极向上、温馨和睦的氛围，有利于通过加强文化之间的互动，潜移默化地使学生接受文化的熏陶。

3. 以学风建设为中心

学风是指学校里多数学生的学习动机、学习态度及方法所表现出的学习或治学的风气。学生对学习价值的认同决定了其对学习的态度，是班级"软文化"环境建设的重点，也是整个文化环境建设的核心部分。学风包括班级风格和班级风气，是班级对外的形象。一般来说，好的学风在学生身上主要体现为有远大理想和志向、刻苦读书、勤于思考、敢于质疑、大胆创新、坚韧不拔、谦虚好问、团结进取、互相帮助、全面发展等。良好的班级文化氛围能够帮助学生树立认真求实的学习态度、坚定勤奋刻苦的学习毅力、培养虚心踏实的学习风格以及科学严谨的学习方法。

此外，班级文化还有一些趋同于其他文化的特征，例如，合作性、同一性以及主体性等。培育一种适合学生成长的班级文化至关重要，应该把握班级文化的特点，发挥班级文化的功能，通过各种活动做好班级的物质文化、制度文化、精神文化建设。辅导员以及班委应结合本班学生自身的发展特点实现资源优化配置，从完善学生的人格和提高学生的能力入手，构建以时尚、青春、活泼、团队、合作等为特征的班级"优质文化"。

二、大学生班级文化建设的功能及作用

校园文化不仅是学校管理育人的主要组成部分，而且是展示学校教育理念、

---

① 练小莹. 注重文化建设，构建花园班级 [J]. 课程教育研究，2016（14）：2.

办学特色以及办学规范的主要平台。良好的校园文化以鲜明正确的导向引导、鼓舞学生，以内在的力量凝聚、激励学生，以独特的氛围影响、规范学生。校园文化是以班级的形式传播并影响到每个学生的。班级文化是校园文化不可缺少的一部分，它甚至在某种程度上决定着校园文化。班级文化可以更彻底、更直接、更有效地建立起文化精神正确的指向标。

（一）班级文化具有凝聚功能

班级文化作为班级成员集体创造的文化体系，承载着共同的理想和价值追求，反映了群体的心理意识、价值观念和文化特征。这共同的心理意识、价值观和文化特征不仅引发成员对班级目标和准则的认同，而且激发了班级成员对身份的使命感、自豪感和群体归属感。这样形成的强烈向心力、凝聚力和群体意识在学生中培养了对班级重要性的认知。班级文化建设水平的提高进一步强化了这种向心力、凝聚力和群体意识的体现，使学生更加深刻地认识到班级在学习生活中的重要作用。首先，要让每个学生都感觉到自己的价值，并使这种价值被广泛认可。这便需要丰富班级文化内涵，为每一个学生提供展示自己的舞台，从而促使学生能够发现自己在班级、同学中的价值。其次，要求班级同学有正确的共同目标。共同目标是通过个体目标的实现而实现的，个体目标与个体现状的差异体现了学生发展与追求的差异。集体目标源于个体目标，又高于个体目标。二者的差异又会引导学生产生新的追求与需求，进而调整设置新的目标。只有一致的目标才能将每一个学生联系起来，才能建设强大的班级凝聚力。只有积极推进优秀班级文化建设，才能引导学生完成目标。营造一个优秀、健康的班级文化环境最有效的途径就是通过良好的班级文化建设活动，积极地影响到每一个同学的心情，让学生在一个轻松的环境中建立友好的班级关系网，从而加强班级凝聚力。

（二）班级文化具有教育功能

班级文化的教育功能不同于课堂教育，它是无形的，又是无所不在的，让学生在潜移默化中受到熏陶与感染，从而有效地提升了学生的自身素质。自身素质是衡量一个学生的重要标准。自身素质大体分为两部分。一是能力素质。每一个学生的成长都是在环境的熏陶中完成的，学生时代的重要任务便是学习，一个好的学习环境不仅会帮助学生积极地、有效地投入学习生活中，还可以培养学生良好的学习习惯和正确的学习态度。在这里，一个好的学习环境实质上指的就是一个良好的班级文化。良好的班级文化能为每个学生提供一个交流的平台，从而提高能力素质培养的效率。二是道德素质。每一种文化都有其道德标准。作为一个大学生就必须明辨什么是正确的道德观，而作为道德建立的重要因素——环境，在其中起到了关键作用，所以学生身处的班级环境成了他们提升自我道德素质的关键。一个能明辨是非的班级文化，将教会每一个学生如何去建立自己的道德观和自觉遵守道德标准。有了正确的道德目标和积极的学习目标，再加以监督，就可以极大地提升学生的自身素质。

（三）班级文化具有激励功能

班级的共同目标对于塑造班级风气和凝聚力具有重要影响。一个拥有正确共同目标的班级，不仅培养了良好的班级文化，而且影响着学生的认同感和主动性。在这样的集体环境中，学生自然而然地对班级产生归属感，同时展现出强烈的学习和生活主动性。班级文化的良好表现促使学生对个体目标的追求变得更为迫切，促使他们以保持集体荣誉、完善发展班级为责任，自觉地付出努力，不断朝着更高的目标迈进。

三、扎实推进学生班级文化建设

（一）明确班级文化建设的主体力量

辅导员专职从事学生的思想教育和行为管理工作，是班级的重要负责人，在班级工作的组织、管理、策划中起着主导作用，直接关系到班级工作的开展、班级发展的方向以及教学环境的优劣。开展班级文化建设要发挥辅导员的主导作用，诠释好引导、优化班级文化的重要角色。没有引导，班级文化容易迷失方向。在班级文化建设中，辅导员应该培养学生乐观向上的人生态度和迎接挑战的积极心态。首先，辅导员要塑造自身人格魅力，从而赢得学生的尊重和支持，增强班级凝聚力。其次，辅导员要以鼓励为主引导学生做出积极的尝试，从而不断提升自信心。再次，辅导员要不断地向学生提出要求。苏联教育家马卡连柯说："要尽可能多地尊重学生,要尽可能多地要求学生。"[1]在尊重与要求的双重作用下,学生才会不断地达到新的高度。最后,要使学生保持积极向上的精神状态,积极应对困难和阻力,辅导员还要让学生学会自己制定目标,学会自我激励、自我调整以及自我完善。

大学生是班级文化建设的主体,开展班级文化建设主要依靠学生主体的积极参与、配合,因而要求在班级文化建设中树立"以人为本"的思想,尊重学生在班级文化建设中的主体地位,尊重学生的人格、个性特点,遵循学生身心、个性发展的内在规律,关注学生的生活及心灵世界,使班级管理走向人格化、人性化,从而实现学生的自我教育、自我管理,促进学生的自主发展的教育目标。

学生干部是教师与学生沟通的桥梁,是班级文化建设的有力执行者。为了发动全体学生参与班级文化建设,组建一支得力的学生干部队伍是十分必要的。构建班级文化的过程中,除了设置传统意义上的干部角色,还可以根据学生的素质能力和特点开辟与班级文化建设相关的新岗位,调动更多有能力、有热情、有奉献精神的学生参与到班级文化的建设中来。辅导员要及时悉心引导、培养学生干部,传达有利于班级文化建设的先进理念,关注班级文化发展动态,把握其发展方向,并实时监督班级文化建设工作的开展。除了指导及安排工作,辅导员还要鼓励学生全面参与决策班级文化的构建,发挥他们的奇思妙想和新鲜创意,以其更乐于接受的形式、方法营造良好的班级文化氛围。

(二)抓住班级文化建设的核心内容

学风作为班级的灵魂,对于提高学生整体素质至关重要,是构建卓越班级文化的关键。学风的培养是班级文化建设中重要的一环,缺乏良好的学风,班级文化的构建将很难奠定实质基础。具备优良学风的环境有助于激发学生内在的成就动机,激发他们的求知欲望,促使形成合理的竞争氛围,建立积极向上的人际关系。这一系列的因素使学生在集体中找到了归属感和使命感,同时也凝聚和巩固了班级文化,创造了一个团结、活跃、文明、进取的集体氛围。

加强学风建设,首先要保证学生与任课教师的密切配合。学生干部要及时收

---

[1] 张东. 尽量多地要求学生,尽可能地尊重学生[J]. 基础教育论坛,2015(3):2.

集教师在教学过程中遇到的问题，以及学生在学习过程中的疑惑与不适应，让师生间能够进行有效的、深层次的沟通与交流，尽快磨合和解决问题，以教师的人格魅力增强学生对学习的热情和信心。优秀班级文化的存在，可以给班级成员及师生间营造一个良好的语言交际和沟通空间，更好地协调教学活动。其次要密切关注全体学生的学习态度、学习方法和学习状况，根据个人特点成立学习小组，开展"互帮、互助、互教、互学"的活动，发挥团结协作的力量。针对班级中一些学习落后的同学，要组织学习成绩优秀的同学对其进行辅导，激发其学习自信心和学习兴趣，引导其走出学习误区，从而提升班级同学的整体学习水平，缩小两极差距，使全体同学共同进步。学习上的共同进步能够避免学生间产生分化和隔阂，有力地将同学团结在一起，共同为班级的荣誉而发奋学习，由此增强的集体凝聚力和自豪感，必将促进班级文化建设的发展。最后还要积极组织策划与学习相关的竞赛评比活动，以达到巩固知识、树立信心、磨炼意志、增强竞争意识、锻炼学生综合能力的目的，促进全体成员的快速成长。

学习是一个班级的核心任务，学习质量也是一个班级的生命线。有优秀的学习成绩作为基础，能使工作、活动与学习平衡、协调发展，保证学生有足够的精力、热情与积极性，并积极参与班级建设，使班级管理工作、文化建设的开展更加顺利。

（三）丰富班级文化活动的载体

丰富的班级文化活动是丰富学生课余生活、营造班级温馨和谐气氛的关键。有意义、有特色的班级活动能够提高班级同学参与活动的积极性，提高同学的集体荣誉感，加强班集体凝聚力，对班级的文化建设起到催化剂的作用。在集体参与文体活动的过程中，学生能够学会合作、增进了解、培养默契、加深友谊，并能得到展示个人风采、全面提高综合素质的机会。在活动开展过程中还能够发掘培养班级人才，有利于完善和促进班级文化建设。班级文化活动开展的基本原则包括自主性、实践性、愉悦性、发展性、教育性原则。开展丰富的班级文体活动能够充分锻炼学生自主思考、策划组织、参与活动的意识和能力；提高实践能力，积累实践经验；丰富课余文化生活，为忙碌的学习生活增添乐趣；促进自身和集体的全面成长和协调发展；从不同领域得到启迪和收获，达到寓教于乐的目的。通过开展丰富的班级文体活动，可以很好地使学生主动参与到班级文化建设中来。

在积极开展班级特色活动的同时，也要积极组织学生参加学校或学院的活动，展示班级文化与风采，激发集体荣誉感、自豪感，在与其他班级的竞争中，不断完善自身的班级文化建设。同时，还要注重各班级之间的交流与合作。例如，专业之间的见面会、经验交流会，可以从优秀的班集体中得到完善班级文化建设的经验。

总之，班级文化活动要兼顾教育与情趣、知识与娱乐，努力让学生根据兴趣爱好扬长避短，各得其所。开展活动要变命令为倡导，变接受为参与，充分调动学生的积极性，发挥学生的主观能动性，创造条件让学生自己组织，主动参与，自觉地塑造优秀的班级文化。

（四）建立健全班级文化规章制度

一个成功的集体必须有每个学生都应遵守的规章制度，并形成科学的班级制度文化。学生对班级制度文化学习、吸收、内化的过程本身就是一种纪律性的教育。班级制度文化建设不仅为学生提供了一个制度化的环境，还为学生提供了评价品格和行为的尺子，从而使每一个学生时时刻刻都能在一定的准则规范要求下自觉地约束自己的言行，使之朝着符合班级群体利益、符合教育培养目标的方向发展。

严谨的制度文化氛围也有利于班级精神文化的渗透和作用。班级制度文化建设最重要的是解决好制度建设的民主性和科学性问题。民主性就是要求班级的基本制度应由师生一起讨论共同确定，让学生参与讨论，然后由辅导员进行综合取舍，明确班级日常学习生活的标准，形成一定的规范条例。这样的制度，既能够有效地杜绝不良的个体文化对班级成员的影响，又能为日后的班级管理实现公平和公正奠定基础，是维持师生、同学和谐人际关系的保证。科学性就是要求班级制度符合学生的成长规律，有利于学生的全面发展。其中，特别要加强班级管理的激励性。所谓班级管理的激励性，就是运用激励手段调动班级成员的积极性，从而达成班级管理目标的过程。班级激励有两个基本前提：首先，要了解学生的需求，全面、清晰地掌握学生需求的关键点；其次，针对不同学生设计与之相适应的激励方式。在班级管理中可供选择的激励方式，除了目标激励，还有参与激励、荣誉激励、情感激励等其他方式。班级制度应该突出精神风貌、价值观念、作风态度等具有文化气息的条款，赋予制度以灵魂，更好地发挥规章制度的强制作用和激励作用，使班级形成"事事有人做，人人有事做，时时有事做，事事有时做"的良好局面。

第二节 大学生公寓文化建设

大学生公寓是高校育人的重要阵地，在学生成长成才的过程中发挥着越来越重要的作用，已成为对学生进行行为养成教育和素质教育的重要"课堂"，同时也是高校精神文明建设的重要窗口。高校大学生公寓文化是当代校园文化的重要组成部分，是高校管理工作中不可缺少的环节，是对校园文化建设的有力补充。构建积极向上的公寓文化，可以形成健康和谐的集体，增强组织的凝聚力，形成团队精神，发挥整体优势。高校大学生公寓文化建设是加强和改进大学生思想政治教育、全面推进校园文化发展不可或缺的渠道。

一、大学生公寓文化的内涵及特征

（一）大学生公寓文化的内涵

大学生公寓文化是指以学生为主体，以大学生公寓区为载体，以健康有益、积极向上的课外活动为主要内容，以体现校园精神为主要特征的群体文化。通过积极、有益、健康的氛围，在思想观念、价值取向、行为方式等方面，对生活在公寓中的个体产生潜移默化的影响和熏陶，从而实现对主体精神、性格、心灵的塑造，以促进受教育者的社会化、个性化、文明化，从而成为健全的自己。同时，大学生公寓文化以物质、意识、制度等为内容，对深化大学生素质，提高大学生思想伦理及道德修养，规范大学生学习与生活，形成良好的公寓环境，营造积极、健康、向上的学风等起到重要的促进作用。高校大学生在公寓这一特定的环境中，以自身为主体，全体成员遵守一定的规范，有共同认可的一种价值观和思想意识体系。

（二）大学生公寓文化的特征

大学生公寓文化的本质特征是其存在的基础和发展的推动力。大学生公寓文化的特征主要表现为以下三个方面：

1. 空间区域化

大学生公寓文化的环境空间主要是学生的生活区域，尤其是大学生宿舍这种空间范围的限定，使得公寓文化具有一定的特殊性。一是因为大学生的大部分时间都在这个环境中度过，所以大学生公寓文化更加贴近学生的实际生活。二是由于该空间区域有限，学生密度较大，人际交往和人际氛围更突出，因此使得这里的管理不同于课堂纪律管理，也不同于课外的活动管理，它赋予了公寓文化更丰富的内涵，更能集中地反映出一所学校的学生素质、管理水平以及校园文化的特点和建设水平。

2. 日常生活化

大学生公寓是学生生活休息的场所，其文化必然带有日常生活化的特点。无论是在外在物质形态的环境条件方面，还是在内部制定的管理制度以及管理方式方面，都与学生的日常生活紧密地联系在一起。此外，大学生公寓还是学生日常交往的地方，其日常的人际关系与氛围更能凸显公寓文化的特点。这些特点一方面使得公寓文化更容易渗透到大学生的日常生活当中，对大学生的思想行为发挥着润物细无声的独特作用；另一方面也使得公寓文化更贴近学生的日常实际生活，更能够反映学生日常生活中的一言一行。

3. 单元特色化

大学生公寓文化作为校园文化向学生生活区域延伸与扩展的一部分，既反映和体现了校园文化的特点，又具有明显的文化个性色彩。院、系、班级等的管理要求不同，各个公寓作为独立的单元集体，就具有了一定个性特色的单元文化。尤其是学生宿舍，由于大学生群体内性别、爱好、观念等方面的不同，也会由此形成色彩斑斓的宿舍文化。所以说，大学生公寓文化往往各有特色，具有明显的个体差异性特征。

二、大学生公寓文化的功能及作用

高校大学生公寓文化是近年来发展起来的一种新兴文化，是校园文化的一个重要组成部分。公寓文化的建设如何，对大学生的成长与成才将产生重大的影响。大学生公寓文化作为存在于高校校园中的一种文化形态，不仅具有一般文化的功能，而且具有自己独特的功能。

（一）大学生公寓文化具有凝聚融合功能

大学生公寓是学生的一个重要的学习、生活、交往的空间环境，学生在这种空间环境里能表现自我、展示个性、体现个人素质和能力。在大学生公寓这个特殊的场所中，学生可以无拘无束地交流各种信息，针锋相对地进行思想观念的碰撞，淋漓尽致地展露自己的内心世界，表露自己的思想情感。在大学生公寓文化活动中，各种思想观念相互影响，在交流和沟通中使每个成员得到提高，每个人的世界观和人生观在这种交流和碰撞中得以确立和巩固。良好的公寓文化能营造积极的文化氛围，创建和谐的人际环境，能增强学生的凝聚力，促进宿舍同学之间的团结，进而树立集体和家园意识。大学生公寓文化的凝聚融合功能对学校精神文明建设具有重要的意义。

（二）大学生公寓文化具有导向育人功能

大学生公寓文化的内容、方式，以及大学生公寓文化所形成的文化环境、文化氛围，对学生高尚道德情操的培养、良好行为习惯的养成、健康文明生活方式的形成等具有导向和辐射功能。健康向上的公寓文化能给广大学生一种内在的驱动力和向心力，促使他们能积极上进，勇于进取，保持良好的心理状态与精神面貌，从内心深处实现自我教育、自我完善、自我激励。大学生公寓文化建设，可以提高大学生的集体荣誉感与责任感。蕴含着丰富的集体价值观念的新型公寓文化是引导大学生增进团队精神、合作意识的重要平台。特别是随着思想政治教育进大学生公寓工程的大力推进，大学生公寓文化的导向育人功能将更为彰显。

（三）大学生公寓文化具有陶冶调适功能

青年学生正处于不成熟向成熟发展的阶段，在此期间，丰富多彩的大学生公寓文化活动，必然会陶冶学生的情操，丰富学生的精神文化生活，增强学生的兴趣、爱好，使学生在活动中受到教育，增长知识、才干。此外，相对于课堂和其他集体场所，大学生公寓具有较大的自由空间与宽松和谐的氛围，学生在这里可以进行适度的自我表现、合理的情绪宣泄，有助于调节生活节奏，缓解紧张情绪，提高工作学习效率，保持身心健康，如平时的"讨论会"，晚上熄灯后的适当"卧谈会"，对个体间冲突的调解等有其积极作用，是大学生宣泄情绪以及进行心理调节的出口。尤其是学生群体成员之间需要通过感情上互相交流、互相慰藉，需要从心理、情绪等方面获得归属感与安全感，这就更能体现出公寓文化在学生群体之间的调适作用。

（四）大学生公寓文化具有规范内化功能

大学生公寓就如同一面镜子，真实地反映出每一位学生的日常行为、精神风貌和道德品质。大学生公寓在带给每位学生"家"的温馨的同时，也会具有一定的行为规范作用。由于群体文化具有较强的影响力，因此这种影响力较学校其他规章制度会使大学生更具认同感，其不仅会影响公寓中个体成员的感觉、认识、情绪等心理机制和心理过程，而且从整体上还会影响全体成员的价值取向和行为取向。在一般情况下，大学生公寓文化虽然没有强制学生去遵守什么，但在个体成员的心理上却起到了一种自我控制的"软约束"作用，从而将自我行为纳入集体规范要求之中。这种约束性既靠外在的硬性教育、规范，同时又依靠学生内心对约束力的能动接受。公寓文化常常通过许多无形的、非正式的和许多不成文的道德规范和行为准则来引导成员进行自我管理与制约。大学生从公寓文化活动中所获取的知识、体会、认识、思想等，形成的对人对事的看法，更容易内化为自己的观念，用以指导学习和生活。

三、扎实推进大学生公寓文化建设

在新形势下，加强大学生公寓文化建设是学校校园文化建设中的重要环节，是促进学校和谐发展的必然要求。

（一）各方力量，齐抓共管，发挥合力作用

辅导员是学生思想政治教育工作的骨干力量，积极发挥辅导员在大学生公寓文化建设中的作用，能够有效解决大学生的许多问题，对于学校开展大学生思想政治教育工作、对学校稳定工作都将起到重大的作用。要想充分发挥在大学生公

寓文化建设中的作用，辅导员应做到以下三点：一是对待学生工作要有高度的责任感和事业心，要时刻关心学生、爱护学生，要经常深入学生中去了解情况，发现问题及时解决；二是要以身作则，严格要求自己，言行一致，给学生树立榜样，做学生的良师益友；三是工作要有计划性、科学性，讲究高效率，要经常进行经验总结，不断创新方式方法。

随着高校后勤的社会化，公寓管理队伍在大学生公寓文化建设过程中发挥着越来越重要的作用。虽然公寓管理人员不是上讲台的教师，但他们的一言一行随时都在影响学生。公寓管理人员的素质直接关系到公寓育人功能的发挥，关系到育人质量的好坏，因此，公寓管理队伍要不断提高文化教育素质和职业道德，加强与学生的沟通和交流，及时了解学生的思想和需求，科学合理地行使公寓管理者的职权。实践证明，公寓管理员不仅是一名管理者，更是一名服务者，要想学生之所想，急学生之所急，为广大学生提供力所能及的帮助。加强大学生公寓文化建设，构建和谐文明公寓，是提升大学生综合素质的重要途径，作为公寓管理者要高度重视和培育大学生公寓文化，积极探索，大胆实践。

学生宿舍长是整个学生骨干队伍中的基层干部。学生除上课外的大部分时间都待在宿舍，如何在宿舍中教育、管理好学生，是高校思想政治教育工作的重要内容。在宿舍的教育管理工作中，宿舍长发挥着极其重要的作用。首先，宿舍长是整洁环境的实施者。要结合宿舍其他同学的不同生活习惯、个人爱好，在遵守有关宿舍规章制度的基础上，找准自己宿舍环境美化的定位，整体规划宿舍的布置并加以实施，让每位同学都能接受并参与其中。其次，宿舍长是舍友融洽关系的协调者。作为这个"家"的家长要将同学紧紧地团结起来，使同学之间相互关心、相互帮助，求同存异，建立良好的人际关系，这样才能使这个"家"达到和谐状态。最后，宿舍长是学校各项规章制度最直接的执行者。要在宿舍内带领其他同学遵守学校的各项规章制度，不折不扣地加以执行和维护，从而营造积极、和谐、向上、规范的宿舍文化。

（二）以公寓文化活动为载体，营造良好氛围

在大学生公寓文化建设中，必须以丰富多彩、形式多样的文化创建活动为载体，寓文化建设于各项活动之中，让学生在活动的参与中受到教育和启迪。这样不仅能够增强体质，活跃气氛，还能使学生在学习之余身心得到陶冶和放松，缓解学习压力，调适心理状态，让学生在快乐、轻松、高雅的活动中得到美的享受。学习之余，走出寝室，与同班、同楼层、同公寓的同学广泛接触，寻找共同话题、共同兴趣，发现切入点，不断提升自己的人际交往能力。公寓文化活动的内容和形式可以多种多样，在区域上可以在一个宿舍内进行，也可在不同宿舍之间、不同楼层或楼栋之间、不同宿舍区之间进行；在参加对象上，可以在异性之间或同性之间进行，可以在不同院系、不同年级、不同专业的同学之间进行；在内容上，可以举办宿舍宣传标语与海报征集大赛、宿舍形象设计大赛、宿舍文化生活交流会、宿舍文化生活作品征集大赛、宿舍文艺表演等。公寓文化活动要贴近学生实际，在丰富学生的课外生活之余，要活跃气氛，加强宿舍之间、同学之间的沟通和交流，增强团结，锻炼和提高学生的思想素质、文化素质、身体素质，促进学生全面发展，营造良好的公寓文化氛围。

（三）党团组织进公寓，发挥凝聚带动作用

在公寓设立学生党团组织，充分发挥其引导人、团结人、凝聚人的作用，是加强大学生公寓文化建设的组织保证。党团组织进公寓的具体形式既可以以宿舍为单位建立，也可以根据公寓规模的大小，以一幢或几幢公寓为单位成立学生临时党团支部。最大限度地扩大党团组织的覆盖面，增强其教育引导的辐射力，确保每个宿舍都有党团小组成员，以便活动的开展。各党团组织之间可开展学习竞赛等活动，达到相互学习、共同提高的目的。同时，要充分利用学生之间容易沟通、相互了解的优势，积极发展党团组织成员，学校有了得力的抓手，各项工作才能顺利进行。

党团组织进公寓将为学生在公寓区的自我教育管理提供组织保证，同时也能丰富党团组织的活动内容，开辟党团工作的新渠道。让党团的基层组织进公寓，参与大学生公寓文化建设，将学生党团建设、思想政治教育工作与大学生公寓文化建设有效结合，对于引导学生党员干部直接面对学生、服务学生，提高其责任心和工作能力，活跃大学生公寓文化，改变公寓文化氛围，引导学生自觉培养和提高自身的综合素质，养成良好行为习惯，将起到十分重要的作用。总之，党团组织进公寓能够为学生提供思想上、政治上和生活上的帮助，带动学生创建健康

向上的大学生公寓文化。

（四）建立健全教育规章制度，规范学生行为

大学生公寓文化建设必须有一套完善的、行之有效的规章制度，对学生的思想、行为起到重要的制约和规范作用。只有这样，才能保证大学生有一个良好有序的学习生活环境，使大学生养成良好的行为习惯。每个宿舍成员除认真执行校规校纪，还应遵守宿舍公约，消除不文明、不道德的行为，倡导文明健康的言行举止。学校要把大学生在宿舍里的表现列入大学生德育考核的内容，督促学生遵守各项制度，用制度规范约束大学生在宿舍中的行为，从而为学生在宿舍中正常的学习、生活提供良好的环境。同时，大学生公寓管理部门还要做到定期检查，奖罚分明，调动大学生创建文明宿舍的积极性与主动性。

大学生公寓制度化、规范化管理是大学生公寓管理改革的发展趋势，深入贯彻和严格执行规章制度，对培养学生的正确思想观点，养成良好的行为习惯，形成高尚的道德风尚，造就一代跨世纪高素质人才具有重要意义。为了使学生有一个文明、优美的学习和生活环境，在制定制度时要讲究科学性，要有政策依据，既有严肃性，又有权威性，同时要充分发扬民主精神，让学生参与制度的制定，在执行制度时要坚持不懈，严格管理，尽可能地将执行结果量化并定期进行检查评比。实践证明，把这些规章制度坚持下去，就会成为学生的自觉行动，使大学生公寓文化逐步走向规范化、制度化和科学化。

第三节 大学生社团文化建设

大学生社团是高校校园文化的重要载体，是高校第二课堂的重要组成部分，是与第一课堂并行互补的素质教育育人平台。参与学生社团是学生丰富校园生活、培养兴趣爱好、参与学校活动、扩大求知领域、增加交友范围、丰富内心世界的重要形式。随着教育体制改革的不断深入和大学生学习、生活方式的改变，大学生社团日益成为高校中具有重大影响力和凝聚力的群体。大学生社团既是学生思想政治教育工作的一个渠道，又是高校育人的有效途径。大学生社团既受不同年级、不同学历、不同年龄学生的欢迎，又是在学校精神文明建设中校风、学风的重要表现形式,对于营造高校校园文化氛围,形成学校的历史传统,都起着重要作用。

一、大学生社团文化的内涵及特征

(一)大学生社团文化内涵

学生社团文化是指大学中的各类社团在长期的活动中所创造的精神财富、文化心理氛围,以及承载这些精神财富、文化心理氛围的活动形式和物质形态,是大学生社团物质财富与精神财富的总和。社团文化作为社团成员共同遵循的行为规范以及思维方式的有机整体,它的形成不是单个因素造成的,往往需要长时间的凝聚。学生社团文化包括社团活动、社团形象、社团价值观、社团精神、社团品牌和文化产品等方面,是大学生自己的文化。正是在这样自发的文化氛围中,大学生努力将自己融入社团这个大家庭中,陶冶情操,开阔视野,增长才干。

(二)大学生社团文化的特征

1. 源于学生,服务学生

大学生按照自己的需要创造文化、改造文化和评价文化。高校社团文化是大学生在实践中创造出来的,大学生发挥自己的主动性、积极性、创造性,创造出适合大学发展和他们自身发展的文化。同时,大学生在营造出来的文化氛围中,接受文化的熏陶,接受高校社团文化的教化作用,接受文化环境所赋予的情感、思想、意志、价值、意义,从而使自身各方面的能力都得到进一步提高。

2. 具有一定的目的性

人的行为源于人的需求。大学生组织或参与社团活动,经营社团,创造或改造社团文化,旨在满足自身的某种需要,如情感的需要、发展的需要、提高各种能力的需要等,是为了借助社团的力量来实现自己的愿望,达到自己的目标。

3. 在继承和创新中发展

高校社团文化是继往开来的文化,不断吸收之前的宝贵经验和优良传统。同时,社团文化在继承的基础上又有所创新、有所发展,社团文化建设鼓励集思广益，勇于创新，不断开拓进取，以打造社团文化建设独特的文化品牌。创新有利于不断丰富社团文化的内涵，有利于不断增强社团文化的时代性，还有利于不断提高社团文化的品位，使社团文化在大学中发挥越来越重要的作用。

4. 在新旧交替中发展

学校每年都会招收各地来的新生，同时也为社团文化注入新鲜的血液。正是这些新鲜的血液为社团注入源源不断的活力，让社团永葆青春，紧跟时代潮流。当然，仅仅注入新鲜血液还是远远不够的，还应吸收与融合，每个社团的一分子在享受社团文化资源的同时会尽自己的一份心力去浇灌、去耕耘、去充实属于大家的沃土。就是依靠这些朝气蓬勃的新成员，学生社团才能得到维护、加强与巩固，社团文化才能得到继承和发展。

二、大学生社团文化的功能及作用

社团是校园中因兴趣爱好、研究方向等的一致性而自发组成的学生团体，社团的最大特点是具有自愿性、松散性和流动性，大学生对社团目标、社团文化的认同是社团真正赖以生存和发展的前提，因此社团文化建设承载着其独特的功能和意义。

（一）大学生社团文化具有教育引导功能

社团文化的教育引导功能的发挥不是主要通过硬性灌输来实现的，而是通过组织和举办社团活动时所营造的环境和氛围来引导和教育学生。大学生社团是学生展示自我、提升自信的舞台，大学生社团有很多种类型，学生可以根据自己的兴趣爱好自由选择。社团每年都会举办各种各样的特色活动，为学生展示自己的才华搭建平台，深受广大师生的欢迎。精彩的校园歌手大赛是热爱音乐的大学生展示魅力的舞台，充满激情的演讲比赛是爱好演讲的同学施展才华的地方，此外，摄影大赛、书法大赛等也都是大学校园的特色竞赛。社团活动搭建了学生展示个性风采的平台，丰富了大学生的课余生活。学生在参与社团活动的过程中，既培养了自己的兴趣爱好，又结交了知心朋友，还建立了自信。

学生社团文化建设对学生的教育引导作用表现在大学生社团文化有利于学生的自我充实和自我完善，有助于引导学生全面发展。

大学生充满活力，朝气蓬勃，富有激情和创造性，是构建文明和谐校园的主要力量。学生社团根据不同学生的需要，有目的、有计划地组织和开展一些积极向上的社团活动，满足了大学生求知、娱乐、交际、表现的心理需求，促进学生全面健康发展。大学生社团是拥有共同兴趣爱好的人，为了给自己和他人创造共同交流的机会而创建的团体。参与社团活动，可以充实学生的大学生活，使之变得更加丰富多彩。学生在社团中，与其他社团成员一起团结合作、相互学习、相互帮助、相互激励、相互促进，共同为社团和自身的发展而努力奋斗，这有利于培养大学生团结协作的能力和集体荣誉感。此外，大学生在参与社团活动、提高和锻炼自己与人交往和沟通能力的同时，还有机会接触到社会上的人和事，这有利于大学生提前认识和了解社会，丰富学生的社会经验。同时，每个社团都会有相应的规章制度，社团成员必须在遵守本社团规章制度的前提下组织和参与社团活动，这更有利于提高学生的自我控制和自我约束能力。

大学生社团具有目标明确、凝聚力强、覆盖面广的特点，大学生社团积极开展丰富多彩、形式多样、健康向上的校园文化活动，包括文学、体育、科技、文艺、娱乐、竞技、社会实践和志愿服务等多种形式。这些活动覆盖了德智体美等各个方面，有助于引导和促进学生的全面发展。在举办这些活动的过程中，还为校园营造了浓郁的文化氛围，有利于形成良好的学风和校风。

（二）大学生社团文化具有发展提升功能

随着时代的进步和高等教育社会化的发展，高校大学生社团与社会的联系日益紧密。大学生在进行社团活动时，会越来越多地接触到社会，这有利于学生提高社会能力，积累一定的社会经验，培养锻炼各方面的社会技能。

大学生根据自身发展的需要来选择、组织、参与社团活动。现在高校内容丰富多彩且形式新颖的社团活动不仅为大学生提供了展示自我、张扬个性的平台，还为大学生培养各种能力和掌握各种技能创造了良好的条件，使他们掌握了一技之长。在社团活动中，大学生不仅获得了较强的自我认同感，增强了自信心，而且培养了较强的创新能力。有的学生社团还会对社员进行特殊培训，提高社团成员的技术能力。

大学生在社团活动中，可以集思广益，可以创新思考。不同的信息、不同的创意相互碰撞，不同成员间的互动越活跃，创新的动力也就越强，对培养社团成员的创新意识的作用就越大。社团由众多的社团成员组成，就像一个小社会，成员之间相互的交流越频繁，对成员交往能力的培养就越充分，社团组织走出校园的活动越多，成员的社会化程度就越高，这对于培养社团成员的社会适应性起到了非常重要的作用。这些能力主要体现在四个方面：一是组织协调能力。大学生社团活动要求全体成员参与，各自担任自己的角色，这样就培养了学生的计划、组织、控制、协调、指挥和领导能力，以及团结协作、共同攻关的能力。二是与人沟通的能力。学生参与学生社团，不可避免地要与人沟通交流，有不同的意见和想法要和其他社员沟通，遇到困难要及时与领导沟通，寻求帮助时还可能会需要与老师、社会职能部门人员以及其他社团的人进行沟通。在进行各种交流沟通的过程中，会提高学生与人交往的能力和语言表达能力。三是思维创新能力。社团活动要求学生学会继承和发展，既要吸收前辈的经验教训，更要学会如何进行创新，如何开展更有特色、更有吸引力的活动。社团活动可以调动起大学生的积极性，激发他们的创新灵感。四是实践能力和适应社会能力。社团活动为学生提供了一个走出校园、深入社会、接触社会、了解社会的机会，通过各种实践活动能够培养和提升学生的实践能力与社会适应能力。

（三）大学生社团文化具有中介功能

大学生社团是高校社团文化的基本组织单位，处在学校与学生之间的中间层，是大学生之间的自愿结合体，因而具有媒介功能、调节功能、服务功能和监督功能，是学校管理学生的中间层次和衔接点，可以发挥其双向服务功效。通过经常性的社团活动，在社团内部成员之间、社团与社团之间、社团与学校之间进行协调和沟通。学校通过社团来掌握学生的最新动态，从而调整工作思路，提高工作的针对性和实效性。

三、扎实推进学生社团文化建设

（一）加强骨干队伍建设，提供组织保障

大学生社团文化建设的首要任务是提升干部队伍专业素养。要求干部队伍在具备一定的专业素养、理论品格的基础上兼备坚毅的意志、创新的精神。

加强干部队伍建设，应坚持"因材施用"。不同性格、特长、能力的人，适合不同的干部岗位。加强干部队伍建设，就要把最合适的人选安排到恰当的干部岗位，这样才能够高效率、高质量地组织各种社团活动，才能更好地领导社团，才能让社团不断发展壮大。

建立良好的沟通交流机制，干部的培养必须以沟通为基础。社团成员只有在相互了解的基础上才能团结与合作。所以，社团之间要注重交流，有效沟通，交流经验，增进感情，共同提高，培养社团成员的团结协作意识。沟通不仅是指社团内部成员之间的交流，还包括与学校老师的交流，与其他社团的交流。社团成员之间要做到坦诚相待，信息与资源共享，社团干部尤其要注意团队内部协作精神的发扬。

要健全干部选拔制度，干部的选拔关系到社团未来的发展。学生社团要做好社团干部的培训选拔工作，选拔优秀且有特长的学生带动社团和成员的发展、进步，从而使社团成为深受学生欢迎的组织。干部最好经过严格的考核后再正式上岗，上岗后还要定期接受相关培训，不断提高干部的各种能力和素质，以适应社团发展的需要。

注重培养大学生干部队伍的综合能力。学生干部队伍是社团的核心，起着统领全局的作用。他们的综合能力从根本上决定了社团的发展状况和社团文化的整体质量。因此，从各方面培养学生干部的能力对社团的发展至关重要。要通过理论学习，增强干部队伍的理论底气，构筑干部的精神支柱；通过志愿服务活动，弘扬"奉献、友爱、互助、进步"的志愿者服务精神；通过开展丰富多彩的集体活动，培养学生干部的集体主义观念等。

（二）加强组织平台建设，搭建有效载体

大学生社团文化建设具有一定的囊括力和辐射力，能够对广大学生产生潜移默化的影响和熏陶。因此，要大力加强组织平台建设，为大学生社团文化建设搭建有效的载体，进而促进大学生社团文化的繁荣发展。加强学生社团组织平台建设要遵循几点原则：一是先进性原则。在建设过程中，必须以中国特色社会主义理论体系为指导，依照先进文化发展方向的要求，树立正确的价值观和行为规范，坚持正确的发展方向。二是创新性原则。创新则强，守旧则衰，创新带来生机，

创新意味着活力，创新孕育着发展。三是协调性原则。尊重学生的主体地位与发挥教师、辅导员在高校社团文化建设中的主导作用是并行不悖、辩证统一的，应努力实现社团活动与课堂教学活动的有机结合和互动。四是开放性原则。学生社团要树立开放意识，勇于打破系、校的界限，加强不同学生社团之间的联系、协作与交流，积极开展校际交流活动，实现资源共享，优势互补，促进社团自身发展，提高学生社团的影响力和辐射力。

（三）创新活动内容，强化活动思想性

1. 勇于创新，创立社团活动品牌

社团要坚持与时俱进、不断创新的原则，创立社团品牌活动。这是社团吸引众多同学关注、加入社团的重要前提。如果没有品牌活动，就很难在校园中树立形象、扩大知名度、增强影响力。社团要不断地创新活动内容，打造专门的品牌活动，体现社团特色，张扬社团个性，同时要借鉴优秀社团的成功经验。

2. 建立健全社团价值观

社团成员要强化一种责任意识，既要明确分工，又要默契合作；树立一种认同意识，支持社团、认同管理；培养一种协同精神，团结、协作、参与、敬业；激发一种创新精神，碰撞思想、放飞创意。社团活动所体现的思想应该是先进的、积极向上的，要在社团中树立并坚持集体主义的价值观念。

3. 重视学术交流，活泼严肃并重

社团工作要突出学术性，活泼与严肃并重。社团工作的中心是以服务社团成员为宗旨，以满足学生深层次需要为目的。活动应突出学术性，重视学术交流、科普教育、人员培训、中介服务、新技术的学习和运用以及民间交流等内容，寓教于乐，提升活动的科技含量和娱乐质量，按照专业化的水平提高活动品质，培养成员的创新能力和独特个性。

（四）建立健全规章制度，提供制度保障

在高校现有的条件下，社团的竞争归根到底是社团成员素质的竞争。社团成员流动性较强，一般情况下两个学期就要更换许多成员，能否持久地吸引更多同学参与，取决于有效的管理。大学生社团要通过增强成员的效率意识、信誉意识、创新意识，提升社团成员认同感和团队归属感，培养和造就高层次的管理人才，加强对社团的规范化与多样化管理。高校大学生社团工作的开展,应该积极发挥大学生的聪明才智和主观能动性,尊重大学生社团组织的自主管理,当然这并不等同于放任自流和不闻不问。要保证社团日常活动能够规范开展,确保大学生社团文化健康和谐地发展,就必须制定一套切实可行、便于操作、为学生所接受的规章制度,例如社团设立、资金来源、外联方式、负责人权益等规范性制度,这样才能保证学生社团工作按照一定的轨迹,有目的、有秩序地开展。通过规范性制度的科学实施才能有效地规范社团管理,有效地发挥大学生社团在校园文化建设中的重要作用,为大学生社团文化的繁荣发展提供坚实的制度保障。

第四节 高校网络文化建设

我国网络文化的快速发展,为传播信息、学习知识、宣传党的理论和方针政策发挥了积极作用,同时也给我国社会主义文化建设提出了新的课题。能否积极利用和有效管理互联网,能否真正使互联网成为传播社会主义先进文化的新途径、提供公共文化服务的新平台、创建人们健康精神文化生活的新空间,关系到社会主义文化事业和文化产业的健康发展,关系到国家文化信息安全和国家长治久安,关系到中国特色社会主义事业的全局。由此可见,网络文化建设对于国家的各项建设事业的重要性不言而喻。同样,校园网络文化建设也直接影响着大学生的思想意识和价值取向。

一、网络文化的内涵及特征

(一)网络文化的内涵

网络文化是指网络上具有网络社会特性的文化活动及文化产品。网络文化是伴随着计算机的产生而出现的,是建立在网络的发展创造之上的精神创造,以计算机及其附属设备作为物质载体,以上网者为主体,以虚拟空间为传播领域,以数字化为基础技术手段。值得注意的是,网络文化并没有创造出新的文化,而是将原文化通过新的途径传播出去,使之被赋予了网络特征,是在原文化的基础上经过慢慢发展衍生出的一种文化现象。

随着时间的推移，网络文化已经逐渐成长并迅速壮大，为人类创造出了一种新的生活方式、活动方式和思维方法，很大程度上影响着整个社会的风气和民众的思想意识。网络文化日益深入人们日常生活中，其影响力还在不断扩大。

（二）网络文化的特征

网络文化之所以迅速风靡，不断壮大，是因为它与其他类型的文化有着一定的区别，可以说是独树一帜、特点鲜明。网络文化主要有如下一些特征：

1. 开放性

网络文化的载体、运行机制，以及文化的主体和受体都具有高度的开放性。网络文化是一种共享文化，网络与网络的连接使得各种文化能够充分展现，相互交流；网络文化的运行机制给人们提供了一个宽松的环境，人们可以在一个自由的空间中接收和传播信息；网络文化的主体和受体是不计其数的广大网民，这决定了网络文化必将是大众的文化，并且有着多角度多层次的思想和精神形态。

2. 便捷性

网络文化是以计算机及其附属设备为载体的，所以相对于书、报等载体来讲，网络文化在传播上具有相当大的优势。计算机使网络文化的传播更快速、更便捷。只需随手一点，全世界的信息都会在你的掌控之中，可以说是"召之即来，挥之即去""要一条有一条，要一筐有一筐"。

3. 虚拟性

网络文化能够在短时间内得宠的一个重要原因是其以虚拟空间为传播领域，创造了与现实不同的文化环境。在这个环境中不仅有虚拟的聊天室，还有商店、饭馆、书店、医院等。人们可以足不出户就能过正常的生活。在网络空间里，每个个体都是虚拟的。在网络文化中，游戏等娱乐形式也都以虚拟的形式出现，玩家可以抛开现实，在游戏中塑造自己期望的形象，满足自己的渴望，甚至能获得目标实现的成就感。

4. 补偿性

互联网是有着巨大吸引力的虚拟空间，在这里，人们可以大胆地发表自己的意见，显露自己的聪明才智，充分展现自己的闪光点，并相互交流、相互帮助，获得尊重、友情和自我价值的实现。因此，网络文化具有"补偿性"特征。

5. 交互性

网上相互交流是网络文化的基本活动形式,是利用媒介实现信息的相互传播。通过校园 BBS、QQ、MSN、聊天室、E-mail 等开放式交互场所,实现网上一对一、一对多的在线即时对话与讨论,网上的非实时匿名公共留言区是自由言论的场所。因此,网络场所及文化给人们带来巨大便利,使各文化主体能跨越地理区域的局限性,实现充分的交流。另外,由于网络文化的虚拟性使网络文化中没有身份等级之分,没有老幼贫富之别,每个人都是平等的。网络营造出一个极好的交流环境,人们畅所欲言,不用担心别人的眼光,使得网络文化的交互性无可比拟。

6. 多元性

网络是一个大熔炉,有着各种各样的文化形态。网络是一种开放性的文化载体,形形色色的文化样式、价值观念随着网络信息的高速传递呈现在受众面前,既有经济政治、科教文卫等积极健康的内容,也不乏享乐主义、拜金主义等消极的思想内容。网络文化有如琳琅满目、五彩纷呈的超级市场,可以满足不同品位、不同心理需求的网民的需要,但同时,对民众思想意识的影响也深浅不一。

二、网络文化的功能及作用

(一)网络文化具有信息传播功能

网络文化发挥着巨大的信息传播功能,能够达到服务受众、影响受众的文化效果。网络文化的出现和发展,拓宽了信息传播的广度和深度,既可以实现面对面传播,又可以实现点对点传播。这种传播将人际传播和大众传播融为一体,融合了单向传播和双向传播的特征,在总体上形成了一种散发型网状传播结构,在这种传播结构中,任何一个网结都能够生产、发布信息,所有网结生产、发布的信息都能够以非线性方式流入网络之中。凭借这种技术上的优势,网络文化将信息传播的交互性和个性化特征发挥到了前所未有的程度,把社会、政治、经济、科技、文化、生活、娱乐等信息,通过网络文化传播到社会各个不同的领域。网络文化具有传输速度快、吞吐量大的特点,由于其自身拥有储备丰富的资源库和浩瀚的信息量,大大提高了网络文化传播的有效性和及时性。

（二）网络文化具有舆论导向功能

网络文化的舆论导向功能是指网络文化通过对新闻等各种信息的选择、解释或评论，把受众的注意力集中到当前环境中最为重要的事件上去，并提出相应的解决方案和策略。网络文化可以给学生提供一个多维的发展平台，学生从中可以获悉最近发生的大事件、大主题，可以在网络上和网友沟通交流，通过听取别人的意见，优化自己的思想，在网络上形成舆论的一致性，真正起到舆论导向作用。大众舆论从其形成上看是经过网民发表意见，思想之间相互融合达到统一，最后提出解决问题的方案或者结论的过程。所以，呈现出来的观点一般都是积极的、客观的。在这个过程中，可以纠正某些人的偏激思想，避免产生一些不良意识。另外，通过对舆论的干预和引导，可以形成一个好的社会舆论环境，对维护整个社会的稳定，促进民族团结，深化主体思想等具有重要意义。

（三）网络文化具有文化传承功能

网络文化的文化传承功能是指创造性地传承中华文明，使中华优秀传统文化得以流传发展下去的功能。文化是人类社会实践活动和认识活动所创造的物质财富和精神财富的总和。人类所获得的物质生产力和精神活动能力世世代代发展起来，人类所创造的物质成果和精神成果世世代代积累下来，这本身就是人类文化的社会历史传承过程。文化传承实质上是一种文化的再生产，是民族群体的自我完善，是权利和义务的传递，是民族意识的深层次积累。中华民族拥有5000多年的文明史，缔造了博大精深、辉煌灿烂的中华文明。实现中华民族伟大复兴，不仅取决于生产力的巨大发展和丰富的物质条件，更取决于民族文化和文明的传承与发扬。在全球化进程中，保持鲜明的文化个性，延续民族文化传统，既有利于民族国家的完整和独立，也有利于人类文明的未来发展。网络文化作为新兴的大众文化，在文化传承上发挥了很大的作用。文化的传承是一个时代必不可少的环节，但很多优秀文化在传承时流失。究其原因，在于它没有得到广泛的传播，没有形成足够的影响力，所以在传承过程中因为其功用性的弱化而被人淡忘。而网络文化的建设却可以很好地弥补这些不足之处，借助它对于信息的强大传播功能，可以及时有效地弘扬优秀文化，使各民族文化精髓有更好的传播空间。

（四）网络文化具有教育教化功能

网络文化的教育教化功能是指网络文化通过网络媒介对人们思想道德观念、行为方式进行引导和规范，使人们的心灵情感受到某些道德规范和价值理念的引导和塑造，潜移默化地获得教化。教育教化是非强迫性的情感归化，文化关切往往能够形成一种强大的软性力量，使注重人情义理的人伦秩序与人们的心灵情感水乳交融，并以此来规范人们生活的各个领域，使之成为人们的精神家园。网络文化的教育教化功能是基于某种统一的、系统化的思想价值观念体系所产生的规则和标准，是形成社会凝聚力、维护社会稳定的内在动因。网络文化的教育教化功能表现在两个方面：一是帮助人们提升个人的精神境界，使人的精神面貌发生深刻的转变；二是可以发挥其得天独厚的优越条件，通过对网络文化的调控和掌握，对民众进行良性的引导，向社会传达先进的文化与理念，使之积极参与社会精神文明建设的各项活动。

三、扎实推进高校网络文化建设

当前，网络在高校广大师生的学习、工作、生活中扮演着重要的角色。在信息化社会中，高校作为能接受新鲜事物的文化机构，也必将向信息化高校转变，网络文化的价值必然会大大提高，从而使网络文化的特殊性融合到高校文化当中，形成特殊的校园网络文化。高校要充分认识到校园网络文化建设的重要性，扎实推进其蓬勃健康发展。

（一）高度重视校园网络文化建设

加强和改进大学生思想政治教育要坚持传统方法与现代手段相结合，校园网络文化建设是高等教育深化改革，大学实现人类文化、知识传承和发展的基本基地。在信息化时代，加强加快以网络化、数字化为主要支撑的信息化校园建设，是大学走可持续发展道路的一种可行方式。校园网络使校园内部的各种信息资源得到共享，并不失时机地增加各种新的信息资源，开拓高校更为广阔的办学空间，将会始终成为推动远程教育和终身学习体系发展的核心动力，因此校园网络文化的建设不仅是"网络文明工程"建设和社会主义先进思想文化建设的需要，还是高等教育大众化的需要，更是大学发展的需要。因此，加强校园网络文化建设，使校园网络文化进入积极健康的发展轨道，依然是校园精神文明建设的当务之急，应当高度重视。

（二）积极抢占网络舆论主导阵地

要加强网上思想舆论阵地建设，掌握网上舆论主导权。为此，要营造先进的网络文化氛围，成功占领网络文化的主阵地，以正确的舆论引导人，以高尚的精神塑造人，从而影响大学生的思想意识，改变他们的关注点，接触更多有益于其精神生活健康发展的网络文化。

1. 加强正面引导，营造积极文化氛围

校园网络文化建设必须坚持导向性，引领网络文化主旋律。面对西方强势的网络文化冲击，在校园网络文化建设中，要强化阵地意识，增强现代意识，彰显文化时代特色，旗帜鲜明地传播先进文化，并且坚持以科学的理论武装人，在世界观、人生观、价值观等方面给大学生以引领和指导。通过各种教育手段、教育活动，创设积极健康的校园文化，正确引导大学生接触网络，提高学生的网络甄别能力和自我约束能力，加强社会主义核心价值体系建设与和谐文化教育，引导大学生树立正确的文化价值观，提高大学生的文化免疫力和判断力，把握正确的政治方向，如在网上设立"党旗飘飘""红色家园""入党导航"等网页，开展网上党校、网上团校、理论学习、"两课"辅导答疑等栏目，把校园网建设成为交流思想的园地，党建、团建宣传的窗口；进行正确、理智、积极的引导，使大学生认识到哪些是好的，是符合国情校情的，是可以借鉴吸收的，哪些是糟粕，是应该予以摒弃的。消除东西方文化冲突的困惑，确立科学的思维方式，进一步提高抵御西方腐朽文化渗透的自觉性。

2. 推进校园网络文化的特色化、个性化、实用化

要针对学生建立与日常生活息息相关的网络文化。例如，加设重要新闻、论文资料、娱乐休闲等板块，推进校园网络文化的特色化与个性化发展，吸引学生参与到校园网络的使用中来，从而进一步推动校园网络舆论导航阵地建设，提升舆论引导的效果。

（三）提供优质网络文化资源服务

在校园网络文化建设中，要坚持以人为本，始终把学生的需要和学生的发展

放在第一位,把学生的成长、成才作为校园网络文化建设的价值标准和最终目标,努力提升校园网络文化的科学水平、技术层次、教育功能和信息交互作用。校园网络文化以在校学生为主要受众,要把校园网络文化建设成为大学生向往的精神家园,得到学生广泛认同和欢迎,使校园网络成为学习的平台、生活的平台、心理健康服务的平台、就业指导的平台、文艺娱乐的平台,促进大学生用道德规范来处理人与人之间的矛盾,用理性战胜情绪的盲动。

着眼于高校实际,精心策划和设置,既要确保网上内容的正确性,又要使内容丰富、贴近实际、贴近生活、贴近学生。可开设富有针对性和吸引力的频道和栏目,增强校园网络文化的生命力,如开设各种论坛、心理咨询、热线服务、新闻快递、视频点播等栏目,提供各种网上学习资源等,以此拓展第二课堂空间,传递丰富的文化知识,增强网络教育的吸引力和感染力,促进大学生自主学习、创新学习,使他们在体力、智力、心理和伦理等方面都得到全面协调发展。此外,还可通过设立网络信箱、网络聊天工具等,随时与学生进行平等的沟通与交流,及时回答和解决学生提出的有关学习、生活、工作等各方面的问题,切实做到以人为本。

(四)加强监管,构建网络文化规范

建设一支强有力的网络文化队伍是校园网络文化向深层次发展、向高品位发展的重要保障,要搞好校园网络文化的建设与管理,必须加强校园网络文化的队伍建设。要按照提高素质、优化结构、相对稳定的要求,培养一支思想水平高、网络业务强、熟悉学生思想状况和上网规律的网络思想政治工作队伍。这支队伍的构成应该是多层面的,既要有专家教授及时传播学科前沿信息,又要有院校领导实时进行正确舆论引导;既要有职能部门管理的规章制度及对政策的解释,又要有骨干教师的答疑解惑等。其中,网络思想政治工作队伍尤为重要,加强对领导干部和思想政治工作人员的网络技术培训,培养他们的信息意识、网络文化意识、网络管理能力等是网络文化队伍建设的当务之急。高校要凭借这支工作队伍,努力实践并着力打造绿色网络校园,营造良好的网络行为规范氛围。

要建立功能全面、多级防范的网络管理体系,对校园网络资源进行净化和规范,及时过滤各类虚假信息、非法信息,处理垃圾信息,对网上出现的苗头性、

倾向性问题加强教育疏导，把握正确导向。努力建立健全校园网络管理规范和制度，加强技术监控和网络安全工作的力度，使师生形成自觉约束和相互监督的网络行为意识。同时，要努力培养青年学生的道德自律意识，提高网络道德素质，使学生把网络道德和网络技术置于同样重要的地位，提高对网络信息的识别能力以及面对不良信息时的自控、自律能力和自我调节能力，无论在何种情况下，都能自觉抵御有害信息的干扰和侵蚀，遵守合乎时代要求的信息道德规范。通过加强网络监管，营造健康的绿色校园网络文化氛围，使校园网络成为弘扬主流文化、优化校园环境、塑造校园精神、培养合格人才的有效载体。

大学校园网络文化的发展，离不开对网络文化自身的研究。高校应把网络文化视为一门学科，成立专门的研究机构，抽调专职的研究人员，深入开展多角度、多层次的跟踪调查和理论研究，研究网络文化心理、行为、现象等。用现代科技知识和现代的教育观念武装头脑，更好地按照科学的理论与方法开展工作。要着眼于实际问题的研究。例如，校园文化面对网络文化的渗透应如何发挥扶正祛邪、激浊扬清的作用，如何利用网络来开展校园文化建设，如何将网络文化与传统文化有机融合，深化校园文化的内涵等问题，都迫切要求人们进行深入的研究并作出新的理论解析。

第五节　高校工会文化建设

高校工会是在学校党委领导下，教职员工自愿结成的群众组织，是学校党政联系教职员工的重要桥梁和纽带，是学校党群工作的重要组成部分，肩负着组织和教育广大教职员工依法行使民主权利，发挥主人翁作用的重任。高校工会文化建设是高校校园文化建设的一个重要组成部分，应深入开展并加强高校工会建设，探讨高校工会文化建设的新思路、新形式、新手段，积极发挥高校工会组织在校园文化建设中的作用，从而有效推动整个高校校园文化的发展。

一、高校工会文化的内涵

高校工会文化是高校工会组织长期以来形成的共同理想、基本价值观、工作作风、工作习惯和行为规范的总称，是高校工会组织在工作实践中创造的具有高校工会特色的精神财富的总和。

高校工会文化是高校工会物质文明、精神文明、政治文明的宝贵结晶；高校工会文化是高校工会组织共同理想、优良传统、科学态度、创新意识、不懈追求的集中体现；高校工会文化是全体会员广泛认同、普遍信守的行为准则、道德规范；高校工会文化是传统文化、制度文化、群众文化等外在文化和深层底蕴的综合反映；高校工会文化的核心管理理念是以职工为本、以维权为本，内增凝聚力、外增知名度；高校工会文化是全体会员共同创造、共同享有的不可复制、无可替代的、最宝贵的无形资产。

高校工会文化的灵魂是高校工会精神，高校工会文化的核心是价值观，包括个体的、群体的和社会的价值观。高校工会文化是社会文化与高校工会工作长期互动所形成的文化观念的产物，以全体会员和职工为工作对象，通过宣传、教育、培训和文化娱乐、交心联谊等方式，最大限度地统一会员和职工的意志，规范行为，凝聚力量，为高校工会总目标服务。高校工会文化是高校工会领导倡导、培植并身体力行的结果，通过各种方式灌输到全体会员和职工的日常行为中去，是日积月累形成的。高校工会文化一旦形成，就会反过来对高校工会组织发挥巨大的影响和制约作用。

二、高校工会文化的功能及作用

高校工会通过开展高校工会文化建设，可以丰富高校校园文化建设内容，缓解教职员工的精神压力，增强教职员工的凝聚力。

（一）高校工会文化具有精神调剂功能

高校工会文化建设以丰富多彩的文体活动为载体，寓教于乐，培养教职员工的集体主义精神，唤起教职员工心中的情感共鸣，是校园文化的有机组成部分。高校工会通过开展校园文化活动来调剂参与活动的教职员工的思维和一般心理状态，从而发挥良好的精神调剂功能。

一是娱乐休息功能。丰富多彩的校园文化活动可以使教职员工在工作之余，得到轻松愉快的休息，为身心健康发展创造良好的环境。

二是情感宣泄功能。人的情感需要宣泄，丰富的校园文化活动为广大教职员工的情感宣泄提供了表现形式和途径。

三是审美熏陶功能。一个良好的校园环境和活动场所是一部立体的、多彩的、富有魅力的、无声的教科书，是校园文化所衬托出的人文精神的化身，是校园文化建设的重要方面。

（二）高校工会文化具有宣传教育功能

高校工会通过校园文化活动的形式将教职员工汇聚在一起，充分发挥高校工会的效能，宣传党的群众观点和群众路线，明确教职员工在自主办学过程中的主体地位，宣扬学校改革与发展所取得的各项成就，从而起到信息传播、陶冶情操、规范行为等作用，使广大教职员工以主人翁的姿态积极投入教书育人、管理育人和服务育人的工作中去。健康、有益的校园文化活动，不仅能够丰富校园文化生活，加强教职员工之间的深度交流，而且能够提升教职员工的思想素质和文化品位，培育教职员工的团队精神，凝聚教职员工同心同德的办学激情。通过营造良好的高校工会文化氛围，引导广大教职员工积极参与到高校工会文化建设中来，从而促进教职员工提高思想认识，跟上形势的发展，增强使命感、责任感，真正做到"学高为师，德高为范"[①]，树立起良好的师德形象。

（三）高校工会文化具有知识拓展功能

校园文化来源广泛，内容与形式丰富多彩，活动的范围和规模较广，为广大教职员工大显身手提供了良好的机遇和活动平台。高校工会通过开展演讲比赛、经验交流会、座谈讨论会、知识竞赛、参观学习等，或通过现身说法，学习身边的先进模范人物，能够使广大教职员工在参与活动的过程中传授知识、交流经验，实现娱中求乐、乐中求智，充分发挥其拓展知识的作用。高校工会通过结合教师的职业特点，定期举办高水平的人文学术讲座、主题读书会，帮助教师更新知识，开阔视野。高校工会通过定期举办教师喜闻乐见的书画摄影展览、艺术演出、体育比赛等文体活动，鼓励并创造机会让教师在业余时间参加人文社科类继续教育。高校工会文化建设通过采取这样一些行之有效的方法可以发挥其知识拓展功能，切实提高教师的人文综合素养。

---

① 赵临龙. 以"学高为师德高为范"加强高校师德建设[J]. 工会博览：理论研究，2009（7）：2.

（四）高校工会文化具有团结凝聚功能

和谐的校园文化建设，归根到底是要提高广大师生员工的素质。只有大家团结凝聚在一起，共同努力，这项建设工作才能达到目的。因此，高校必须树立全员共建和谐校园文化的意识。强化校园文化共建意识，必须发挥领导者的领导作用、教师的主导作用、学生的主体作用、服务员工的服务作用，这样才能营造良好的校园文化氛围。而高校工会是教职工的家，为教职员工活动提供了公用平台，通过营造良好的氛围，积极开展高校工会文化建设，能够充分发挥其上传下达、团结凝聚的纽带作用，将各相关部门联系起来，使和谐的校园文化能在群策群力中健康发展。

总之，高校办学目标和理念的实现，需要团队精神、合作精神、人文精神和科学精神。而高校工会文化建设，通过开展各种有益活动，能够培养和激发教职员工的这些精神，强化教职员工的集体荣誉感，从而能有效地发挥团结凝聚的作用。

三、扎实推进校园高校工会文化建设

（一）着力构建高校工会物质文化

高校工会物质文化是指高校工会的物质条件构成，是能被人们直接感知的客观存在的实体文化，是高校工会文化的物质基础和外部表现形态，其存在形式为物理空间布局、校园环境、建筑布局、人文景观、学科专业、师资队伍、教学设施和手段等有形事物。物质文化是高校工会文化的基本保障，是高校工会文化持续发展和延续传承的物质载体。科学范式下的高校工会物质文化建设，注重文化的延续性。一种文化的形成需要长时间的积淀，高校工会物质文化也是如此。高校工会物质文化的形成要经过长时间的发展，不可盲目地采取拆旧建新的办法；要尊重历史，挖掘历史留下的宝贵财富，应尽可能地使老的环境朴素庄重而不显陈旧，新的环境清新明快而不失典雅。要为后人留下可创造的空间，实现高校工会物质文化建设的可持续发展。同时，要注重文化的人文性。高校工会物质文化是自然人化的结果，其物化着人的价值目标，是文化的表现和标志，要让高校工会里的每一个物件都作为文化符号，浸透着一定的文化意蕴，承载着一定的文化信息。文化蕴含越丰富，其潜在的文化功能就越强。另外要注重文化的独特性。不同高校的工会由于院校历史、传统以及客观条件的差异，会各具文化特色，所以必须因地制宜、扬长避短、展现个性，体现高校工会自身独特的个性文化追求。

（二）努力建设高校工会制度文化

建设高校工会文化，不仅需要观念的支撑，而且需要制度的保障。制度也是文化，是高校工会文化的外在表现，不同的制度，蕴含着不同的价值观念和发展理念，为教职工的活动提供不同的现实可能的空间，科学有效的制度体系又反过来培育和营造高校工会文化。科学范式下的高校工会与制度文化建设，一是尊崇人本理念。高校工会制度体系要顺应人才战略的需要，建立有效的激励机制，创新人才工作制度，努力营造一种可以充分发挥优秀人才创造才能的良好环境，以更广阔的视野、更宽阔的胸怀、更科学的制度，保障培养、引进、使用优秀拔尖人才。二是尊崇法理原则。高校工会必须不断根据国家法律、法规的要求，在法律允许的框架内，结合单位的发展适时制定规章制度，完善制度体系，使各项工作都有章可循。高校工会制度文化建设的基本价值取向，就是要使人的积极性、能动性、创造性和潜能都得到最大限度的发挥。在高校工会内部管理制度方面，要建立一种崇尚学术研究的管理制度，营造一种竞争的氛围，激励全体员工全身心投入工作与创新之中。

（三）精心培育高校工会精神文化

精神文化是高校工会文化的核心，是高校工会长期实践并经过历史的积淀、选择、凝练、发展而成的，高度成熟并为广大高校工会会员所一致认同。居于内核地位的精神文化包括信仰追求、价值观念、思维模式、道德情感、心理状态等在内的高校工会整体价值观念。科学范式下的高校工会精神文化建设，一是突出方向性。充分考虑文化的意识形态属性，坚持先进文化的前进方向，遵循构建社会主义和谐文化的要求。二是突出民族性。高校工会文化建设要传承中华优秀传统文化，塑造民族精神，维系民族文化血脉，彰显民族文化活力。高校工会精神文化是高校工会的灵魂，是最高文化价值的追求，也是为职工提供精神动力的源泉。

建设先进的高校工会精神文化应做到三方面：一是强化高校工会意识。高校工会意识是高校工会文化的基础,要让每个劳动者增强高校工会意识,明确权利义务,认同并渴望加入高校工会,产生归属感。二是强化服务意识。要加强高校工会干部队伍自身建设,努力为会员服务,解难事、办实事、做好事,推动共享共建、共建共享。三是强化宣传,扩大高校工会影响力,为高校工会工作造势,树高校工会品牌、立高校工会形象、扬高校工会声誉。有条件的高校工会组织可实施高校工会新闻发言人制度,从更加权威、专业的角度发挥高校工会在服务大局、促进发展、维护职工合法权益中的积极作用。

第七章　高校校园文化建设与创新发展

要促进高校更好地发展，就要加强高校校园文化的创新发展。本章主要介绍高校校园文化建设与创新发展，包括高校校园文化建设现状、基于跨文化交际的高校校园文化建设、校企文化建设融通发展三部分内容。

第一节　高校校园文化建设现状

一、高校校园文化建设取得的成就

（一）校园基础设施建设较为完备

大学校园物质文化是一种物化的文化形态，是学校一切物质条件的总和。物质文化不仅是高校校园文化建设顺利进行的基础和前提，而且是高校校园文化育人的重要载体和途径。大学校园基础设施相当于为大学生提供良好的生活和学习园地，图书馆、教学楼、实验室、自习室、报告厅是大学生在校学习的主要场所；食堂、宿舍楼是给在校师生提供良好食宿条件的地方；操场、篮球场、体育馆等给在校师生提供锻炼身体的空间。学校图书馆的藏书量和阅读座位、学校自习室座位数量及管理模式、操场、篮球场、体育馆体育设备的数量和质量、校园花草树木植被的覆盖率等，通过创建宜人的环境，使师生在审美的同时愉悦身心，进而激励自我潜能的发挥，全身心投入学习和科研项目中。大学校园通过合理谋划基础设施建设，抓好教学楼、图书馆、自习室、报告厅、宿舍楼、食堂、操场、体育馆等场所的建设和管理工作，在一定程度上为师生提供学习和展示自我的平台，为高校校园文化育人提供基本条件。

（二）大学精神日益深入人心

大学要实现育人目标，需要做好高校校园文化建设，引导大学生树立科学的世界观、人生观和价值观，形成健全的人格。在大学培养人才、创新科技、更新理念、传授知识、传承文化、服务社会等功能中，校园文化育人是大学价值教育体系的灵魂与核心。大学精神是大学在悠久办学实践过程中积淀的文化精髓和价值理念，大学精神凝聚大学的办学理念、办学理想和追求目标，建设优良高校校园文化及充分发挥高校校园文化育人功能要完善大学精神。大学精神深入人心，能为师生提供全方位的指引，在特定时空条件下通过凝聚校园人的上进心和进取心，将其转化为具体的奋斗目标，形成广大师生的精神支柱和发展动力。

例如，西南联合大学在民族危亡之际诞生，西南联大的学生可以在继续学业和亲赴前线两种方式中选择一种来实现救国的抱负，结果西南联大的学生大都选择了通过继续学业、提升自我来救国的方法。革命先辈陈寅恪满怀救国大志，但他没有像他父亲一样在卢沟桥事变后以绝食的方式殉国，而是去往西南联大，给广大学子传递知识，他相信救国必须以理论知识的学习和精神层面的教化为基础。抗日军政大学"坚定正确的政治方向，艰苦朴素的工作作风，灵活机动的战略战术"的办学理念，培育造就出一大批著名的抗日军政人才，在抗日战争中发挥了重要作用，为抗日战争的胜利做出了重要贡献。北京大学"兼容并包、思想自由"的大学精神，激励北大师生不断拼搏、向往自由，使北大成为新文化运动和五四运动的发源地。各所大学的大学精神日益深入在校师生内心，为师生未来的发展提供明确指引。

（三）校园文化管理制度逐渐完善

完善的高校校园文化制度体系建设不仅给大学的管理提供参照，方便营造自由与纪律并存的校园文化育人保障氛围，而且关系到高校校园文化育人的可持续发展。中国人民大学、华中师范大学、武汉理工大学等部分高校根据国家和社会的要求以及自身实际，明确大学的办学理念、办学目标、理想追求、办学精神管理体制、规章办法、行为范式及各项重大规则，对在校师生的行为规范作出明确的指导，完善高校自主管理、自我约束的机制。在整个联动管理机制中，在校师生的任何行为都有章可循，有"法"可依，在一定程度上为高校校园文化育人提供保障。

（四）师生课余活动多元化

当代大学生综合素质的培养和提高，不应只局限于理论课堂，课外活动对身心发展也有不可忽视的作用。校园文化活动具有生动活泼、形式多样、调动性强、参与性强的特点，多元文化活动的开展，可以丰富师生课余生活和娱乐生活，从贴近师生的生活与学习实际出发，使在校师生更心甘情愿、自觉主动地接受教育，在耳濡目染中受到熏陶和塑造，达到的效果往往更佳。在满足师生文化需求的同时，结合文化活动的内容和价值导向，引发师生对自身认知和行为的反思，促进师生在活动中知行合一。广大师生在自己喜闻乐见的文化活动中亲身感受教育内容，提高内化教育内容的效果，如"格桑花"、"冯志兵爱心社"、"青志协"志愿服务团队、"学雷锋"研讨会、"学马列·读原著"研讨会、大咖讲座、学术沙龙、参观校史馆、博物馆、"红色遗址研学"、参加辩论赛及学校各大社团定期的活动等，师生在走出课堂、走出校园，踏上志愿服务的征程中，培养了团队意识和奉献精神；在捐献爱心和帮助贫困弱小的过程中体验基层生活的冷暖；在大咖讲座和学术沙龙中，学习并领悟大咖的思维方式、看问题的角度及意识，提高自主创新能力；在参观博物馆、校史馆的过程中加强对学校发展历史的认知，进而增强归属感和认同感；在读书报告会上通过分享自己所看的好书，看别人看的书，学习看书、做读书笔记的方法，增强对学习的兴趣；在红色革命遗址研学期间，回顾历史，感受革命先辈不屈不挠的奋斗精神，强化爱国主义情怀和践行中国特色社会主义事业的使命感；在辩论赛与其他同学"争锋"的过程中提升辩论口才能力；参与社团组织的各种活动，提高学生参与热情、积极性及组织管理和与他人团结合作的能力等。多元的文化活动丰富师生课余生活，使师生在课余时间不只是待在办公室或宅在宿舍、百无聊赖，而是有很多课外活动可以参与。在参与这些文化活动的过程中，不仅能够锻炼自身能力、提高综合素质，而且丰富多彩的校园文化活动也活跃了校园整体文化氛围。

二、高校校园文化建设的发展趋势

（一）校园文化的传递性特征日益突出

文化具有传递性，随着各高校之间日益频繁的交流，先进的校园文化必然会不断地传递，并通过各种途径使校园文化向开放型、多校共享式的校园文化转移。

（二）从精英化教育到大众化教育的转变

校园文化建设参与者和受益者的范畴都有了新的扩展，将校园文化更好地向普通学生群体进行了延伸。

（三）校园文化的政治教育功能越发明显

校园文化建设的内容更加凸显了思想政治教育的作用，各高校通过开展各类主题教育，组建理论学习型社团等形式来加强大学生坚定的政治立场和信念。

（四）从寓教于乐的基本功能向多种功能扩展

寓教于乐是开展校园文化的基本功能，其功能发生了新的扩展，丰富的内容和多样的形式不仅深化了对学生的综合教育和身心娱乐的作用，也使得校园文化的德育、导向、激励、凝聚等功能得到了进一步确立和发挥。

（五）校园文化建设的内容、形式日渐多样化和规范化

高校作为极具活力的文化环境，始终走在文化传播和发展的前沿，大学生广阔的视野和思维，不断推动着校园文化的创新。校园文化建设的规范化主要包括两方面的含义：一是校园文化的诸多要素已成为学校教育、教学工作不可或缺的一部分，二是作为校园文化活动主体的学生群体组织上朝着规范化方向发展。

三、高校校园文化建设的优秀成果实例

北京大学生电影节诞生于1993年，于每年4～5月举办，是经国家广电总局、教育部和北京市委批准的。每年，北京大学生电影节均会展映优秀的国产影片，该校以中国电影为载体，积极推进校园文化建设。

大学生办、大学生看、大学生评是北京大学生电影节的最大特色，"大学生拍"也是北京大学生电影节的一项特色。从2000年开始，组委会鼓励大学生自主创作电影并允许作品参加电影节的评奖。这一做法可以使大学生感受电影艺术魅力，也能从中知晓大学生对中国电影的看法和愿望。电影节设置的最佳系列奖项以及第九届增设电视电影展播与评奖，都由大学生和专家组成的评委会评定。评委由专家评委和学生评委构成，而大学生评委又占据大部分席位，达到总评委人数的四分之三。此外，还有广大高校直接投票评定的最受大学生欢迎的导演、男演员、女演员奖三个奖项，这也是大学生电影节特有的奖项。这些奖项都会在闭幕颁奖晚会现场隆重颁出。电影与高校校园文化建设相结合的新颖创举取得许多国际上的大学生电影节的密切关注，北京电影节的目光不再局限于国内，已于2011年4月开始每年举办一次国际电影节。

北京师范大学以电影节为校园文化的新载体，创新高校校园文化建设的新路径，展示高校校园文化建设的新成果。高校通过举办电影艺术节建设校园文化，利用影展进行学术研讨，在不知不觉中向高校学生普及了影视知识，真正做到了

寓教于乐，集中业内专业人士对电影事业进行深入、全面的探讨和研究，继续推动高校校园文化建设又快又好地发展。高校通过举办电影艺术节，不仅培养了学生的民族自豪感与责任心，更树立起了自己独特的文化品牌。

学生公寓是学生学习、生活和交流的重要场所，是一个不容忽视的教育阵地。为了创新文化载体，拓展育人平台，西安工程大学积极贯彻党的教育方针和政策，加强大学生文化素质教育，在临潼校区学生公寓建立了文化素质教育基地。学校在学生公寓文化素质教育试验区的建设中不断创新，逐步摸索形成了一套行之有效且适合自身特点的工作思路、工作方法与步骤，这就是"一项机制、二项标杆、三项引导、四星服务、五进公寓"的"一二三四五"公寓文化素质教育模式（图7-1-1）。

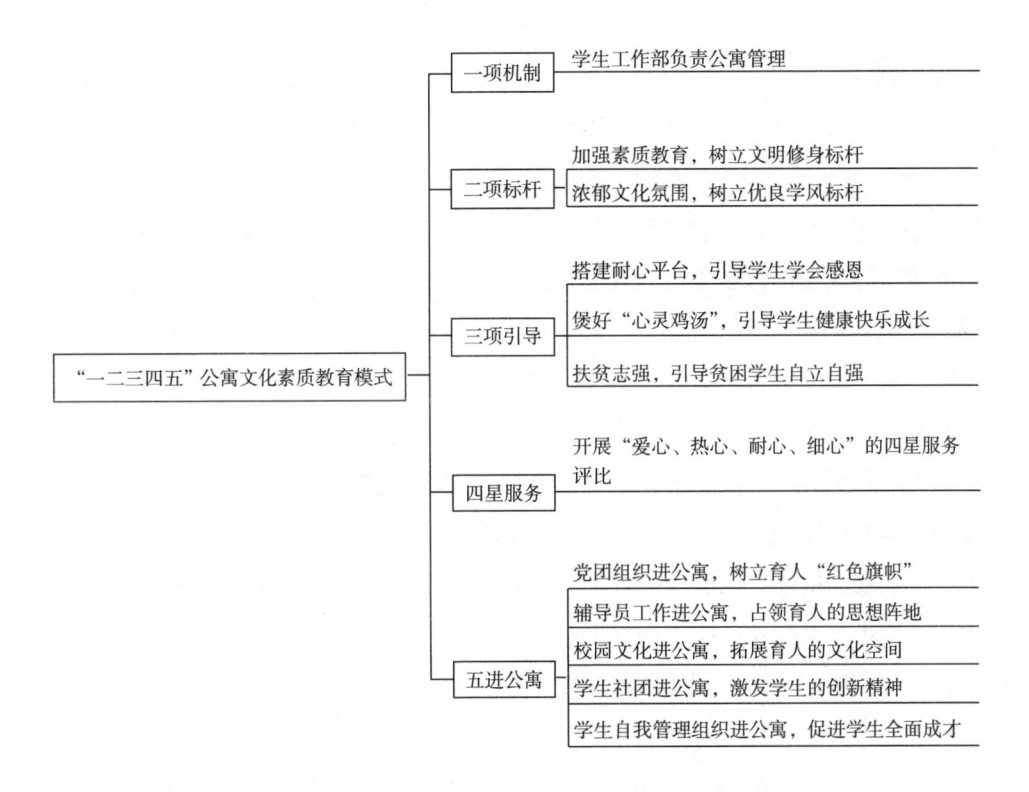

```
                                    ┌─ 一项机制 ── 学生工作部负责公寓管理
                                    │
                                    │              ┌─ 加强素质教育，树立文明修身标杆
                                    ├─ 二项标杆 ──┤
                                    │              └─ 浓郁文化氛围，树立优良学风标杆
                                    │
                                    │              ┌─ 搭建耐心平台，引导学生学会感恩
"一二三四五"公寓文化素质教育模式 ──┼─ 三项引导 ──┼─ 煲好"心灵鸡汤"，引导学生健康快乐成长
                                    │              └─ 扶贫志强，引导贫困学生自立自强
                                    │
                                    ├─ 四星服务 ── 开展"爱心、热心、耐心、细心"的四星服务评比
                                    │
                                    │              ┌─ 党团组织进公寓，树立育人"红色旗帜"
                                    │              ├─ 辅导员工作进公寓，占领育人的思想阵地
                                    └─ 五进公寓 ──┼─ 校园文化进公寓，拓展育人的文化空间
                                                   ├─ 学生社团进公寓，激发学生的创新精神
                                                   └─ 学生自我管理组织进公寓，促进学生全面成才
```

图 7-1-1 "一二三四五"公寓文化素质教育模式图

公寓内设立了自习室和阅览室，作为第二课堂的补充，24小时开放，并且开通校园网，方便学生浏览图书资料、参与网上课堂学习和与任课教师之间进行的

交流，为学生营造了良好的学习氛围，促进了良好学风的形成。将校园文化建设的触角伸到学生公寓，正是体现了校园文化"润物细无声"的渗透作用，使得高校的校园文化建设不再显得刻意。无处不在的文化学习氛围彰显了学生公寓文化素质教育实验区对校园文化的宣传和感染作用，扩大了高校校园文化的影响力。

第二节 基于跨文化交际的高校校园文化建设

高校的首要职能是人才培养，需要围绕培养什么人、怎样培养人、为谁培养人这一根本问题来开展各项工作，落实立德树人根本任务，培养德智体美劳全面发展的社会主义建设者和接班人。新时代高校校园文化建设要深入贯彻落实习近平总书记关于教育的重要论述，全面提升校园文化建设水平，建设体现时代特征和学校特色的校园文化，打造具有鲜明特色的校园文化品牌，把学校建设成校园环境优美、教育理念先进、育人氛围浓厚的立德树人主阵地。

在教育全球化背景下，教育国际化成为高校的必然选择。教育对外开放不断推进我国高等教育的国际化进程，来华外国留学生数量持续增加，由中外学生融合而成的国际化校园成为常见的校园模式。

不同国家和地区的学生带来了各自的历史、文化、思想和观念，多元思想文化相互交融、交锋和交流，跨文化活动成为多元文化背景下校园文化建设的必然选择。如何在中外学生共同参与的跨文化活动中加强思想引领，使大学生坚定"四个自信"，践行社会主义核心价值观是高校校园文化建设必须解决的问题。如何通过中外学生的交流互动使大学生不出国门就能具备国际视野，提高跨文化适应能力，培育家国情怀，将实现中华民族伟大复兴的时代责任和历史使命内化于心、外化于行，也是高校校园文化建设面临的时代课题。

在中外学生融合的校园，多元思想文化的交流和传播会给大学生的思想道德、价值观念和行为方式带来影响。所以，高校要强化校园文化的育人功能，以社会主义核心价值观来引领高校校园文化建设，充分发挥校园文化的熏陶作用，这对大学生的思想政治教育和健康成长至关重要。

高校校园文化建设作为全员全过程全方位育人的有机组成部分，可以通过跨文化活动的平台，使大学生践行社会主义核心价值观，坚定"四个自信"，提高大学生思想政治教育的效果，这对培养高素质国际化人才具有十分重要的意义。

北京语言大学是一所以语言文化教育和语言文化研究为特色与优势的多科性国际型大学，是我国中外语言、文化研究的学术重镇和培养各领域优秀人才的摇篮，素有"小联合国"之称。在人才培养模式上，学校以"四个回归"为根本遵循，构建贯通、培优、特色、协同的人才培养机制，培养专业基础扎实、综合素质优秀、具有国际视野和良好跨文化交际能力的高素质国际化应用人才。学校依托中外学生融通教育以及多元文化校园环境的特色与优势，从跨文化交际的视角进行校园文化建设，创建了多个颇具规模和影响力的特色品牌校园文化活动，对于高校的国际化人才培养和校园文化建设具有一定的借鉴和示范作用。

一、跨文化交际和高校校园文化相关概念界定

（一）交际能力和跨文化交际能力

"交际能力"一词最早由美国社会语言学家海姆斯提出。[1] 海姆斯将交际能力定义为"在何时何地以何种方式对何人谈何种内容的能力"，其具有四个要素：可能性、可行性、适当性和有效性。[2] 可能性强调语言形式的语法性；可行性强调履行的可行程度；适当性强调上下文的合理、恰当搭配；有效性则强调能够实际完成。加拿大学者卡纳勒和斯温进一步发展了海姆斯的交际理论，并将交际能力划分为语法能力、社会语言能力、话语能力和策略能力。[3]

跨文化交际能力是一个错综复杂的概念，"跨文化"一词的使用表明外语学习者既要了解自己国家的文化，又要了解目的语国家的文化，还要注意外语交际情境中发生的跨文化交际现象。跨文化交际能力是一种跨越文化边界进行交流和互动的能力，是个人与来自不同文化背景的人们进行有效交流和互动的能力，是一种基于跨文化知识、技能和态度，在跨文化语境下进行有效的、适当的沟通的能力。有效性是实现个人期望的结果的能力，而适当性则需要交际双方满足交际

---

[1] 杨梅. 试论英语教学中交际能力的培养[D]. 长春：吉林大学，2005.
[2] 何慧刚，李芸. 论第二语言学习中的交际能力[J]. 湖北经济学院学报（人文社会科学版），2005，2（5）：3.
[3] 刘言. 初中英语课堂的有效性及有效教学方法浅析[J]. 软件（教育现代化）（电子版），2016（3）：293.

情境的期望和需求。

从交际能力和跨文化交际能力的概念可以看出，交际能力更多强调言语行为和话语能力，期望交际双方准确无误地传达信息，却忽略了文化因素对语言使用的影响。跨文化交际能力则强调文化对交际行为的影响，除了准确传达信息，交际双方还需要了解彼此的文化以保证交际的得体性。

（二）跨文化交际视角下的高校校园文化

随着经济全球化的不断深入，文化多样化、社会信息化持续推进，开放、交流、合作的时代潮流日趋强劲。在这样的背景下，任何一个国家都可以在与外部世界密切的互动交流中取得进步。

高校作为最具包容性的场所，吸引着来自世界各国的人才，多元文化融合已成为高校的发展趋势，直接或间接的跨文化交际日益频繁。为满足学生跨文化交际的需求，高校校园文化建设逐渐呈现出国际化趋势：一方面，在课堂上，教师通过设计相关的课堂活动，尽可能地呈现目的语国家的文化；另一方面，高校努力为学生创设跨文化交际的情境，举办丰富多彩的校园文化活动，并鼓励学生参与其中，主动学习和了解其他国家的文化，使文化输入和文化输出有机结合，培养学生的跨文化交际意识，提高学生的跨文化交际能力，从而使校园中的跨文化交际行为有效且得体。

二、跨文化交际基础理论

1959年，美国人类学家霍尔在《无声的语言》一书中，首次将人类学中的文化和交际结合起来，提出跨文化交际的概念，该书也因此被誉为跨文化交际学的开山之作。[1] 随后，众多学者对跨文化交际现象进行研究并提出相关理论，其中使用比较广泛的有以下三种理论：

（一）言语代码理论

美国华盛顿大学传播学教授菲利普森于1992年提出了言语代码理论，该理论认为交际行为在文化层面存在不同的代码，并集中研究人们如何在文化的影响下与他人交际。言语代码理论可概括为以下三个前提假设：

---

[1] 赵丽. 论大学英语教学中的文化传输 [D]. 南京：南京师范大学，2005.

第一，每一种文化都有其特定的言语代码，在特定的时间被特定的一群人使用。因此，在跨文化交际中，交际双方的第一个疑问可能是他们来自哪里。

第二，言语代码包含一系列体现文化差异的心理学体系、社会学体系及语言风格。某些态度、价值观、心理状态是某些文化所独有的。因此，在跨文化交际中，交际双方要尊重彼此的文化特征。

第三，跨文化交际的成功依赖于交际双方理解彼此所使用的言语代码。在实际交际中，言语代码经常显现。例如，来自不同文化的成员打招呼的方式不同、用餐礼仪不同等，人们可以通过观察成员的交际行动来研究他们使用的言语代码，进而巧妙地使用言语代码来避免跨文化交际中的不得体行为，提高交际效果。

（二）面子协商理论

最早系统地探讨面子问题的学者是美国社会学家戈夫曼，他以戏剧作比喻，认为人与人交往时总希望利用一定的手段给他人留下特定的印象。[1]

近年来，华裔学者丁允珠于1998年提出的面子协商理论备受关注。该理论认为面子的建构是双方协商的过程，成功与否取决于交际双方的努力。[2] 在交际过程中，交际双方积极建构自己的面子，同时需要给予对方面子，维持自己的面子与维持对方的面子是相辅相成的。在跨文化交际研究中，所有文化中的人在所有的交际情境中都努力保持和协商面子，来自不同文化背景的成员对他人"面子"的关心程度会有所不同，这种差异导致他们会用不同的方式来处理冲突。因此，在跨文化交际中，交际双方要了解彼此文化中对"面子"的关心程度，以采取恰当的方式进行交际。

（三）跨文化调适理论

跨文化调适理论由美国俄克拉何马大学传播学系教授金荣渊于2001年提出。[3] 在跨文化调适过程中，没有人天生知道该怎样在这个世界上应对各种各样的事情，而是慢慢学会将社会环境与环境所在的文化联系在一起，因此来自不同文化背景的成员在诸多方面会存在较大的差异。

---

[1] 董江艳. 微信表情包与自我形象表达——以"拟剧理论"进行分析 [J]. 青年记者,2016(29): 2.
[2] 孙洁琼. 对泰汉语课堂中泰国学生面子冲突与策略研究 [D]. 广州：暨南大学, 2017.
[3] 李腾子. 跨文化适应综合理论与来华留学教育 [J]. 四川教育, 2023（12）：45-45.

在跨文化交际中，交际双方不仅要重新认识自己的文化，还要接受各种文化差异。文化差异促使交际双方去认知和学习新的文化体系中的符号与行为方式，以保证跨文化交际的成功，这也成为文化适应的前提。

每一次调整适应变化的经历都会伴随着个人的心理压力，一方面，个体想要保持原有的文化身份，另一方面，又需要与新的环境保持和谐状态。不适应的状况和压力感会促使个体克服困境并采用调适的行为来养成新的习惯。在压力和调适逐渐达到平衡后，个体将出现不易察觉的成长。然而，"压力—调适—成长"并不是顺利、平稳、线性发展的，而是按照辩证的、循环的、迂回的方式发展的。只要存在文化差异，"压力—调适—成长"的过程就将继续存在，并整体向更加适应和成熟的方向发展。在适应新文化的初级阶段，还很有可能出现突然的、巨大的变化。在经历了较长时间后，这种压力和适应的波动将逐渐缓和，直到最后与个体内在的状况相融。

跨文化调适是一个过程，在交际活动中产生，交际是必要载体，没有交际也就没有调适。跨文化交际的成功一方面依赖于交际双方的跨文化交际能力，另一方面要求交际双方通过观察彼此的言行举止来获得更多的信息。

除了上述三个理论，还有一些理论从不同视角阐释跨文化交际现象。文化身份理论认为一个人的文化身份是通过构成特性（由标志、解释和意义组成）和规范特性（由行为指向和行动能力组成）相互融合而成的。[1] 在跨文化交际中，交际双方是拥有多元文化身份的个体，每个个体的价值取向和目标需求各不相同。因此，为了实现成功的跨文化交际，必须采取回避的态度，假设"一致性"，承认对方的多元文化身份。

美国得克萨斯大学奥斯汀分校心理学教授斯旺于1987年提出"身份协商"的概念，强调在社会交际过程中存在两个竞争过程的张力，在这一过程中，信息源和信息接收者都鼓励对方按照自己所期望的方式行事。身份协商理论认为跨文化交际能力体现为"在新的交际情节中交际双方之间的有效身份的协商"，即人们越是求同，就越注重内部群体与关系界限，越是求异，就越会拉大自己与他人的距离。[2] 能否处理好这一辩证关系，会影响到人们在身份协商过程中的应变能力。

---

[1] 徐明玉. 斯图亚特·霍尔文化身份理论的生成轨迹[J]. 沈阳师范大学学报（社会科学版），2019，43（4）：6.

[2] 胡超. 跨文化交际：E-时代的范式与能力构建[M]. 北京：中国社会科学出版社，2005.

人们在自我认定中越觉得安全，集体信心越强，在跨文化交际中也就有越强的应变能力。

美国伊利诺伊州立大学传播学教授库帕克和日本西南学院大学传播学研究教授今堀（Tadasu Todd Imahori）的身份管理理论以人际交往能力为基础，扩展到跨文化交际能力。①该理论以关系理论和人们综合处理文化问题的能力为基础，同时结合了身份协商理论和文化身份理论等相关理论，分析如何运用"面子工作"中的策略在具体交际中积极地挽回或维护交际双方的面子，从而帮助交际双方实现有效且得体的交际。

这些理论进一步表明文化作为影响交际行为的重要因素，需要得到交际双方更多的关注，如今随着世界各国联系的日益密切，跨文化交际已不可避免。但是，不同的文化个体在诸多方面都存在差异。比如，交际双方拥有不同的言语代码、对"面子"有不同的认知，甚至在交际预期上也存在差异。因此，在跨文化交际中，交际双方要正视彼此之间存在的文化差异，在保持自己文化身份的同时，尊重对方的文化身份，通过身份协商，实现跨文化调适，并不断提高自身的跨文化交际能力，最终实现成功的跨文化交际。

三、基于跨文化交际的校园文化活动路径和特征

（一）校园跨文化活动的路径

《国家中长期教育改革和发展规划纲要（2010—2020年）》中明确提出："提高我国教育国际化水平，培养大批具有国际视野、通晓国际规则、能够参与国际事务和国际竞争的国际化人才。"②多数专家和学者都认同以七个关键词的形式对国际化人才进行概述：宽广的国际化视野和强烈的创新意识；熟悉掌握本专业的国际化知识；精通国际惯例；较强的跨文化沟通能力；独立的国际活动能力；较强的运用和处理信息的能力；必须具备较高的政治思想素质和健康的心理素质，能经受多元文化的冲击，在做国际人的同时不至于丧失本国的人格和国

---

① 梁清. 跨文化交际视角下高校校园文化建设理论与实践[M]. 北京：时事出版社，2021.
② 中华人民共和国教育部政府门户网站. 国家中长期教育改革和发展规划纲要（2010—2020年）[EB/OL].（2010-07-29）[2023-06-10]. http://www.moe.gov.cn/jyb_xwfb/s6052/moe_838/201008/t20100802_93704.html.

格。跨文化沟通能力作为其中的一个关键词，具有重要的意义。跨文化活动作为第一课堂的补充、拓展，其目的就是弥补第一课堂文化输入不足的问题，为学生营造一个跨文化交际的平台，使中外学生能进行文化交流，培养学生的跨文化交际意识，提高学生的跨文化交际能力，努力把学生培养成高素质的国际化人才。

为保证校园跨文化活动的顺利开展，实现预期目标，可以从以下四个方面着手：

第一，明确跨文化活动的定位。跨文化活动的目的是让学生走出课堂，拥有一个介绍本国文化、了解他国文化、增进彼此了解的平台。只有在这种真实的文化交流与碰撞中，学生才能感受到跨文化交际的魅力。因此，跨文化活动要紧紧围绕这一定位策划和设计。

第二，内容的设计在一场成功的校园文化活动中非常重要。以提高学生跨文化交际能力为宗旨的校园文化活动要坚持"以学生为本"的理念，从学生的实际需求出发，让每一位参与其中的学生都能感受到校园文化活动带来的益处，从而提升全体学生的跨文化交际能力。此外，高校作为传承中华优秀传统文化的重要阵地，在推动社会发展与人类精神进步方面发挥着重要的作用，作为第二课堂的校园文化活动应注重与中华优秀传统文化相结合，学生在努力学习他国文化的同时，更需加深对本国优秀传统文化的学习，增强文化自信。

第三，加强宣传，推广先进的舆论传播机制。跨文化活动应不断创新宣传理念和思路，推广先进的舆论传播机制。要利用大数据的先进技术，充分发挥新媒体的作用，融合"互联网+"模式，搭建全方位、多样化的宣传平台。例如，通过短视频、音频、动图等形式，引发学生关注，推动文化活动二次甚至多次传播，从而吸引更多学生参与其中。

第四，成功的跨文化活动还需要完善的人才保障机制。大学应该为有能力的师生提供设备和资金支持，不断激发师生活力，鼓励师生充分结合本土文化和本校特色，创造出更多形式创新、品位高雅、内容积极向上的跨文化活动，共建优质国际化校园文化活动品牌。

总之，一场优秀的跨文化活动需要在活动定位、内容设计、宣传媒介及人才保障等方面不断努力，通过创建更多的品牌活动，使之成为学生第一课堂的有益补充，逐步提高学生的跨文化交际能力。

（二）校园跨文化活动的特征

在国际交流日益频繁的背景下，国家对人才的国际化素质要求日益提高，跨文化活动作为校园文化活动的一种特殊形式，受到越来越多的关注，并为越来越多的院校所采用。跨文化活动通常有以下特点：

第一，从活动宗旨来看，跨文化活动以文化为主题，注重不同文化背景的参与者进行相互交流与学习，旨在通过对各国文化知识的学习，将文化输入与输出有机结合起来，使中外学生能相互了解、开阔眼界、增长见识、减少文化冲突、求同存异，培养学生的跨文化交际意识，提高学生的跨文化交际能力，以保证交际活动的有效性与得体性。

第二，从活动形式和活动规模来看，跨文化活动不受教学计划和教学大纲的限制，形式更为灵活，可表现为英语角、外文短剧、演讲比赛、"一对一"中外语伴见面会等。活动时间可长可短，规模可大可小，既可以是跨校的或全校范围内的大型活动，也可以是以系、专业、年级、班级为单位开展的中小型活动。与其他校园文化活动相比，跨文化活动以互动性活动为主，注重中外学生间的语言交流，旨在为中外学生提供真实的多元文化环境，让参与者切实感受到跨文化交际的魅力，不仅可以提高自己的外语能力，也锻炼了自身的跨文化交际能力。

第三，从活动内容来看，文化存在于各国的历史、建筑、文化习俗等各个层面，活动内容要尽量体现出多元文化的异同，以培养学生对文化差异的敏感性，使其能在以后的跨文化交际中注意到这些异同。

第四，从活动参与者来看，跨文化活动受众广，既有中国学生，又有外国留学生。

总之，跨文化活动旨在通过各种方式加强文化输入，培养学生的跨文化交际意识，提高学生的跨文化交际能力。

四、基于跨文化交际的校园文化活动与实例

（一）庆典活动

校园文化活动是校园文化的重要组成部分，从不同角度可对校园文化活动进

行区分和归类。如按照活动举办频次，可分为日常活动和非日常活动；按照活动举办规模，可分为中小型活动和大型活动；按照活动参与人员，可分为校内活动和社会活动等。其中的庆典类活动，兼具非日常、规模较大、面向社会等特点，且具备较强的参与性、传播性和话题性。通常，高校也倾向于抓住庆典类活动的机会"外塑形象、内铸精神"，在打造校园文化品牌的同时，发挥其凝聚校内师生精神文化共识的重要作用。

1. 庆典活动概述

从人类学和社会学的"仪式理论"来分析，庆典活动作为广义"仪式"中的一种，是由一系列富有意义的符号构成的象征体系，表征着其背后神圣的精神世界。目前社会上流行的一种说法是"生活要有仪式感"，其实就是对"仪式"背后精神内涵的直观阐释。就高校而言，"仪式"背后便是高校的价值观、大学精神。高校庆典活动通过仪式来展示、传播大学精神，具有独特的基于理念认同的价值引领功能。庆典类活动作为校园文化生活中的重要事件，绝非简单的程序性的日常工作安排，而是承担着传递价值观念、强化集体认同的功能期待。

事实上，国内外一流高校都非常重视校园庆典活动。包括哈佛大学、耶鲁大学、牛津大学、剑桥大学在内的著名学府，每年都会在节庆日举行隆重的庆典活动，并请著名校友和各界名流出席。有的大学的活动设置还延续着初创时期的风格，形成独具特色的校园文化传统。目前我国很多高校在坚持扎根中国大地办教育、办好中国特色社会主义大学的前提下，积极参考借鉴国际上先进的理念和做法，加速构建中国特色的高校庆典活动模式。

近年来，高校庆典活动形式愈加多样、内容越发丰富、受关注程度越来越高。在网上搜索"高校文化节"等关键词，会得到上千万条搜索结果。一般来说，每个高校都有围绕重大节日和重要时间节点举办的庆典活动，如运动会、文化节、学术节等。这些活动一方面极大地丰富了高校校园文化氛围，使高校师生的校园生活更加丰富多彩；另一方面使高校价值观、大学精神在活动中不断得以凸显。但我们更应清楚地认识到，庆典活动的"初心"仍然是在活动过程中实现对学生的教育和引导，而不是为了办活动而办活动。高校要通过庆典活动来展示学校发展过程中的标志性象征符号、传递重要价值内核、传达自身的教育理念，实现育人功能，要把主要庆典活动塑造成学生精神文化生活中的一场盛宴。

"庆典"通常指"隆重、喜庆的仪式",一般承载着较为重要的价值内核,通常在一定范围内会产生较大的影响。放眼古今中外,不乏对庆典重要性之描述。中国是礼仪之邦,早在春秋时期孔子便全面阐释了"礼"的思想,"礼"至今仍是人们日常生活的规范。在5000多年的中华文明史中,"礼"作为一整套的文化规范,全面影响了中国社会的各个方面,为各种庆祝、节日、节气和重大事件而设计的"庆典典礼"充分起到凝聚人心、汇集人气、传承文化的重要作用。西方文明史中也充满关于庆典活动重要性的记载。例如,让人耳熟能详的奥运会,其起源就是古希腊人为祭祀神祇宙斯而举行的体育竞技方面的典礼活动。

今天的大学应该从"立德树人"这一崇高使命出发,积极发挥庆典活动的重要作用,充分挖掘其中的教育内涵和文化意蕴。庆典活动的"初心"和"使命"应当是服务教育,使庆典活动回归教育功能本位,以"文化活动"的形式来落实育人目标。就高校庆典活动而言,主要有以下两点特征:

第一,从文化形态来看,高校庆典活动不属于观念文化和物质文化,而是一种超越日常行为的"超常"行为文化。庆典活动的"超常"特征首先体现在活动"频率"和"频次"上。众所周知,高校庆典活动不是日常行为,不可能经常举办,只是偶尔或定期发生,否则就失去了其重要的象征意义。频率太高的话,客观上会导致活动"仪式感"降低,进而沦为日常性活动。其次体现在活动的"目的"上。高校庆典活动提供的是超越日常需要的满足,表达了对某种精神价值的追求。这种超越日常需要的满足,通常不属于高校的日常事务,换言之,是高校日常教学科研之外的额外"任务"。最后体现在活动的心态上。参与者在庆典活动过程中,心态发生了变化。这种变化通常表现为对日常生活状态的超越,参与者会因庆典活动所传达的理念而有所触动,进而有所感悟。

第二,从结构要素来看,高校庆典活动是由一系列意义符号构成的象征体系。以北京语言大学世界文化节活动为例,通过安排所有参与国家的学生进行巡游表演和舞台展示,彰显了学校的国际化特色,传递了学校对学生成长为具有国际视野和跨文化交际能力人才的期望。通过一系列环节设计和安排,原本活动的理念意义得以具体呈现,活动传递的精神价值对仪式参与者产生了直接影响,使得参与者能够更加直观、全面、真切地感受庆典活动的深刻内涵。

法国社会学家涂尔干(Emile Durkheim)把世界划分为"神圣性"和"凡俗性"

两大领域[①],仪式的存在依据便是"神圣性",使其超常于日常生活行为,这一命题同样适用于把握高校庆典活动的本质。高校庆典作为一种仪式行为,其本质就存在于和现实相对的理想、和物质相对的精神以及和"凡俗性"相对的"神圣性"上。高校庆典一方面把精神层面的事物、理念向外传达出来,另一方面也是对精神、价值的确证。高校庆典中由一系列行为、环节构成的程序是活动的表层结构,这些行为符号背后隐藏的是深层的理想或精神结构。因此,高校庆典不能仅仅被视为一种形式,甚至被简单粗暴地贬斥为形式主义,而应该被看作一种重要的文化形态与值得关注的精神现象。

高校庆典活动的实质是对高校价值观、大学精神的呈现、展示与传播,具有重要意义。

庆典活动能够孕育出别具一格的大学文化。对一所大学而言,大学文化主要体现在历史传统、价值观和理念、教学管理风格和特色、师生员工的素质和行为规范、物质设施等方面。此外,学校的办学定位、模范人物、文化活动都是构成大学文化的基本要素。校级层面的校庆可以在审视回顾办学传统的前提下,重新对学校当今的定位与价值进行考量,确定未来的发展规划与转型方向,这对于构建特色校园文化具有决定性意义。

庆典活动呈现独特的大学精神,并使之可感知、可体验。每所大学都有其独特的物质外壳和实体结构,这些是构成大学的外在元素。但是真正使大学具有本质上区别、赋予大学"特殊性"的是大学的精神,或称大学的使命。大学的精神或使命可以概述为人才培养、科学研究、社会服务、文化传承与创新、国际交流合作等内容,但每一所大学对其有自己的理解与阐释。高校庆典的可贵之处,在于使大学精神现实化,使参与者亲身体验活动背后隐藏的大学精神。比如,在北京语言大学的世界文化节活动中,参与者通过扮演文化交流使者这一特定角色融入整个活动过程,而活动预设的精神价值便在各国人士互动中体现出来并得到体验、内化和深化。在文化节活动中,参与者在欣赏他人展示的同时也实现了自我展示,体验到的是自己作为共同体一员的存在状态。庆典活动参与者正是通过这些仪式行为体验到作为大学精神共同体成员的存在感,实现了大学精神体验的自我强化。

---

① 石慧琳. 涂尔干的家庭"神圣性"思想[J]. 西部学刊,2020(4):4.

庆典活动激发大学精神的创新。唯物史观指出人民群众是历史的创造者[1]，高校庆典活动正是激发大学精神创新的重要场合，活动的参与者实际上都在推动着大学精神的创新。基于庆典活动的持续性和反复性，高校得以不断将最新的时代精神和价值理念融入活动中，不断重构大学精神的要素。不断更迭的参与者在仪式中也会对大学精神产生积极反思，提出创造性诠释，成为创新大学精神的源头活水。

庆典活动可以增强师生自豪感，提升学校凝聚力。一所大学的内涵、底蕴是随着大学的发展而逐步形成的，并最终成为大学的特色之所在。这些独一无二的内涵和底蕴会对学校教学科研、管理等各个方面产生深远而持久的影响，进而影响到全体师生员工。高校举办庆典活动的过程，其实也是重现学校重要历程、重温学校思想底蕴的过程。这有助于师生熟悉学校历史，强化对学校传统的认同和理解，进而增强心中的自豪感、自信心，形成强大的校园凝聚力。

2.庆典活动策划

（1）庆典活动基本原则

高校庆典活动要尽量做到"四个契合"，即活动内容契合高校价值观、活动规模契合高校资源优势、活动形式契合高校师生习惯、活动目的契合高校事业发展需求。成功的庆典活动一定是"四个契合"的和谐统一，忽视任何一项都会让人感觉活动留有遗憾。

第一，庆典活动内容要契合高校价值观。各高校均有其独特的历史传承，在这一过程中也沉淀下不同的价值观，有的高校注重继承传统，有的注重开放创新，有的注重兼容并包。同样的庆典活动，在不同的学校举办，可能效果会完全不同，其主要原因就在于与高校价值观的契合程度上。这一点是直接决定活动能否成功举办的首要因素。以北京语言大学世界文化节活动为例，北京语言大学作为全国唯一一所对来华留学生进行汉语教育和中华文化教育的国际型大学，其价值观高度凝聚在"德行言语，敦睦天下"的校训中，体现了北语人致力于向世界传播汉语、弘扬中华文化、构建人类命运共同体的胸怀和追求。与这一全体北语人高度认同的价值观的契合，就是世界文化节系列活动能成功举办二十年的最大秘诀。北语的教师、学生都认为，世界文化节这种规模和氛围的活动"只能出现在北语"。

---

[1] 冯冬梅，吴娟. 简论胡锦涛的群众观 [J]. 河北青年管理干部学院学报，2009（5）：3.

这并不是说其他高校没有能力举办此类活动，而是表达了广大师生对活动内容的认可，认为此活动与学校的价值观是高度契合的。

第二，庆典活动规模要契合高校资源优势。规模是庆典活动的重要因素，但绝不是首要因素，更不是唯一因素。庆典活动想采取多大规模，必须考虑活动形式、活动场所、安保要求等诸多因素，特别是要与高校资源优势相契合。北京语言大学之所以多年来能够坚持举办世界文化节和"东院文化节"活动，且基本保持每年有来自世界许多国家的国际学生参与，主要原因就是很好地契合了学校在国际学生方面的资源优势，其优势就在于北京语言大学丰富的国际学生资源。不难想象，假如不具备如此丰富的国际学生资源，国际文化交流类的活动是很难成功举办的。总之，高校庆典活动应采取多大规模，要本着实事求是的原则，从高校自身资源优势出发，充分考虑诸多因素之后慎重决定。

第三，庆典活动形式要契合高校师生习惯。高校中称得上"庆典"的活动一般具有一定的历史传承，这些活动既是高校师生积极参与校园文化建设的产物，同时也在塑造着师生的接受习惯、欣赏习惯、行为习惯等。不符合师生习惯的庆典活动，往往反应平平，甚至会产生相反的效果。例如，在整体氛围宁静祥和的高校，师生行为习惯也多偏好清净，渴望保持安静的学习与生活状态。如果执意举办一项持续一周、每晚都要在图书馆前吹拉弹唱的活动，肯定会遭到师生的反对。高校举办庆典活动，要尽量摒弃"求新、求趣、求特"的思维，要把庆典活动视为生长在独特校园文化土壤上的一棵树。树木要枝繁叶茂，就需要长时间耐心地浇灌、修剪，"十年树木，百年树人"[①]。要真正把庆典活动做成富含教育意义、能够服务于"立德树人"的活动。

第四，庆典活动的目的必须符合高校事业发展需求。庆典活动要有明确的目的以及期望实现的意义，否则，就是在浪费资源，挤占校园学习生活空间。从绩效的角度来看，庆典活动必须能切实推动高校事业发展，不然必定是入不敷出的。北京语言大学第十六届世界文化节，其吸引了近100个国家和地区的留学生参加，其中有多个国家的使馆工作人员出席活动，多个国家的大使莅临活动现场。[②]因为活动的聚集效应，学校也顺利邀请到北京市、海淀区的多位领导参加。整个活

---

① 尹铭玮. 十年树木百年树人 [J]. 百科论坛电子杂志，2020（13）：1229.
② 北京语言大学新闻网. 海淀报：第十六届世界文化节在海淀开幕 [EB/OL]. （2019-05-22）[2023-06-10]. http://news.blcu.edu.cn/info/1025/16801.htm.

动给各界嘉宾留下深刻印象，为学校带来潜在的发展资源。同时，学校还将世界文化节活动当天设为"校园开放日"，吸引了大批考生和家长来现场感受北语的国际化氛围，提升了招生宣传力度。此活动还兼顾了北语附中、附小的需求，现场邀请部分中小学生和家长来参与，进一步扩大了活动的覆盖面和美誉度。综合来看，这一活动是符合学校发展需求的。

（2）庆典活动注意事项

第一，坚持有限创新。高校庆典活动一是需要创新，但必须是"有限创新"，要把握好庆典活动承继和创新的关系，不能偏颇。庆典活动中蕴含着丰富的历史传承，承载着高校师生的行为习惯，是"大学精神"的重要体现，是第二课堂教育的生动实现手段。因此，举办庆典活动要警惕盲目创新。庆典活动的主要价值与活动的长期性、持续性紧密相连，是活动的核心优势。盲目开创"首届"庆典活动或者创新庆典活动，难保活动"不变味、不变质"，反而会取得相反的效果。二是要警惕庆典活动"从不创新"的现象。从不创新的庆典活动失去了庆典活动最重要的"仪式性"，实则沦为普通的日常活动。综上，要在坚持传统优势的基础上进行适度的创新，确保参与者感觉每次参与活动"有惊喜、有收获"，但不是"求新、求趣、求特"。一次庆典活动中的创新项目控制在20%～30%为宜，即假如将庆典活动作为一个项目来进行管理，单次活动中的创新行为最好不要超过项目总行为量的30%。若超过30%，可能无法很好地平衡传承与创新之间的关系，也可能使筹备过程压力过大，导致筹备工作存在问题和隐患。

第二，高度关注可行性。论证活动的可行性并不是简简单单考虑一下活动能不能举办，而是要考虑活动能否实现其目的，并将成本控制在一定范围内。没有实现目的的活动和成本大幅超过预算的活动，实际上都是不具有可行性的。所以，举办庆典活动时，要认真、严肃、细致考虑活动的可行性。可行性有狭义、广义之分。狭义的可行性是指活动"能否"举办；广义的可行性要考虑很多因素，主要包括对社会舆论环境、对活动面临的安全压力、对促成活动的各方因素成熟度的把握等。简言之，狭义的可行性关注的是结果，而广义的可行性关注的则是过程。例如，活动面临的安全压力，是能否举办活动的首要考量。庆典活动通常规模较大、场地较集中、人数较多，安全问题应是重中之重。各地公安机关一般对此类活动的形式、流程有非常详尽的要求，高校作为主办方，要严格遵守相关规定,不能心存侥幸。如果在研判过程中发现安全压力过大,超出学校所能承受的范围,一定要坚决停止活动,避免产生无法承担的严重后果。以北京语言大学世界文化节为例,为了保障现场参与者的安全,活动主办方连续多年主动压缩规模,采取发放分时段门票、设立分会场等形式,将现场人数一再压缩。人数压缩之后,现场看似没有之前热闹,但其实提升了每一个参与者的参与感和舒适度。门票等限流形式客观上也增加了活动的仪式感,让参与者能够更好地体验活动所传达的精神内涵。同时,压缩规模也为当地政府、公安部门减轻了负担,各方能够投入更多精力到活动本身,实际上提升了活动质量。

第三,客观看待绩效评价。从绩效角度来看,庆典活动似乎投入越少、效果越好,就越称得上成功。事实上,实际情况要复杂得多。一是不能盲目压缩庆典活动的投入,很多投入是不可缺少的。例如,与保障活动安全相关的开支,包括安检设施的租赁或购买、安保人员的补贴甚至临时聘用安保人员的开支,都应当予以充分保障。绝对不能以追求所谓的绩效为名而盲目节省本不该节省的开支。二是庆典活动的效果其实很难进行量化评价。纵使可以从参与者数量、媒体曝光率、社会反响程度等角度来评价一个活动,但这仍然是不够充分和全面的。因此,绩效不应当成为高校庆典活动的首要评价标准。对于常年举办的庆典活动来说,开支一般是可预计的,预算较为可控,活动绩效的提升不能聚焦在节省开支上,更应关注活动的整体效果。

3. 庆典活动实例

下面选取北京语言大学最具特色的两个庆典类活动,分别是北京语言大学世界文化节系列活动、北京语言大学外国语学部东方语言文化学院东院文化节活动来举例说明。两个活动各有特色,世界文化节系列活动规模较大、覆盖人数较多,校方各部门各司其职,校方主导作用明显。东院文化节活动扎根于专业特色,由学院举办,以展示日韩文化为主,形式轻松时尚,深受同学们喜爱。之所以选取这两个案例,是希望从两个不同的角度展示活动全过程,全面、立体地了解高校庆典活动的各个方面。

(1)北京语言大学世界文化节系列活动

①基本情况

北京语言大学世界文化节系列活动是全国高校中历史悠久、影响广泛、规模较大、层次较高的中外学生文化交流活动，已成功举办多届。系列活动一般会持续整个 5 月，由 2~3 场大型主题活动和若干场中小型活动组成。其中，游园会是世界文化节系列活动中特色最鲜明、最具代表性的活动。第 16 届世界文化节游园会吸引了来自多个国家与地区的近万名国际学生参与，学生身着本国传统服饰、手持国旗穿越整个校园，向沿途观众展示世界各国文化。

之后，各国学生代表登上操场中心舞台进行国家展示，此环节通过汉语、英语、法语三种语言进行实时播报。展示环节结束后，中心舞台举办游园会开幕式及各国文艺展演，国际学生则返回各国展棚，在展棚内外进行本国美食、音乐、服饰、旅游等文化展示，游客可通过参观展棚活动、亲身参与文化体验、与留学生亲密互动等，了解各国文化风情。徜徉其间，参与者会不由自主地生出"学在北语、游遍世界"之感。因此，文化节游园会也享有"迷你世博"的美誉。

②历史沿革

北京语言大学世界文化节活动创办于 2003 年，自创办之日起，就把"展示世界各国多元文化，传播中华优秀传统文化"作为活动主要目的，该活动是国内高校中历史最悠久的国际文化交流庆典活动之一。2017 年之前，世界文化节的主题活动是文化节游园会，再辅以数个小型活动。从 2017 年起，主办方将世界文化节扩展为为期一个月的系列活动，由主题活动、文化节游园会和多个中小型活动组成。例如，文化沙龙活动、跨文化论坛、多国艺术展演等，活动基本会持续整个 5 月。

③组织机构

从 2003 年起，世界文化节活动一直由校团委指导校学生会完成，其定位也是非常明确的"学生活动"。

随着规模的不断扩大，活动的举办越来越需要校内的各部门通力合作，"学生活动"的定位在某种程度上已无法充分体现活动蕴含的巨大价值。2018 年，学校成立北京语言大学世界文化节工作领导小组，明确活动主办方为北京语言大学。领导小组办公室设在校团委，由校团委牵头，指导校学生会、校研究生会、志愿服务总队、红十字会学生分会、中外学生艺术团等学生组织，以及校内学生社团合作完成。

以 2019 年第 16 届世界文化节系列活动为例，主办方为北京语言大学、海淀区委区政府，承办方为校团委、学生处、校学生会、海淀区委宣传部学院路街道办事处。其实，除主办方、承办方，还有许多部门和学生团队参与其中，世界文化节实际上已经成为全体北语人共同的节日。

④运营思路

鉴于世界文化节活动规模较大，筹备周期较长，社会关注度较高，近年来主办方开始逐步尝试采用项目管理的方法运营整个活动。按照时间划分，整个项目分为筹备阶段、实施阶段、收尾阶段。筹备阶段为期2～3个月，实施阶段为期2～3周，收尾阶段为期1～2个月。

在筹备阶段，整个项目架构分为办公室、国际学生组、志愿者组、宣传组、运营组。

办公室主要负责制定日程和里程碑事件，督促各组及时完成任务，做好内部资源调配工作。

国际学生组负责联络所有参与活动的国际学生，与各国负责人逐一核定需求，明确活动相关要求。

志愿者组负责招募、管理文化节过程中所需的所有志愿者，核定志愿者工作时间，拟定保障激励方案。

宣传组负责制定活动宣传方案，在活动举办前宣传造势，联络各大新闻平台及媒体。

运营组则主要致力于挖掘各方资源和需求，将其与活动进行对接，服务学校整体发展。

随着项目进行到实施阶段，整个项目运营架构调整为办公室、嘉宾接待组、展区组、舞台组、志愿者组、媒体组。项目进入收尾阶段后，整个项目架构再次调整为办公室、志愿者组、媒体资料组、宣传组。

从这里可以看出，世界文化节系列活动的运营管理方式是动态的，可以根据不同阶段及时跟进调整内部架构，具有很强的应对变化、满足需求的能力。

⑤基本安排

以"北语零时差 步履无国界"北京语言大学第16届世界文化节游园会为例。

时间：2019年5月19日9：00—16：30

地点：主干道——万国巡游

风雨操场——万国博览

风雨操场中心——舞台及嘉宾区

逸夫报告厅前广场——活动区

流程：7：50 巡游队伍集结

9：00 巡游队伍出发

9：30 巡游队伍进入风雨操场

10：00—10：30 游园会开幕式

10：30—16：30 各国文化展示

16：30—17：30 结束清场

（2）北京语言大学外国语学部东方语言文化学院东院文化节活动

①项目背景

"东院文化节"是北京语言大学外国语学部东方语言文化学院主办的品牌校园文化活动。该项目以"丰富校园生活、锻炼学生团结工作能力、提升学生文化素养"为目的，以班级或学生社团为单位举办，学生可自主决定展示内容和展示形式。

"东院文化节"活动主要由两部分组成。一是展台，每个展示单元在活动当天都会有专属展示区域，负责人会进行展棚搭建及装饰布置，将所要推广的文化元素进行直观展示。展台是正常活动的"主心骨"，所有展台均由学生自主策划完成，每年都会吸引众多学生和教师的目光。二是舞台表演，不仅有北语的中国学生在舞台上不遗余力地展现自我风采，留学生乃至外校同学的积极参演也给来宾们留下极为深刻的印象。"东院文化节"向校内其他学院学生以及其他高校师生开放，在每年的5月如期而至，为前来参观的人们展现中外文化交融的独特魅力。东亚文化和而不同，中外文化在这里碰撞融合，各国青年聚集于此相互学习，增进了解，收获友谊。

②项目理念

A. 走出传统课堂，深入文化探索

参与文化节的学生利用课余时间，结合所学的专业知识，自主进行展台设计及活动编排。文化来源于人们生活中衣食住行各方面的沉淀，学生可从饮食、服饰、音乐、娱乐竞技等多角度出发，自主进行传统美食、服饰文化、传统游戏等方面的体验与学习，旨在为文化节来宾带来最富各国文化特色的板块，展示出各国别具一格的文化魅力，同时增进东院学生自身的文化底蕴与专业素养，提高其跨文化交际能力，在了解文化的基础上进行更加系统的语言学习，以提高学习兴趣与效率。

B. 中日韩文化碰撞，促进交流发展

北京语言大学是留学生来华学习汉语和中华文化的首选学校，每年有来自世界各地的留学生来此学习生活。"东院文化节"活动希望通过日韩校园中喜闻乐见的"学园祭"类活动，吸引日、韩留学生共同参与，通过文化节的形式把中日韩的文化直观地表现出来，实现不同文化的相互碰撞，促进不同国家文化的交流互鉴。

活动当天，所有的文化展台及表演舞台均设在北京语言大学篮球场的露天场地，面向所有师生开放，每年都会吸引校园中的各国学生、教师、教职工家属甚至校外学生前来体验特色展台并观看节目表演，不同国家的学生驻足文化展台，聆听各展台负责人对相应文化主题进行讲解，并亲自体验展台中介绍的传统项目，如折纸、捞金鱼、茶道等，近距离感受东方文化的魅力，对中日韩三国文化能够起到良好的宣传作用。

C. 培养当代大学生自主创新能力

校园文化是社会主义精神文明在校园中的体现，校园文化节是高校教育中不可或缺的一环，"东院文化节"活动积极响应"三全育人"中"全方位育人"的要求，在校园文化建设中鼓励学生自己动手动脑进行展台及节目的规划与实施。环节包括背景资料收集、组内讨论、与留学生沟通合作、联系商家采买或租赁活动所需材料（食材、展台道具、手工艺品原材料、服装等）、节目设计与编排，在筹备及实践的过程中培养学生独立自主、团队协作及创新的能力。

D. 展示学子风采，推进素质教育

就如同建筑作品中的一砖一瓦彰显设计者的匠心，"东院文化节"中的文化展台及节目演出也能展现出北语学子的创造才华与文化艺术素养。文化节为学生提供展示自我风采的平台，使学生得以施展才华，以艺载德，以艺促智。同时，"东院文化节"活动与大学生的学习和生活紧密结合，致力于锻炼学生的综合能力，有利于学校发掘人才、培养人才，从而推进学校素质教育工作的深入实施。

③项目方案

"东院文化节"在北京语言大学外国语学部和校团委的关怀和指导下，由外国语学部东方语言文化学院主办，东方语言文化学院学生会承办，于每年5月中旬在北京语言大学篮球场盛大开幕。具体实施过程如下：

A.策划与召集

项目筹备工作于每年3月启动，在院系负责人及辅导员的指导下确定主题及规模，并由学生会进行活动方案的制定，群策群力，对活动的准备流程进行梳理与完善。同时，面向全校本科生进行活动宣传及工作部署，主要参与者为东院大一新生，要求各班全员参与，建立展台制作及节目表演工作组，并设立团队负责人机制，便于统筹沟通。同时，鼓励全校各年级专业的学生自由组队，并面向各中外学生组织及社团进行主持人、节目表演团队、展台团队的召集。

"东院文化节"在不同时段开启舞台演出环节，演出节目包括东方文化特色的歌舞、武术、走秀等形式，鼓励学生积极创新，使来宾在不同展台体验中日韩传统文化的同时，也能够享受到来自这三个东方国家的青年学生精心呈现的视听盛宴。在承办史中，主办团队不断总结经验，如今已有完善的活动制作流程。对于场地申请、宣发材料制作及推广、节目及展台审核、活动彩排等各环节，均有成熟的时间线制定与分工。整个项目的筹备团队从学院辅导员到学生会成员再到各班学生，全员参与，形成完备的人员体系。

B.院内院外宣传

通过学院微信公众号、任课教师、各院系辅导员等多渠道，对活动进行宣传推广及预热。

通过在公众号科普日韩文化节历史背景，推送往届"东院文化节"精彩瞬间、优秀展台介绍等内容，加深学生对文化节的了解，提高学生兴趣，鼓励学生为展台策划者提供灵感，同时也借此吸引有才艺的同学报名舞台节目表演，一展风采。

通过各院系公众号联动，协助号召全校学生参与支持。此外，主办方积极联系各学生组织，如主持队、韩语协会、动漫社、舞蹈社等，向筹备组推荐优秀人才，使"东院文化节"的内容更加丰富多元。

通过各院教师及学生的推广，也能够吸引到许多外校学生报名参加节目表演。在筹备工作的中后期，对活动进行多方位宣传，制作好宣传视频、海报、传单、易拉宝、"游园"攻略及"游园"地图等,吸引广大师生前来体验。

C. 主持人、展台、节目审核选拔

主办方根据报名情况对项目的各组成部分进行严格审核。在参与人员中,东方语言文化学院新生班级要求全员参加;此外,学生会、校内学生社团及东院高年级(大二、大三、大四)学生自愿参与。选拔出中日韩三国优秀青年(每语种1~2名)担任主持。至于展台的初审及复审,初审中围绕各展台的设计理念、文化元素、具体内容、可行性等进行评估,并对存在的问题进行研究讨论,提出中肯建议。复审着重考查改良程度、实操性及成熟度,如展台宣传板是否绘制完成、所需道具是否配齐到位等。关于舞台部分的节目审核及彩排,对表演人员的舞台表现力、伴奏、服装、节目效果等给出相关改进建议。关于节目顺序的安排及调整,力争做到中日韩三国的节目相互穿插,以丰富节目的多样性,增强观赏性。其中还包括主持人的彩排,以确保主持人第一时间掌握舞台节目的细节更新。

D. 正式开幕

历时两个多月的筹备,"东院文化节"于每年5月中旬正式举行活动。当天,展台与舞台同步开启,届时将邀请日韩大使馆的贵宾、媒体及学校领导作为嘉宾出席,共同欣赏节目,并在表演中场休息时到各个展台进行文化体验。

来宾在活动入口处将获得一份"游园"地图,地图上除了舞台表演时间、各展台位置指示,右下角还设有可撕的"人气展台"投票签,每个展台设有独立投票箱供来宾投票,活动结束后,主办方将统计各展台所获票数,得票最高者即当选该届文化节的最佳展台。

④主要成效

"东院文化节"自2011年举办以来,经过多年的经验积累与打磨,已成为北京语言大学的品牌特色活动,是展示东方优秀文化的一大平台,对中日韩文化的交流与传播起到推进作用。"东院文化节"的举办不仅增进了校园内各国同学对中日韩三国文化的了解,还使得三国青年之间的交流更加深入、关系更加紧密。项目主要成效如下:

A. 学生综合素质显著提高

"东院文化节"由大一新生班级作为主力,每个班级提供1~2个展台,以班级为单位进行展台概念设计、文化背景查询搜集,以及所需材料的采购或制作。

各班同学在筹备过程中加深了对彼此的了解,各班和社团选择展示的都是中日韩有代表性的特色文化项目,大家积极参与项目设计、排练、表演的过程就是一场深入的文化探索过程。在此过程中,全班同学通力合作,互相学习,从而使整个班级的凝聚力有了显著提升,也有利于班级其他活动的开展。

此外,所有的展台制作、节目编排均由学生自主完成,如道具展板制作、手工品制作、食品制作、表演服装租赁、音乐剪辑等,其中与留学生合作的展台及节目也全部依靠学生之间的沟通协作来完成。从筹备策划到活动实施,都由学生自己动手、全程参与。在此过程中,学生在遇到问题时不是被动依靠他人帮助,而是主动思考,寻求有效的解决方法。项目的筹备周期通常历时两个多月,围绕一个项目从创意到落地,项目组成员都会认真讨论交流,并向文化所属国的留学生请教甚至邀请留学生加入。在此过程中,参与的学生都能够锻炼沟通能力、语言表达能力、团队合作能力以及独立思考解决问题的能力,他们不仅是参与者,更是组织策划者。

项目通过丰富多彩的文化展现形式,以生动活泼和喜闻乐见的校园文化节为载体,激发学生对艺术、学术及生活的热爱,也为创造多元和谐、蓬勃向上的校园文化贡献了力量。

B. 为中日韩三国青年搭建了跨文化交流的平台

每年,许多日韩留学生也参与到"东院文化节"的展台创作与舞台节目中,整个活动中参与布置的中国、韩国、日本三国学生达百余名。在活动筹备与最终展示的过程中,中日韩三国青年也通过多种渠道进行了文化及文化节方面的交流。

渠道一:语伴交流。北京语言大学有独特的语伴文化,尤其是外语专业的学生,他们会与以本专业为母语的留学生成为语伴,相互交流,相互学习,以提高自己的专业水平与沟通能力。在"东院文化节"的筹备过程中,许多东院的日语及韩语专业学生会向自己的语伴请教相关问题,从本国人的视角了解对应国家的文化元素,并获得灵感。

渠道二:留学生采访。北京语言大学拥有数量庞大的留学生,其中以日韩留学生居多,负责设计日韩展台的中国学生会在确定展台主题后进行校园范围内的调研,通过采访学校里的日韩留学生,了解自己的展台展示元素在本国人眼中是否能够体现出该国家的文化特色、是否吸引人，以及有哪些需改进的部分。在采访过程中，学生不仅对自己的展台有了更系统客观的认识，也极大地锻炼了自己的外语沟通能力。

渠道三：展台"合伙人"间的沟通。每年的"东院文化节"都会有个别合作展台，即同一展台的负责人由中国学生与日本（或韩国）留学生共同担任，一般的组合形式为：日语专业学生与日本留学生合作筹划日本文化展台，韩语专业学生与韩国留学生共同设计韩国文化元素展台。通过此种合作方式，展台能够更大程度地体现日本或韩国原汁原味的文化特色。此外，与同语伴交流获取参考性建议不同，合作展台能使日韩留学生全程参与到筹备过程中，学生之间的交流也更加充分，同时增进了同学间的友谊。

渠道四：不同展台负责人之间的交流。在项目实施过程中，主办方会对展台进行多次审核评估。而在审核现场，通过聆听其他展台的特色及实施方法，观摩不同展台的进度及成果，来自不同国家的展台负责人能够相互借鉴，不断改进自己的展台。

渠道五：合作舞台排练。舞台节目中不乏中外合作的表演形式，中日韩三国的学生或同唱一首歌，或同跳一支舞，或共同进行服装走秀等。在节目排练的过程中，彼此的交流也是必不可少的，而在两个多月的筹备时间里，中外学生既培养了默契，也加深了了解。

这些跨文化交际的机会，不仅使"东院文化节"的内容更加精彩，对学生来说也是一堂堂生动的语言实践课。不同国家的同学彼此交流，建立了默契，收获了友谊，语言能力也得到锻炼。

⑤项目特色

"东院文化节"以文化展台和舞台表演两种模式开展，以歌舞、武术、动漫、传统游戏、传统服饰和特色美食等项目为载体，参与项目设计的学生会尽可能地使文化表现形式多样化，令来访者能够从多方面直观感受到东方文化的魅力。

项目举办以来，从组织筹备到表现形式，均经历了不断总结和完善，从最初的探索尝试到成为校园里每年 5 月必不可少的文化盛宴；表现形式则既有传统项目的传承，也会根据学生的创造力不断推陈出新。

近几年，随着"东院文化节"的持续举办，其他在京高校的师生也前来游玩体验，其中还不乏专程前来参加的外地朋友及学生家长。

⑥项目建议

"东院文化节"会继续积极探索、推陈出新，加强形式多样性，具体计划如下：

第一，利用教师资源，加强专业引导。在展台设计初期，让日韩语专业课教师提供更多帮助与指导，从专业视角出发，带领学生探索日韩文化之精华，给学生以启发，使之找到更具文化特色又兼具可操作性的展示元素。

第二，勇于发展创新，丰富展示内容。对往届文化节的内容进行分析反思，不断完善、深入，积极融入诗词、书画、歌舞及其他有民间传统特色的项目，并辅以历史文化背景介绍，使来宾能够了解到展示元素背后的深刻文化内涵。同时，鼓励学生对相关文化背景知识进行自主深入学习，在设计展台时突出文化多样性。

第三，加强对外合作，进一步提升影响力。与其他高校、在京日韩企业联动，扩大知名度，为文化节提供更多的展示元素，同时争取为学生提供更多的专业交流机会及实习、就业资源。

（二）竞赛活动

在校大学生是当代青年的重要组成部分，走出校园后更是承担着建设国家的重任。如何在高等教育阶段，让大学生在拥有扎实理论知识的基础上，获得应有的实践能力，练就真正的"硬本领"，可以说是一项极为重要的工作。为了实现这一目标，在对传统的授课方式进行改革探索的同时，也应该结合当今时代的特点，针对包括学生竞赛活动在内的校园文化建设工作进行改革与创新。

1. 竞赛活动概述

要提高人才培养质量，加强人才的创新意识和能力的培养，把激发学生的学习兴趣、保护学生的好奇心作为教学改革的重要标准，努力营造鼓励独立思考、自由探索、勇于创新的良好环境。开展多种形式的竞赛是一种结合课上课下、提高学生学习兴趣、锻炼学生实践能力的有效形式，也是校园文化建设的重要一环。

纵观我国现阶段针对学生竞赛活动的研究可以发现，前人研究主要集中在以下三个方面：

一是体育竞赛，其中包括学生专业体育竞赛和校园体育竞赛活动。

二是科技竞赛，这类竞赛多涉及数学、物理、化学、电子、机械等科学领域。例如，全国大学生电子设计竞赛、全国大学生数学建模竞赛、全国大学生机械创新设计大赛等。

三是职业教育技能竞赛，是指依据国家职业技能标准，结合生产和经营实际开展的活动，如全国技工学校职能竞赛、"星光计划"职业院校技能大赛等。

通过梳理大学生科技竞赛活动在中国的发展历史及现状，将科技竞赛活动分为知识考试类、职业技能类、科技探索类、产品开发类四大类。

知识考试类竞赛活动采取与课程教学的纸笔考试或实验考试相似的形式，题目内容与相应的学科教学的内容也有较大的关联；职业技能类竞赛活动的形式与知识考试类相似，但考试内容为职业教育方向的实践技能；科技探索类竞赛活动的题目是有探究性学习倾向的开放性问题，其答案具有多解性和模糊性，会允许参赛者提交多种假设或思路，且作品的形成需要花费相对较长的时间，参赛方式也一般为限期提交作品的形式；产品开发类竞赛活动的形式与科技探索类相似，但其内容更强调实用性，通常会采用不经简化的实际问题作为题目。

可以将中国大学生科技竞赛发展的总体特征概括为以下两点：一是赛事数量始终保持增长，但增长速度在不同年份有较大变化；二是在四种类型的竞赛活动之间发展的趋势有较大的差异。其中，创办时间最早、相应发展时间最长的知识考试类竞赛活动数量增长最慢。科技探索类竞赛、产品设计类竞赛、职业技能类竞赛虽然开办得相对较晚，但发展速度快，并且在赛事数量上也超越了最传统的知识考试类竞赛活动。

竞赛类活动在数量上不断增多的同时在类型上也在实现一个从传统的知识型到探索型、实践型的转变。可以说，竞赛活动数量的不断增多，反映出当代教育形势对于丰富多样、学生参与度高的教学活动、课下活动的要求的增长，而具体的活动类型的转变则体现出当今社会发展阶段对人才要求从知识理论到实践创新的升级。探索型、实践型的竞赛活动更加注重现实环境或模拟现实环境中综合能力的运用，同时目的性、灵活性、多样性更强，因此也更加符合跨文化交际视角下对学生能力的要求。

2. 竞赛活动策划

要想策划好竞赛活动，最重要的是要充分发挥竞赛活动的优势。

（1）竞赛活动基本原则

竞赛活动所共有的理论包括发现学习理论、情境学习理论和非正式学习理论。[①]由此，竞赛活动在策划阶段应该遵守以下原则：

第一，尊重学生自主性，发掘学生的内在动机。学生不再是被动地接受教师单方面的知识灌输，而是发挥自主探求的精神，通过一定的发展步骤，完成学习进程，并借此培养探究性思维能力。探究性学习既是对具体知识的学习（学习结果），更是一般性的学习和研究方法的培养（学习过程），对专业知识的理解和专业能力的提高十分有利。创立了发现学习模型和理论的美国教育学家、心理学家布鲁纳认为，学生的内在动机是促进学生学习生活的关键因素。[②]布鲁纳极为重视内在动机对学生学习心理状态的影响作用。竞赛活动因其竞争性质的赛制、丰富多样的活动形式，最能激发学生的参与热情。因此，在保障活动顺利进行的前提下，最大程度发挥学生的自主性，从活动的立意、形式、内容、成果等多方面充分调动学生的积极性，可以说是十分重要的。如果真正提升了学生的内在动机，竞赛类活动带来的学习效果也是十分值得期待的。

第二，重视规则程序，提倡团队协作精神。情境学习理论认为，学习的实质是个体参与实践，与他人、环境等相互作用的过程，也就是形成参与实践活动能力，提高社会化水平的过程。[③]

在情境学习理论中，对学习者个体而言，学习的根本标志是越来越容易地、有效地参与到团体的实践活动中。个体在与环境长期而真实的互动过程中，既能够掌握社会实践所需要的知识和技能，又能够接受团体的价值信念和规范，成为团体的一员，最终实现个体的社会化进程。具体到竞赛活动，如果说通过比赛、竞争的形式体现参与者的差异是竞赛活动最重要的特点，那么制定周密的规则、最大程度保障活动的公平性则可以说是其最根本的基础。没有合理的规则制定和严格的执行，竞赛活动的效果将受到极大影响。应该努力让参与的学生全面、正确地了解规则，认真、自觉地执行规则，甚至让学生参与到规则的制定中来。

这样，不但能够保障活动顺利、高效地进行，而且将极大地提高参与者的实

[①] 庄瑜. 我国高等师范院校课外活动研究 [D]. 上海：华东师范大学，2013.
[②] 徐红. 有效教学的原则——布鲁纳《教育过程》解读 [J]. 长江大学学报（社会科学版），2010（6）：4.
[③] 张振新，吴庆麟. 情境学习理论研究综述 [J]. 心理科学，2005，28（1）：3.

践能力，有利于参与者的社会化进程。另外，即使是竞赛类活动，也不应只突出竞争，还应通过比赛形式的设计，采取小组参与、小组间合作等方式，对参与者进行协作精神的培养。

第三，丰富比赛形式，切实提升学生的整体实践能力。非正式学习的定义较为宽泛，涵盖了不在正规教室及没有教师出现的情况下，个人所从事的一切活动。包括竞赛活动在内的非正式学习，形式多样而灵活，极大地丰富了学习的形式，学生能够在多种多样的情境中获取知识，实现了学习的无处不在。此外，非正式学习的发生大多基于具体情境，学生需要在情境中将所学的知识直接应用于问题的解决，这一构成使得学生能够更好地构建知识体系，并对技能的提升有很大的帮助。

（2）影响竞赛活动的因素

包括竞赛活动在内的所有活动能否成功举办，在很大程度上取决于学生的参与热情。紧跟时代潮流、不断创新竞赛形式是提升学生学习参与度的一个极为重要的手段。竞赛活动由于采取竞争机制，在活动中必然会凸显参与者的差异。这一性质决定了竞赛活动会吸引一部分敢于竞争、乐于竞争的学生参与，但也会让一些自信心不足或能力相对较弱的学生产生畏惧心理。如何尽可能多地将学生吸引到活动中来，以提升学生的整体素质和实践能力，是一个重要的课题。要努力丰富活动形式，合理设置比赛规则，以达到提升学生参与兴趣，扩大竞赛活动覆盖面的目的。

比赛形式的设计还应立足现实，避免脱离实际生活，外语语言类竞赛活动更是如此。语言的实践能力是真实生活场景中的语言运用能力。如果能在竞赛活动中尽可能地加入影响语言使用的社会、文化等各类因素，让竞赛活动中的场景趋于真实，不但有利于竞赛参与者语言实践能力的提升，而且将正确引导学生认识语言能力，正面影响学生课上课下的学习目标，在更大范围产生好的影响。

在策划竞赛活动时遵循这些基本原则非常关键，否则会带来相应的问题。例如，如果忽视了竞赛活动中学生的自主性，就会使该项活动变为近似于教师主导的课堂活动，从而降低学生的参与热情，同时也会影响活动带来的学习效果。另外，如果不能公平合理设计和严格执行竞赛活动规则，也将影响学生的参与热情和活动效果。再如，如果过度强调竞争，轻视通力合作，将不利于参赛学生的心理发展，进而对学生的社会化进程产生不利影响。又如，如果外语语言类竞赛活动的内容设置远离现实生活，将会让学生对语言能力的认识产生偏差，从根本上影响外语语言的学习和效果。

针对上述开展外语语言类竞赛活动的不利条件，应该制定相应的对策。首先，要邀请专家制定严格的评价标准，并通过公开评价标准等方式与参与者达成共识。其次，利用社会学学科贴近生活、易于入门的特点，通过广泛的宣传手段，提高竞赛活动的传播度。再次，还要利用外语语言类竞赛的答案具有开放性的特点，鼓励学生发挥主观能动性，生成创造性成果。最后，还要充分利用外语语言有利于促进文化交流这一功能，充分结合国内外政策形势，积极为中外交流做出贡献。

3. 竞赛活动实例

下面选取"北京语言大学第二届中华文化多语种传播大赛"和"北京语言大学最强语伴比赛"两个活动来举例说明。

（1）北京语言大学第二届中华文化多语种传播大赛

①项目背景

中华文化是中华民族的精神命脉，是涵养社会主义核心价值观的重要源泉，也是中华民族屹立于世界文化之林的根基。随着我国综合实力的不断增强以及国际地位的日益提升，民族文化自信得到彰显。中华文化影响力大幅提升的形势迫切需要加强中外人文交流，推进国际传播能力建设，讲好中国故事，展现真实、立体、全面的中国。此外，随着跨文化交流的日益增多与深入，中国文化和世界文化在交融碰撞中赋予了彼此前所未有的生机和蓬勃发展的动力。

高校作为中华文化传承与传播的重要载体，在传承中华优秀传统文化、加强中外人文交流、推进国际传播能力建设方面有着诸多优势，因此高校要有意并有信心利用好这些优势，举办有关中华文化学习传播的活动，让更多大学生了解中华文化，讲好中国故事，传承文化精神，增强文化自信。

北京语言大学结合多语种教学环境及学科特色，有效利用"小联合国"的特色校园环境，举办以"语言、文化、世界"为主题的中华文化多语种传播大赛。该活动旨在进一步宣传和弘扬社会主义核心价值观，在大学生中培育具有道路自信、理论自信、制度自信、文化自信的优秀青年，引导中外学生积极了解并主动传播中华优秀传统文化，不断发掘中华传统文化中优秀的思想和丰富的内涵，使大学生可以更好地认识世界、认识社会、认识自己。在传播中华文化的过程中，大学生应不断吸纳其中的有益成分，加深对中华文化的理解，使中华优秀传统文化与当代文化相适应、与现代社会相协调，使超越国家民族、富有永恒魅力、具有当代价值的中华优秀传统文化得以弘扬和传播。

②项目理念

活动旨在传播和弘扬中华优秀传统文化及现代文化，力求在创新中激发中华优秀传统文化的生命活力，积极寻找传统文化与现代文化的共同点和相通点，引导广大学生群体树立正确的价值导向，厚积人文底蕴，激发民族精神。在活动过程中，大力培育和践行中华传统美德，引导中外学生体悟中华文化中的真善美，坚定文化自信，发挥学科优势，搭建传播平台，推动文化交流，多措并举推进中华文化"走出去"战略，为中华文化国际传播贡献力量。此外，活动还旨在加强中华文化与外国文明对话，寻找到不同文化之间紧密的连接点，并寻求各族文化中超越国家民族的共同精神与人类追求。

同时，为推动校园文化建设，丰富校园文化活动，本项目以在校中国学生与留学生为活动主体，组织集体讨论、知识竞赛、实景体验、社会调研、汇报展演等多种形式的实践活动，进一步加强和促进中外学生的相互交流、增进关心与理解，营造校园内中外学生良好交流、互相学习、共同进步的氛围。此外，项目还有利于扩大在校大学生的视野广度和思想宽度，培养在校大学生以国际眼光看待中华优秀传统文化，实现把中华优秀传统文化传播到世界各地的最终目标。

③项目运作

中华文化多语种传播大赛作为北京语言大学的特色赛事，由校团委主办，学部（院）承办，具体执行过程如下：

A. 制定活动方案，确定大赛主题

每年上半学期启动本学年的中华文化多语种传播大赛，在校团委和承办单位的学工团队指导下确定本学年活动主题并制定详细的活动方案。由相关学院辅导员带领团总支、学生会完成活动的前期准备和相关宣传工作，设计并制作大赛的推送、海报等前期宣传用品，做好比赛前期预热工作。同时，面向全校除大四年级外的全体本科学生做好宣传和布置工作。大赛要求参赛的相关活动集专业性、思想性、实践性于一体，每个参赛班级需邀请一位专业教师进行线上、线下指导。

在活动期间，学院辅导员、班主任会全程指导学生，共同参与到活动的策划和实践中，确保指导工作全覆盖。此外，每个参赛班级的活动需保证有至少一名留学生参加到每次集体活动中，中国学生需要和外国留学生进行充分且有效的互动交流，充分达到专业语言的实际运用和情境学习的目的。中华文化多语种传播大赛具有完整的赛事流程、评分标准和奖项设置，决赛奖项分别设有一等奖、二等奖、三等奖和优秀奖，奖项数量根据决赛入选队伍数量具体决定，其中活动形式新颖、与专业结合紧密、展示生动有趣等方面在评分中占很大比重，以充分鼓励参赛队伍发挥主观能动性、创造力、表现力，真正做到学以致用，在比赛中有所感悟、有所收获、有所进步。

B. 进行活动宣传，开展初赛选拔

在全校范围内开展全面宣传活动，采取线上推送、线下路宣、使用海报和易拉宝等宣传用品营造氛围，设置线上线下答题、赠送礼品等环节，广泛吸引学生注意力，鼓励更多学生参与到比赛中。

在初赛中，要求参赛队伍以班级为单位，并保证2/3以上班级成员参与其中，分工合作，围绕本专业特点，就中华文化的某一具体方面进行展示、传播与学习交流，具体包括文艺展演、集体讨论、知识竞赛、社会调研等多种形式。比赛内容可以围绕中国古代、现代、当代文化，联系并结合各专业的学科特点，传播内容包括古今现当代的价值观、人文思想（如孔孟之道、儒家之学等）、文化精华（如汉字、对联、寓言、名著、图腾、礼仪等）、艺术（如书法、国画、戏曲、舞蹈、音乐等）、民俗风情（如节日、节气、民间艺术、姓氏、生肖等）、衣食住行（如服饰、饮食、器物、交通工具等）、建筑（如宫殿、园林、住宅等）。

若选择某项具体的文化项目（如汉字、茶文化、汉服、故宫等）作为活动主要内容，就需要挖掘出文化现象或事物中深层次的内涵和意义；若选择某一类别文化项目（如文化精华、饮食文化、服饰文化、古典建筑等）作为内容，则需确保活动中传播文化内容的完整性与连贯性。此外，活动需重点突出方式方法，解决"如何有效进行中华文化的交流与传播"这一关键问题。

初赛分为英语组和小语种组，英语专业之外的外语专业学生使用所学的专业语种作为参赛语言（如西班牙语、阿拉伯语、日语等），学校的其他专业学生（含英语专业）使用英语作为参赛语言。初赛将由各学部（院）自行组织现场答辩评选，对各个参赛班级展示的活动进行评分并给出相应改进、完善的具体意见，选拔出一定比例的优秀案例在一定期限内报送至大赛组委会。

C.紧扣比赛主题，举行汇报展演

大赛组委会从优秀案例中，根据实际情况等额或差额选拔出晋级决赛的班级团队，进入决赛的各学部（院）的参赛队伍将通过自选形式展示各自的活动成果。评委则从内容完整度、内涵深刻度、资源使用度、成果有效性、形式新颖性等方面对各支队伍的决赛表现进行综合评判。决赛规模相较于初赛有很大的变化和升级，参赛队伍需要在规定时间内完成活动成果展示，并回答现场评委的随机提问。现场评委由从事国际交流与合作的管理者和传播学、跨文化研究等资深教授担任，同时邀请学校、各学部（院）领导作为嘉宾出席。在参赛队伍展示过程中，还穿插着各学院与中华文化传播相关的歌舞类节目表演，使现场气氛活跃而热烈。除此之外，决赛的入选队伍会在赛前、赛后及时完成问卷调查的填写工作，大赛组委会能够广泛收集同学意见，及时改进调整，使整个比赛流程更加合理有序。

④主要成效

中华文化多语种传播大赛创办时间不长，到目前为止已举办过三届比赛，但活动效果均十分显著，学生、教师群体反响良好，中外学生参与度高，已成为北京语言大学校园文化建设和班级建设的主要载体、中外学生相互学习交流的重要平台、学校优质的品牌校园活动。其主要成效有以下三点：

A.强化班级建设，落实"三全育人"

大赛主要参与者为本科大一、大二各班级学生，鼓励各班召开班会集思广益，讨论确定本班的活动内容和展示形式，由班委带领班级成员组建不同的工作小组，再对各个工作小组进行分工，以确保每位同学都有具体的任务，协同合作。各工作小组相互配合完成资料整合、物资采买、道具制作、后期优化、展示表演等任务，落实责任，各司其职，发挥所长。鼓励参赛班级全面运用新媒体等形式进行创新创作，增强展示的吸引力和传播的有效性。除此之外，班委还需协调时间和场地，联系并邀请指导教师与外国留学生一起参与活动。

在活动中，衔接流程、营造氛围、与留学生合作等都可以很好地锻炼学生的跨文化交际能力和专业语言运用能力。此活动既是各班传播中华文化的成果展示，也是同学之间的一场交流，交流过程可让同学们更加真切地感受到中华传统文化的魅力与勃勃生机，一起思考传播中华文化的意义，一起探索未来弘扬中华优秀传统文化方式的创新与变通。每个展示作品的背后都凝聚了班级全体同学的灵感与才华，增强了班级凝聚力，提升了同学们的集体意识与集体荣誉感。

该活动构建了新形势下全员、全过程、全方位的育人机制，把教学育人、实践育人和服务育人有机地结合起来，并渗透到比赛的各个环节。承办活动的学部（院）学工队伍带领团总支、学生会共同策划活动方案，确保整个活动的连贯性和组织纪律性，使活动能够顺利进行下去。专业课教师结合课堂教学，给予活动专业性指导：如语言专业加强口语对话及语音语调练习；信息科学专业加强信息手段支持，增强创新创造力；人文社科专业加强培养文学文化素养，深入挖掘文化精神。班主任和辅导员侧重活动流程、准备过程、展示形式等方面的指导，确保活动在顺利完成的基础上发挥优势、突出亮点、形成特色。师生共同参与活动，在培养学生团结协作能力和文化底蕴素养的同时，也增进了师生间的知识传递和灵感交流——不仅是课堂上的知识输出，也是课后在知识运用和结合实际上更切实的指导与帮助。

B.利用多语种特色，搭建交流平台

中华文化多语种传播大赛旨在发挥中国本科生多语种专业优势，利用校园良好的语言环境，为中外学生搭建起交流平台，让中外学生有机会一起交流对中华文化的认识与理解，鼓励学生多角度看待中华文化，提升学生的眼界高度与思想深度；加深学生对专业的认知，在了解中华文化的同时进行有效传播；提高学生专业技能，培养策划能力，使其勇于与外国留学生进行口语交流，做到真正的学有所用、学有所获。

此外，传播中华文化意味着要讲好中国故事，向世界展示一个美丽、开放、活力、包容的中国。用当代大学生的视角，向外国留学生展示自己眼中的中华文化，在加深文化认同感、增强文化自信的同时，也能让更多人感受到中华文化的深厚底蕴和独特魅力。此外，让外国留学生在实践活动中更好地了解博大精深的中华文化，在深层剖析中知晓文化背后蕴藏的人文精神和优秀品质，在思考讨论后理解中国推动构建人类命运共同体的信念所具有的重要意义。

C. 塑造北语形象，打造品牌活动

北京语言大学具有独特的校园环境优势，而这一优势又赋予北语学子特殊的使命：承担起将中华优秀传统文化传播至五洲四海的使命。高校是中华文化对外输出的良好平台，大学生群体则是文化输出的优质媒介。中华文化多语种传播大赛利用校园优势，搭建传播平台，对外塑造有担当、有使命的北语形象，展现北语人始终践行的"德行言语，敦睦天下"的校训。北语多年来为世界各国输送的有能力、有情怀、会汉语、懂中国的汉语人才，正是通过一次次的文化活动，亲身体验并切身感受到中华文化的魅力。中华文化多语种传播大赛树立了传播中华文化的优秀榜样，集中呈现了北语中外学子对中华优秀传统文化的无限热爱，集中体现了海内外北语学子传播和弘扬中华优秀传统文化的使命与担当。全校师生积极参与并投入活动中，共同致力于探索出真正可持续使用且效果显著的传播文化的途径，将中华文化多语种传播大赛打造为校园品牌活动，同时也体现了北语人在新时代立志将中华优秀文化带到世界各地、为中华文化的传播尽绵薄之力的责任和担当。

⑤项目特色

中华文化多语种传播大赛具有显著的实践意义和实用价值，本活动积极组织中国本科生与外国留学生进行交流、共同协作，实现完整的文化传播流程，找到普遍适用且高效的传播方式。北语许多留学生都能以饱满的热情、好学的态度、求知的精神积极参与到中华文化多语种传播大赛中，在与中国学生交流和讨论的过程中，对中华文化有了更多了解和认识，并在亲身感受过纯粹又地道的中华文化后，有了更多体会和更深入的思考。中外学生在活动中一起奋斗、共同努力，形成长期而稳定的语伴文化。本项目不仅促使中外学生增进了友谊，在未来的学习生活中互相帮助、共同进步，还为中国学生提供了全新的视角和思路去不断探索和认识中华文化。

中华文化多语种传播大赛还具有加强在校大学生思想政治教育工作的特点。本项目以寓教于乐的方式引导学生准确把握所传播的中华文化的深意，培养学生的爱国主义精神，增强其文化自信。教师在活动中与学生进行深入交流，了解并把握每个学生的特点，将思想政治教育工作深入平时，有针对性地落实到每位学生。以更加多样化、生动化的思想引导工作，丰富了日常思政教育工作的渠道与方式，并充分利用优质的专业教师资源，让学生积极参与到思想政治教育工作中来，取得较为显著的效果。

⑥项目建议

中华文化多语种传播大赛这个品牌活动还要不断适应新环境和新形势，增强吸引力，突出活动效果，建议如下：

第一，发挥专业指导作用。为提高实践育人效果，增强中外学生参与活动的主观能动性，需加强专业对口的资深教师对学生参赛的指导工作，突出活动主题的引导性，提高活动实施的有效性，让更多学生在活动中产生兴趣、明确目标、找到方法、得出结论，为中华文化的传播与传承贡献自己的一份力量。

第二，强调形式内容创新。为更好地挖掘学生潜力，应强调并重视活动过程中在选取展示形式方面的创新，鼓励参赛学生从新颖独特的角度展示中华优秀传统文化。具体措施如下：在奖项设置中增加"最佳创意奖"，设立参赛学生鼓励机制；在现场增加创意展示环节，由外国留学生投票评选。重视文化传播方式的创新，使比赛不断适应当下环境，始终保持活力，推陈出新。

第三，积极谋求对外合作。对外联系相关文化协会，针对中华文化多语种传播大赛开展合作，保留那些在活动结束后仍可继续投入实践的传播方式，进行更广泛的推广和传播。制作大赛文化产品周边和优秀活动集锦，将活动成果记录成册进行纸质版资料保留，增强参赛获奖班级的集体荣誉感和活动的仪式感，并为举办下一届活动提供学习借鉴。

第四，深入开展社会调查。组织学生在活动前后开展社会调查研究，广泛收集并整理解决问题的意见和建议，形成调研成果。辅导员和班主任应加强对学生社会调查选题、途径、过程的管理和引导。活动在策划阶段时，要多听取意见，多完善改进，使中华文化多语种传播大赛更加吸引大众，符合时代要求。

（2）北京语言大学"最强语伴"比赛

①项目背景

中外学生共同学习的国际化校园有着得天独厚的语言学习氛围和环境，也孕育了独特的语伴文化，"最强语伴"比赛就是结合学校的"小联合国"特色以及外国语学部的外语专业特点开展起来的。该项目是外国语学部西方语言文化学院创办的中外学生活动。活动旨在增强中外学生联系，加深中外学生间的互动和友谊，形成中外互助学习的优良风气。中外学生在北京语言大学国际大家庭中共同学习、相互砥砺，增强跨文化交际意识，提高跨文化交际能力。对于外国留学生来说，这一活动可帮助他们更好地融入校园、了解中国文化。对于中国学生而言，这一活动不仅可以丰富他们的课余生活，拓宽他们的国际视野，更可以帮助他们对所学语言、所学语言的使用国家及地区有更深入的了解。

②项目理念

A. 鼓励互帮互助，提高语言能力

"最强语伴"比赛充分利用了国际化校园环境，在具体实施中有效地加强了中外学生融合教育，推动了校园文化的多元化发展，鼓励中外学生互帮互助，在共同提高口语表达能力的同时，促进对对方国家文化的再了解。此外，在丰富学生课余生活的同时，也为学生提供了多种语言的自由学习环境，学生可以自由结交不同国籍的小伙伴。

B. 促进文化交融，提升国际视野

通过这一比赛，来自世界各国的留学生可以认识不同肤色的朋友，发展不同国家、不同民族之间的友谊。中外学生结伴交流活动旨在促进中外学生间的相互了解与学习交流，帮助国际学生更好地融入中国语境，也鼓励中国学生拓宽国际视野。学生通过交流来取长补短、增进友谊，带动中国文化走出去，让世界文化走进来。学生利用活动的机会充分展示自己的才华，表现自己的个性，发出自己的声音，并在多元共生的校园文化中找到适合自己的位置。以学生组织活动为载体搭建中外学生融合交流平台，通过学校、学部（院）的管理来推动中外学生建立常态化的联系，促进多元文化校园环境的形成。

③项目运作

"最强语伴"比赛在每年3月至4月举行，历时1个月的时间，由外国语学部西方语言文化学院学生会承办。具体执行过程如下：

A. 制定活动方案

活动于每年3月启动，在辅导员的带领下制定切实可行的活动方案，面向学校全体中外本科学生举办，以"1中+1外"的形式报名参加，语伴不分学院、不分语种，可自由组合。除活动方案，学生工作组还需要制定紧急预案、活动安全保障措施等。

B. 校内积极宣传

活动采用线上线下相结合的宣传方式，于每年3月初由西方语言文化学院学生会公众号发布消息，北京语言大学各学院微信平台帮助线上转发推广。此外，校园主干路粘贴活动宣传海报，校园主干路发放活动宣传单页，学校食堂播放历届活动片段，学生宿舍楼下喊楼宣传等。

另外，学生会的同学会对每一组报名参加的语伴进行一段采访，并通过学院微信公众平台发布，以便更好地了解不同国家语伴之间在跨文化交际中的趣事，以及在异国他乡面对困难时相互帮助的感人事迹等，进一步做好赛事宣传推广。

C. 组织开展活动

"最强语伴"比赛由户外竞技、线上投票和"巅峰之夜"颁奖晚会三部分组成。户外竞技是以多个室外游戏接力的活动形式，从体育耐力、交流水平、记忆能力、逻辑能力、双方默契度等方面进行最强语伴的角逐。线上开放大众评审，使更多同学参与到评审活动中来，为喜欢的语伴投出宝贵的一票。"巅峰之夜"颁奖晚会面向全校学生征集节目，在舞台上呈现语伴风采，全程以互动性的活动为主，把语言交流摆在首位，注重思想方面的交流，加强国情文化知识方面的交流，利用才艺展示等方式，将文化上的输入与输出有效地结合起来。最终，根据三部分的成绩评选出最优秀的语伴选手。

④项目特色及成效

"最强语伴"比赛从初创至今已成功举办多届，成为学校跨文化特色活动，是值得继续推广和进一步挖掘的活动典范。参与活动的语伴逐年递增，举办活动的学生也热情高涨，可以说在很多方面极具吸引力，总结归纳如下：

第一，有利于校园中外文化的融合。"缘结北语，友遍天下"是活动的口号，学生面对不熟悉的国家、不熟悉的人，难免会有距离感，容易出现文化休克。希望通过这个活动，打破语言和文化的差异，促进中外文化的交流，让中外学生抛却羞涩，在最应该充满热血的年岁里大胆地迈出一步，彼此学习，互相提高，获得深厚的友谊，收获最幸福的感动，提高跨文化交际能力。

第二，有利于提高学生的外语表达能力，让学生走出课堂，了解在课堂上学不到的东西，这也是对第一课堂学习的补充。无论是对于外国留学生还是中国学生而言，无论是对于参加活动的学生还是举办活动的学生而言，提高外语表达能力，增强对外认知都是有益的。学生可以通过语伴学习课外的语言表达，了解到书本上学不到的语言文化习惯，这样的方式让语言学习更加贴近生活、更加注重应用。

第三，该项目以学生为主体，紧紧围绕当代学生的兴趣展开。全程由学生设计、学生完成，每年会设计不同的户外竞技项目，使学生在繁忙的学习活动中劳逸结合，发展所长。

⑤项目建议

如今，越来越多的大学注重国际理解教育，加强国际交往，增进不同国家的学生对其他国家文化的认识与理解，培养学生包容多元文化的胸襟和跨文化学习研究的能力。为使"最强语伴"这一特色活动推陈出新，不断适应学生成长的需求，未来将进一步依托学校"小联合国"得天独厚的校园文化优势，加强中外学生的融通，使中外学生相互学习、共同生活，构建和谐的校园文化。该项目加强和改进的计划如下：

第一，建立学生寻找语伴的平台，使中外学生通过学校官方的渠道寻找到适合自己的语伴。给希望结交外国朋友，但又没有很好的机会或是不知该如何与外国学生相处的学生提供结交的平台。

第二，在活动中增强中国文化元素。很多外国学生来到中国学习语言，却对中国的文化、历史了解得很少，通过活动，他们可以很直观地了解中国的优秀传统文化。多元的校园文化环境可以让留学生深入地了解中国，在异国他乡建立自己独特的朋友圈，中国语伴也可以帮助他们缓解文化差异带来的心理压力。希望活动能带给留学生归属感，让他们在学习的同时很好地融入这里的文化生活。

第三，提高中外学生的共同参与度，提高中国学生的语言推广兴趣，提高留学生的归属感。通过活动统计数据可明显看出，大一新生的参与度最高，如何增加学生的参与度需要进一步思考。让学生由被动参加到主动投入，其活动设计要充分考虑学生的需求，在广泛征求学生建议的基础上作出合理安排，希望对国际化校园文化建设起到积极的促进作用。

国际化的校园文化环境是培养具有开阔国际视野的高素质人才的基础性要素。"最强语伴"比赛是中外文明交流互鉴的平台，不仅强化了中外学生对于本土文化的珍惜和自信，也增强了他们对不同文化的理解，以及理解之上的包容。

参加者通过丰富多彩的活动，展现了本国、本民族的文化，展示了自己鲜明的个性，增加了对不同文化的理解与认同，同时也感受到他人的魅力，体会到校园多元文化的气息。

⑥"最强语伴"比赛策划书

A. 活动简介

活动名称："最强语伴"。

活动目的：西方语言文化学院学生会依托学校"小联合国"的特色以及学院小语种学生的特点，开展"最强语伴"活动，旨在增强中外学生联系，加深中外学生间的互动和友谊，形成中外互助学习的优良风气。对于外国留学生而言，该活动能够帮助他们更好地融入校园、了解中国文化；对于中国学生而言，该活动可以丰富课余生活，开阔国际视野，帮助他们对于所学语言及其使用国家及地区有更加深入的了解。

活动对象：北京语言大学全体中外本科学生。

活动规模：参赛选手共10～12组；巅峰之夜暨"最强语伴"颁奖典礼面向全校，参演人员60～70人。

活动形式：户外竞技、线上投票及晚会颁奖结合；线上开放大众评审，晚会面向全校。

活动时长：从活动启动到颁奖晚会共历时2个月。

活动要求：北京语言大学全体中外本科学生，以"1中+1外"形式报名参加。在"最强语伴"户外竞技及晚会活动中，参与人员须听从主办方要求，遵守学校各级规章制度，不得扰乱活动秩序，确保个人人身和财产安全。如遇到突发情况或其他问题，须立即告知学院辅导员或工作人员，启动活动预案。

B. 活动实施方案

准备工作：根据总体策划要求确定预算，并联系确定外联合作；购买物资，设计宣传用品；申请室内外活动场地、校内宣传场地、多媒体设备等；撰写并翻译活动规则；制定公众号推送时间表；完成后续工作学生会内部分工等。

活动流程：线上报名—户外竞技活动—线上人气投票—巅峰之夜暨"最强语伴"颁奖典礼。

紧急预案：户外竞技阶段全程安排后备人员，确保及时处理选手受伤及其他意外情况；选择平整的场地，尽量在学校监控可视范围内；准备简单的药品、包扎用品；禁止使用尖锐物品；监督选手提前热身；各负责人、选手时刻保持通信畅通。晚会阶段提前检查消防通道是否畅通、用电设备是否正常运行，熟悉灭火器所在位置和使用方法；现场安排机动人员，如有危险及时有序疏散在场观众和参演人员；准备简单的药品、包扎用品；各负责人、选手时刻保持通信畅通，并知晓电教老师及安保人员联系方式，如有问题及时沟通。

后续工作：组织学生会工作人员对本次活动的组织和实施进行总结与反思，并及时向学院领导及辅导员汇报成果；在学院公众号平台发送活动总结推送，以图片、视频等多种方式展示活动成果；学生会多媒体部门、技术部门汇总整合活动图文资源，以便日后活动的开展。

宣传方式：网络宣传，即北京语言大学各学院微信平台线上推广；校园宣传，包括校园主路粘贴海报、发放宣传单、学生宿舍楼下喊楼宣传等。

工作人员需求：学校相关部门协助进行活动宣传、场地使用等流程的审批工作；学校安保部门知悉活动全程，并在活动各阶段适时安排人员跟踪检查室内外活动，确保活动安全有序进行；与学院内相关领导、教师保持联系，寻求活动指导。

C. 活动特色及效果

活动复杂度：活动主要分为户外竞技及室内晚会两个部分，具体活动内容会根据学生需求和当下流行趋势适当调整；活动人员固定，主要是参与比赛的10~12组选手及西院学生会全体成员。

参与活动的学生感言：

在和语伴的互动中，我觉得最大的帮助是让我了解了中文的特点、文化的差异，以及与我们在生活中不一样的习惯和风俗。

——索菲亚（白俄罗斯）

我的语伴给了我两个方面的帮助，一个是我们可以互相了解对方国家的文化，我来自中国，她来自欧洲，所以我觉得中西文化对比的差异是很大的。另一个就是语言方面的帮助，学语言不能光写还应该要多听多说，所以有一个语伴可以增加我们沟通交流的机会。

——张海洋（中国）

参加"最强语伴"是因为我很喜欢参加活动,而且我想跟我的语伴一起玩。

——Giulia Nicoletti(意大利)

对于"最强语伴",刚开始看到推送就觉得这些游戏挺有意思的,同时也想促进一下我和语伴之间的关系。

——刘佳卉(中国)

我们没有觉得非要拿名次啊之类的,就是从比赛中获得快乐吧!在这个过程中获得快乐,特别是和语伴在一起非常愉快、非常有趣。

——周望翀(中国)

工作人员感言:

大家在一起练"巅峰之夜"开场舞时互相学习和帮忙,气氛特别融洽。

——2018级葡萄牙语袁豆豆

在活动过程中,我们部门的3位部员都做了很多的海报及宣传品,水准一直很高,有几样则更加突出,比如"巅峰之夜"的主海报和邀请函,好几位老师看到都觉得很惊艳。感觉大家技术能力都有了肉眼可见的提升,这也是让我最高兴的一点。

——2017级意大利语项天宇

不仅自己写文案文稿的能力得到提高,而且尝试了很多新的、以前没有做过的工作。包括第一次写主持稿,第一次写策划案……有很多个第一次。仍记得写主持稿的我们,从7:00开始,一直写到11:30,才初步完成。之前我想过,一份主持稿,每个人的工作任务只有小小的2个节目串词,2个小时肯定就完成了。但是当我写了2个小时,才憋出一个节目串词的时候,我才发现这个任务很艰巨。4个多小时,200多个字,其中需要倾注非常多的精力和耐心,不断斟酌,不断打磨,但最终得到的美好结果,是让人感到幸福的。

——2018级法语周思雨

D. 活动总结

"最强语伴"与"巅峰之夜"系列活动是外国语学部西方语言文化学院的主要招牌活动,也是最具西院小语种特色的学生活动。活动的每一次举办,都能使选手和工作人员在参与过程中享受活动带来的快乐、工作带来的充实感和各项事务圆满完成的成就感,同时也实现了自我价值。

如何举办更高质量的活动则需要组织者不断反思与改进。未来可以尝试与校内兄弟组织联办活动，共享留学生资源，扩大活动规模。在前期策划过程中，应充分考虑小语种专业学生春季语言考试的时间，避开学习任务的高峰，让同学能够在办好活动的同时，集中精力准备语言等级考试。未来工作的重点是在原有基础上丰富活动内容创新形式、新方案，如在室内外环节中不断尝试创新，增添语伴结交通道等。在晚会举办方面，可继续提升节目质量。开展活动前可以通过线上线下方式，对同学们的意愿和设想进行意见征集，为后续策划提供指导方向。活动后及时开总结会，找出问题，以便在日后弥补不足。

（三）交流活动

1. 交流活动概述

中外文化的相互交融和发展推动了我国教育国际化进程，也吸引了越来越多的外国留学生到中国来学习和生活，在中外交流不断深化的大背景与多元文化的校园环境下，当代大学生的思想观念和行为模式越来越国际化。与此同时，高校教育者所面对的中外学生交流工作也迎来了更多的机遇。开展中外学生交流活动是提升中国大学生国际素养和综合素质的有效途径，能够提升学生关注世界、与世界沟通的能力，使他们以更宽的视野去观察世界。另外，交流活动能够向外国留学生有效传播中国文化特征，摆脱符号化的刻板印象，用真实交流与碰撞传递真实的中国文化与价值观念，实现国家软实力的增强。

已趋于成熟的交流活动需要系统升级，新建的交流活动需要系统测试，而高校文化交流系统本身需要打造和加强，弥补漏洞，更新功能，创造更舒适的用户体验。在这个背景下，开展高校文化交流活动研究势在必行。

大学交流活动最主要的特色是立足大学本地文化资源与各高校本身的多元文化环境，是本地文化建设的组成部分。

首先，高校校园是知识诞生与滋长的沃土，每所高校在历史长河中孕育出的独特的精神文化与知识内核是开展交流活动的最大特色。高校在这个探索过程中锻造了属于自身的校园灵魂因素，无论是办学理念还是学生与教工的价值追求，无论是校园里的一草一木还是课程设置所传达的长远规划，这一切均构成高校的本土文化资源。

其次，大学的最初形成与创立是基于人类对知识的探索与文化传播的渴求，根据百家争鸣的基本特征，大学具有多元文化交汇和融合的传统。作为知识主体的人类在大学学术环境下是去隔膜化的，通过碰撞和交流才能进行知识与文明的交互发展与传播，这使得大学具有多元文化环境这一得天独厚的优势。

基于以上两点分析，大学独立精神的交流具有深厚的历史背景，高校的国际化课程、国际会议、学生参与国际事务、各国学生在一起学习生活等众多因素共同创造了各高校独一无二的人文环境，使高校校园里充满自由、平等、开放、包容的氛围，并由此促进了中外学生交流分享的实现。

众所周知，人才培养、科学研究、服务社会和文化传承创新是高等学校的四大功能。高校作为科研单位，是文明的载体和发展的动力，高校的国际交流合作对于提升我国的文化软实力具有重要的意义。因此，对以高校为基地的文化交流活动的认识应该上升到承担国家文化传播任务的高度同时又应该落到本土，以本地文化建设为基础开展有实力的交流。

留学生来自不同的国家，拥有不同的文化背景、风俗习惯、宗教信仰等，是真实的社会人，带来的是真实的原生文化。同样，中国学生来自千千万万真实的中国家庭，全家人是整个社会阶层与社会生活的真实参与者，拥有中国的过去、现在和未来。

中外学生的校园生活不是展览，不是刻意为之的表演，而是实实在在的人生。中外学生交融在一起，形成一个"有序大爆炸"的社交群落，在这个群落里，文化交流活动拥有真实的语言输入和输出环境，拥有中外传统与现代文化体验，有真实的交流矛盾，也有解决不了的沟通障碍。既然是"有序大爆炸"的社交，就要以和谐共生和共同成长为目标。

对中国学生来说，其目标是零距离感受外语和外国文化，学习异乡风俗，打开眼界，提高外语能力和跨文化交际能力。对外国留学生来说，目标是学习汉语和专业知识，感受文明古国的文化积淀，了解当代中国并认知中国社会。文化交流活动可以通过潜移默化的方式转变外国人对中国的刻板印象，使之成为中外友好交流的使者。有和谐才有发展的可能，才有沟通的意义，才有交流的基础。和谐是交流活动成功的根本保障。

充分培育大学生文化自信是交流活动的另一个特色。文化交流是建立在大学生对本民族传统文化优质性的认同感之上的，也是在认知过程中大学生不知不觉形成的一种丰富而又稳定的归属状态，大学生对本民族优秀传统文化的认同感与归属感愈强，其自发形成的文化自信力就愈高。[①] 大学校园里的文化交流活动会为青年人展示本国本民族优秀文化提供阵地，中国大学生自觉学习本民族优秀传统文化，讲好中国故事，以身为中国人而自豪，为璀璨的中国文化而骄傲，这是潜移默化获得的文化自信与民族认同，可以通过塑造校园文化交流活动来带动，以快速提升大学生的文化自信。

高校校园的中外交流活动通常由一个学校或部门单独牵头，或多个学校多个机构共同牵头组织，一次活动确定一个主题。如果是系列活动，则每次活动拥有独立主题，但整体要紧密服务于同一个主题。活动以中外学生为主体，围绕该主题设定情境或自主交流。例如，北京语言大学中外学生文化沙龙系列活动由七项不同类型的中外学生交流活动组成。活动在共青团北京语言大学委员会的指导下，由北京语言大学学生会承办。学生承担大部分组织策划和交流活动，当天的实施工作，由学校方面负责牵头、指导、协调和综合服务。

大学生网络交流呈现的这种前所未有的多方向蓬勃发展的态势源于自媒体的特征。在自媒体时代，人们不但能够从自媒体平台获取信息、发布信息，还能够完成对信息的点评，各种思想呈现在自媒体平台之上，从而使自媒体平台成了各种思想的集中地。[②]

每个人都是信息和新闻的高速传播者，任何人随时随地可以发起话题，且话题发起者与受众可以双向沟通，在传播中实现了去中心化。自媒体"人人皆媒体，人人皆新闻"的氛围打破了传统媒体单向主导的交流方式，这与大学生充分彰显个性、要求平等、要求自由、表达个人观念的诉求不谋而合，意见领袖随之涌现。意见领袖获得话语权，论坛、微博等平台为他们行使话语权创造了条件，他们通过自媒体平台上传信息、发表演说、进行辩论、发表对社会公共事务的看法和建议。[③]

---

① 陈晓蝶. "一带一路"文化交流中大学生文化自信的培育 [J]. 厦门城市职业学院学报，2018，20（1）：64-67.
② 张陈红，吴金庭，陈慧娟. 不同类型高校大学生网络行为特点分析 [J]. 包头医学院学报，2015，31（8）：120-121.
③ 庞国明. 大学生两类网络行为的心理分析及引导策略 [J]. 中国科教创新导刊，2010（20）：1.

一方面，自媒体平台为高校网络宣传教育提供了开放的环境。高校交流活动的组织者与大学生共享信息与平台，宣传教育的信息资源和教育手段受自媒体影响而得到了极大丰富，有利于交流活动前期、中期和后期的宣传，极速的网络传播与全网互动产生的巨大能量能够为交流活动积攒人气，为日后的蓬勃发展创造宣传手段。

另一方面，大学生对新鲜事物的接受能力很强，这需要高校交流活动的宣传组织机构坚持意识形态阵地管理，做好活动把关，及时了解和掌握大学生学习与生活方方面面的思想动态，培养学生的媒介素养，提高他们应用自媒体资源的能力，使教育者与学生共享自媒体对交流活动的良性宣传，使交流活动在自媒体大环境下公平、合理地运转，让自媒体具有建设性地推动中外学生交流活动。

参与交流活动的人群决定了交流活动的效果，要达到交流活动预期的效果，交流者相互之间需要能够清晰准确地传递信息和正确地理解信息，并对信息进行必要的反馈。这个过程对沟通双方提出了相当高的要求。

首先，中外交流的主要障碍是参与者的语言能力。以英语为例，参与交流的学生的英语水平会出现非常大的差异，如各个大学的国际合作项目多少、双语教学比例、专业教师的专业水平、大学图书馆藏质量、在科研领域的活跃程度等因素，都使得交流活动的参与者的语言水平无法获得基本统一。从学生自身角度看，中国高校和亚洲高校中普遍存在学生的外语读写能力较强，听说能力较弱的现象。外语学习缺乏应用环境，将直接影响对外交流中获取信息和表意的准确，不同语言程度的交流者会选择恰当或不恰当的沟通手段，这影响了交流的即时效果。

其次，参与者的文化程度及跨文化交际能力参差不齐。在交流活动中，沟通者来自不同的文化背景，有不同的风俗习惯、价值观念等。因此，沟通之间传递、理解和反馈信息的过程变得极其复杂。还有一些因素也加大了交流的难度，如交流者是否都具有积极的沟通心态，是否尊重彼此文化对交流一方的文化，是否带有强烈的刻板印象，交流者本人是否具有一定层次的跨文化沟通知识与技巧，是否已经养成良好的沟通习惯，是否进行过中外交流实践，这些关于人的变量都是影响交流活动的重要因素。

特别指出的一点是，有研究表明，宗教信仰相同对于学生的交友而言是一个相对不重要的影响因素;[①]换言之,宗教信仰、思想观念和风俗习惯等不同,也许正是人们愿意交际和交友的一个因素。

还有一些因素会影响交流活动的效果,如交流活动在什么样的社会背景下开展,与当下国家和社会的主流文化走向是否相应,是一次性的活动还是目标相同、主题不同的系列活动,是假期举办还是在学年中举办,与学生学业或研究课题是否有呼应,以及交流活动的规模及举办地点等。在设计中外交流活动时,应该仔细衡量这些因素,以调研为基础,群策群力,从学校和学生实际情况出发,进行周密策划与严格执行。

对于持续性的交流活动,要通过制度建设形成交流机制,保障活动的良性发展,中外学生参与有主题和无主题的长期性交流活动,有助于多元沟通由浅入深,不断克服跨文化交际中的各种障碍,使学生逐步具备有关话题的深度沟通乃至无障碍交流的能力。[②]学生在解决交流过程中遇到的困难后,会在下一次活动中避免出现相同的问题,改进交流方法,运用新学到的沟通技巧和知识,在不断复盘演练的过程中实现沟通水平的提高,最终真正实现社交活动的价值。

2. 交流活动策划

(1)交流活动基本原则

加强和改进中外人文交流工作要坚持以人为本、平等互鉴、开放包容、机制示范、多方参与、以我为主、改革创新等原则,坚持"走出去"和"引进来"双向发力,重点支持汉语、中医药、武术、美食、节日民俗以及其他非物质文化遗产等代表性项目走出去,深化中外留学与合作办学,高校和科研机构国际协同创新,深化文物、美术、音乐展演、大型体育赛事举办和重点体育项目发展等方面的合作。中外学生交流活动的策划必须把握国家政策要求,对交流活动的主题、内容、形式等严格把关。

哲学家罗素曾说:"不同文化之间的交流过去已经多次证明是人类文明发展的里程碑。"[③]

[①] 李天一. 国际生的社交活动与跨文化融入——基于牛津大学的调查分析[J]. 教育理论与实践, 2015(12): 5.

[②] 同①.

[③] 中国军网. 奏响人类文明和谐发展的乐章[EB/OL].(2018-06-24)[2023-06-10]. http://www.81.cn/jfjbmap/content/2018-06/24/content_209262.htm.

不同文化之间的交融与博弈是文化交流中一个必然且必需的现象，是实现民族文化可持续发展的重要途径。中外文化交流的输入输出方是交替进行的，目的也庞杂和多变，在历史上曲折向前，如唐代属于文化输出，而民国时期接受了许多西方思想和教育理念，交流本身就是变化的。

当代大学的交流活动要把握国家高等教育政策中的国际化要求，通过中外学生的交流与理解，培养大学生的国际视野，提高对复杂世界的认识和辨别能力，深刻理解中国在新的世界格局中面临的机遇和挑战，坚定"四个自信"。同时，传播和弘扬中华优秀传统文化，讲好中国故事，培养家国情怀，激发学生爱国报国的使命感。组织活动时遵循了基本原则，才能够确保各种交流活动的成功。

策划丰富多样的中外学生交流活动就意味着活动要能长久保持吸引力并持续发展。

第一，学校要通过交流活动的平台引导学生自我管理、自我教育，吸引更多人才参与组织策划，提供交流活动项目的新鲜点子，并富有活力地开展工作，让创新无处不在，让学生无论是参与组织还是参与交流都能有平等和充足的机会，让学生体会到无论是策划组织还是亲身交流都是一种享受。

第二，鼓励中国学生之间、中国学生与外国学生之间、外国学生之间三方面的交流，为提高学生的跨文化交际和深度对话能力创造条件。学生仅仅在心理上"期待"还远远不够，与来自其他文化的人有效交际的能力和技巧制约了交流活动现场的发挥。因此，学校还可以创办一些同文化群体的交流活动。例如，进行主题为"我认识的某国朋友""我的对外交流活动经验与教训""我和我的中国朋友曾经……""你这样理解中国就对了"等的交流活动，为跨文化间的交流做准备，为学生实现广泛而有深度的沟通做储备，这实际上是同一种大文化背景下不同地域之间跨区域的文化交流活动。

第三，同一国家的学生自发抱团是很正常的，学校应该不断创新，想出办法支持和鼓励每个学生在交流活动中不再"抱紧"自己的小伙伴，帮助他们克服不安全感，克服害怕受到排斥的畏惧，鼓励学生大胆地走出去，哪怕一个人也能在陌生的小群体里自信和愉快地交往。

第四，还要变换交流场所，为不同的活动配以相应的场景，多样的交流场所有助于学生在轻松、愉悦、有效的氛围中参与活动。

（2）交流活动注意事项

高校自身的内涵机制建设是促进学生国际交流的根本动力，唯有加强管理，完善交流机制，创新工作方法，才能顺利而高效地推进在校大学生参加国际交流的工作。

第一，学校应明确交流活动的重要性，让学生认识到交流活动能够提高自身素质，鼓励他们自觉参与。相关公文应及时通告，具体活动流程信息应公开可查询，组织结构应明确，让学生在交流前期随时能够找到相关的工作人员询问和求助。

第二，要出台奖励措施和补助措施，有完整和快速的后勤及安全保障系统，建立配套的应对各种突发事件的应急预案。

第三，学校应形成中外学生交流活动的规范化管理，出台相应的制度性规定，规范中外学生交流活动。学校相关部门应对中外学生文化交流的过程进行把控，确保正确的政治方向，符合贯彻国家教育方针，并落实立德树人根本任务的要求。通过适度参与相关活动，在活动中加强引领和把关，确保中国学生对外国文化做到礼貌对待、去粗取精、以我为主、兼收并蓄；加强外国留学生对中国文化的理解、对中华优秀传统的吸收、对中国梦思想的认同、对校园文化的赞同。

因此，高校要加强自身的机制建设，保证活动安全高效地开展，拓宽交流渠道，促进中外文化交流工作的可持续发展。

交流活动应当建立健全活动的质量监督体系，实时跟踪活动的进展情况。对于成果显著、交流顺畅的活动，可以保留并加以改进，深入挖掘活动潜力，开发子项目，形成系列活动；对于问题较多、交流质量较差的活动，应及时反思整改，如果不能保证提高活动质量，就应停止该交流活动的运作。文化交流活动结束后，可以通过成果汇报、访谈、学生评价等多样化的形式，对交流活动保持后续跟踪，进而对活动本身作出关于其运行效果的评价。这样，一方面可以帮助获知本活动对学生发展的有益因素，另一方面可以了解活动运作中需要改善和提高的环节。

3.交流活动实例

下面以北京语言大学中外学生文化沙龙系列活动为例进行说明。

(1)项目背景

北京语言大学中外学生文化沙龙系列活动项目是在校团委的指导下由北语学生会牵头，联合其他校级组织共同创办的系列活动。项目旨在为广大中外学生提供和搭建相互沟通、探讨的机会与平台，促进各国文化交流发展。本项目中包含的系列活动大小相宜、形式多样、内容丰富，涉及各类文化领域，贯穿分散在整个学年中，为学生的课余生活提供了丰富的选择性，一直是北京语言大学的金牌项目之一。该项目充分利用北语的语言资源及学科优势，不断深化项目内涵，提高项目成效，促进广大中外学生的全面发展。

中外学生文化沙龙系列活动的目的在于为中外学生提供沙龙式非正式聚会活动，供学生进行交流、探讨，鼓励学生勇于接触他国优秀文化，勇于探索表达，激发他们对自身环境的思考，从而提高学生的综合素质。在项目发展的过程中，该项目逐渐演变为活动形式多种多样、内容可不断更新的系列活动，并致力于打造一个让各国学生可以展现本国优秀文化、思想、品质甚至民族性格，并互相欣赏、互相学习，最终实现文化交融、和谐共进的大同校园。

(2)项目理念

①各美其美，美人之美，美美与共，天下大同

在北京语言大学中，中外学生共同生活学习，多种文化与各族人民在此相聚交融、互相吸引，每种文化都有其独特的魅力。中外学生文化沙龙系列活动的理念便是为广大中外学生打造一个正向积极的交流、接触的平台，中外学生可借此学习如何与不同国家不同民族的同学在不同场合以不同身份互相交流，有助于营造和谐共进的校园氛围。同学们和谐相处、互相学习、互相欣赏、共同进步，吸收各文化中的精华，开拓思考角度，深化思想深度，激发生活灵感，在促进文化间交流进步的同时，也促进个人能力的提升，从而获得一段大学生活中不可复制的难忘经历。

②中国传统文化与世界优秀文化并重齐飞

北京语言大学是国际上声誉卓著的一所中国高校，许多来华留学的学生都首选来北语就读，其中的大多数留学生都有深入了解中国传统文化的意愿。同时，他们也将许多本国优秀的文化带到北语校园，很多报考北语的中国学生也是被这种独特的国际化校园氛围所吸引。北语坚持举办中外学生文化沙龙系列活

动的理念符合学生的需求——努力促进中外双向学习交流,帮助中国学生以接触留学生为桥梁对外国文化进行学习了解,让留学生通过亲身体验、动手实践等活动形式对中国文化有更生动的认识,从而帮助学生增强文化自信,开阔国际视野。

③多种形式,多种内容,全面了解,全面交融

中外学生文化沙龙系列活动内容丰富、形式多样,每学年根据时政热点、学生喜好等进行活动形式及内容上的更新。系列活动主要包括文化体验、互动交流、文艺体育三大类形式,让中外学生从多角度、全方面地互相了解、交流与接触。学生通过沉浸体验、动手实践等多种方式,能够学习到课本上学不到的知识,收获更多真实、有效、最新、地道的关于语言用法、文化特色、传统习俗、风土人情等方面的知识。通过这些方式,学生获取知识的途径既不枯燥又直观可感,还可以通过正确的途径对各个国家文化形成正确的认知。中外学生通过活动既丰富了课余生活又收获了友谊,活动的影响及效益不会因活动结束而停止,后续的交往也有助于培养同学们开放包容、勇于探索的性格与思维。

(3)项目运作

中外学生文化沙龙系列活动在校团委教师的监督指导下,由校学生会留学生联络中心总体牵头,联合校学生会其他部门及其他校级组织共同完成相关策划活动及各项后续工作。中外学生文化沙龙活动一直致力于打造供中外学生平等友善地进行交流互动的平台,系列活动包括文化体验、互动交流、文艺体育等三大类形式,形成传统的大型活动会按照以往模式举办,小型活动会根据当年时政热点、学生喜好等进行调整。近年来,已成功举办中外学生羽毛球大赛、冬季假面舞会、"粽香端午,与你联结"端午特别活动等。由于活动性质和活动形式不尽相同,开展方式也有所不同。以下针对不同类别分别介绍项目的运作方式:

①文化体验类

文化体验类活动大多为灵活度较高的小型活动,每个活动都有一个明确的主题。活动主题多为中国传统文化符号,为中外学生提供围绕该主题进行交流、探讨、动手实践的活动平台。"兔爷寻宝记"活动及风筝制作、端午结绳等活动,成功促进中外学生近距离交流,了解中国优秀的传统文化,在提升中国学生文化自信的同时,也为留学生烙下了深刻的中国文化印记。主办部门结合时下焦点、

学生喜好，确定与中国传统文化相关的活动主题和规模，撰写活动策划。此类活动通常以主动报名的方式开展，前期宣传时会同时开放线上报名通道，主办方将根据活动大小限制相应名额，学生通过报名参与。活动主题贴近中华优秀传统文化，因此对留学生格外有吸引力，很多留学生结伴参加，既真实体验了中国文化，还可将自己动手完成的文化工艺品留作纪念，在留学生中广受赞誉。

②互动交流类

互动交流类活动不应拘泥于以中国传统文化符号为主题，形式更为简单化、娱乐化。例如，冬季假面舞会，以舞会的形式为中外学生创造结交朋友、相互交流、展现自我、陶冶情操的平台。很多中外学生通过这种形式多样的互动交流类活动，成功找到性情相似的语伴甚至是志趣相投的挚友。同学们可以通过活动学会一项技能，也可以通过活动发展自己的兴趣爱好。互动交流类活动更倾向于沙龙式而非正式聚会活动，人数有限、轻松随意、自由度高，没有过多的活动规则，学生可以自由展现真实的一面，平等交流、各抒己见，在很大程度上锻炼了学生的人际交往能力与自我表达能力。互动交流类活动广受学生欢迎，常常出现一票难求和定时抢票现象，这已经成为北语独有的特色之一。此外，这也说明中外学生文化沙龙项目迎合了学生的真切需求，展现了广大学子积极探索、勇于表现的内心世界。

③文艺体育类

文艺体育类活动多为比赛竞技类活动，通常为较大型的传承类活动，其中，已形成品牌的文艺体育活动有举办了多届的中外学生羽毛球大赛、举办了三届的中外学生主持人大赛等。此类活动以竞技为形式，中外学生可组队参与。虽然每项活动内容相对固定，但仍可根据时下焦点确定主题、制定活动细节。每学年举办活动的时间基本固定，但规则赛制等会不断更新调整，旨在为学生提供更好的竞技平台。有特长或者零基础但有意愿挑战自我、展现自我的同学都可在这些活动中公平竞争、同台竞技。活动中，各国的优秀学生一展风采，虽然大家说着不同的语言，拥有不同的肤色，但都在为胜利而努力拼搏着。中外学子共同培训、共同排练，在比赛现场并肩作战，形成北语一道独特的风景线。

（4）主要成效

中外学生文化沙龙系列活动项目经过长时间的打磨升华、更新换代，不仅成为北语校园文化不可或缺的一部分,甚至成为对首都各高校学子都有一定影响的金牌校园项目,同时也是促进中西方文化交流、提升中外学生互动性的示范性项目,具有一定的推广价值和借鉴意义。作为影响巨大的校园项目,中外学生文化沙龙系列活动项目成果颇丰,主要成就如下:

①充分利用学科优势及语言环境

北京语言大学作为一所优秀的语言类院校,具有国内领先水平的多语种教学能力和语言类学科。此外,北语是我国来华留学示范基地,吸引了大量的优秀留学生前来就读,带来了他们本国的优秀文化,也创造了多语种环境。中外学生文化沙龙项目充分利用北语的这些特色优势和良好环境,帮助刚来到中国的外国留学生快速学习常用中文,提高知识实用性,让他们有更多机会使用中文,提高中文水平,了解中国文化,尽快地融入新环境;同时也为很多小语种专业的中国学生或对小语种感兴趣的非外语专业同学提供了接触、了解和学习其他语种的机会。

②引导中外学生进行积极正面交流

北语的广大学子来自不同国家,拥有不同文化背景,学生之间在进行日常交流的同时便会实现文化间的互动。同在一所校园内学习生活的中外学生都有互相了解的需求,但由于存在信息不对称等原因,因此交流的顺畅性、有效性往往会在一定程度上受到影响。中外学生文化沙龙系列活动为学生提供一个健康积极的平台,供学生正向有效地进行跨文化沟通交流,避免了因交际失误而引发的不必要问题。

中外学生文化沙龙项目中涉及的活动主题鲜明、健康积极,活动内容有益学生的身心健康。这些活动由学校团委老师进行指导监督,由校学生会工作人员组织开展,有专门人员进行活动记录,活动结束后还会进行线上线下调查,保证公平公正、健康透明。学生会还会针对每一个活动进行总结反馈,指出存在的问题,努力为学生提供更优质的活动。

③提高归属感,增强凝聚力

中外学生文化沙龙系列活动作为北语形式独特的大型金牌活动,与北语的校园文化已经密不可分。中外学生文化沙龙项目是北语校园文化的一部分,帮助北语学子塑造了独有的北语气质。此外,北语的校园文化也影响着系列活动的发展方向以及项目成效。中外学生文化沙龙项目与北语的校园文化相辅相成、相互影响，提高了校园文化的凝聚力，深化了系列活动的含义。中外学生通过参加文化沙龙的活动，形成队伍，组成小组，建立了新的朋友圈，提高了学校整体的凝聚力，增强了学生的归属感和集体意识。同学之间互相了解、互相帮助、互相认可、互相学习。大家对校园文化、对北语人身份的认同感，使校园、集体更加团结，进而创造出更多辉煌的成绩。

④提高对本民族的文化自信

中外学生文化沙龙系列活动为中外学子提供文化互动、深度交流的平台，让广大学生都能有机会展示自我，展现本民族、本国的文化特色，学生也能通过活动认识和了解更多深层次的民族文化、民族性格等。在北语，所有国家、所有民族的学生都是平等的，可以自由地进行交流，表达思想。学生参加中外学生文化沙龙活动，互相介绍本国的文化和国情，讲述家乡的故事，分享家乡的美食、特产，有助于学生健康发展，促进其学业进步、性格养成，同时可有效提高他们对本民族文化的自信。学生也会因此更加热爱北语包容和谐的校园环境，共同创造属于自己的北语文化，留下属于自己的北语回忆，并在每个人心中留下不可磨灭的文化印记。

⑤促进学生全面发展，提高学生综合素质

中外学生文化沙龙系列活动内容多种多样，涉及文化体验、互动交流、文艺体育等多种形式，学生可以得到各方面的锻炼，学习到各种各样的知识。同时，活动横跨整个学年，时间较长，规模较大，涉及的学生群体较广。因此，不仅有大量直接参与活动的同学，还会有参与策划组织、实施的学生群体。系列活动不仅能给直接参与的学生带来很多学习娱乐的机会，也会给组织方学生创造锻炼自我的机会。学生通过接触学生工作、实施活动，从曾经以学习为主的高中生成长为融入社会环境、国际环境的大学生、成年人，并由此获得全面发展，提高了综合素质，还提高了自我管理、自我学习、自我提升的能力。

（5）项目特色

中外学生文化沙龙项目的开展真正有助于国际化人才培养，学生通过活动真实地接触到他国文化，实现了文化交融、文化互动。在北语就读的留学生来自多个国家，多种文化实现融合，中外学生可以通过活动接触到世界各地的同学，学习到各类典型的代表文化。北语融万千文化于一地，中外学生文化沙龙项目又将这诸多文化的传播者汇聚一堂,学生交流的不只是自身的故事,更是其所代表的国家和民族的优秀文化。在文化的盛宴中,学生自然而然成为文化交流、文明互鉴的推动者和实践者。

(6)项目建议

中外学生文化沙龙项目是规模空前的系列活动,虽然已经卓有成效,但仍有可以提升的空间。

未来的活动可以考虑充分利用校内所有资源以及相关校外资源,通过与各方面的专业师资、专业团队合作,提高活动的专业性和质量。促进学生与各方师资、各界专业人士接触交流,为日后学生的学习深造提供渠道和机会。

中外学生文化沙龙活动作为北语品牌校园活动,不仅可以增进北语和校外的交流,如与其他高校实现活动上的互动,相互学习、相互观摩、相互借鉴、共同进步,也可以为活动参与者提供更开阔的交流平台、更广阔的交流视野。因此,可扩大活动范围,适当扩大活动规模,让更多群体从活动中受益。

五、基于跨文化交际的校园文化建设经验

(一)确立组织体系、策划方案和制度规范

基于跨文化交际的校园文化建设是高校国际化人才培养不可或缺的部分,因此高校要有专门的国际化人才培养组织机构来负责此项工作,定期商讨或在大型活动前商定方案。在教学课程方面,开设跨文化交际的课程。在学生活动管理层面,对工作人员和学生干部进行针对性的跨文化交际培训,组织跨文化交流的线上线下系列活动。在规模较大的跨文化交流活动中,要建立现场临时处理突发事件的工作机构,及时处理和指导活动进程中的事宜。

高校中外学生年龄大多集中在18~23岁,除经历从中学到大学的转变外,留学生还要经历国家之间的转变,因此跨文化交流活动首先要考虑到学生身心的健康成长、道德和法律等基本规范的教育以及人生观、价值观的培育。对我国学生来讲,还要考虑总体国家安全观的教育与引导。因此,从学校层面来讲,要制定《中外学生对外交往的相关规定》《跨文化交流活动组织规范》等制度。从具体的跨文化交流活动策划来讲,要做好相关防范预案和教育培训,必要的时候要

让参与者签订承诺书、保证书或协议书等。

(二)搭建适合中外学生跨文化交际的活动场域

跨文化交际需要在一个场域中完成,这种场域可以是自然形成的,但在多数情况下,特别是我国的高校中,更多地需要人为创设。也就是说高校要提升学生的跨文化交际能力,必须搭建广泛的跨文化交际平台,给予中外学生文化交流、文化模仿、相互影响、文化澄清和行为调整的时空场所,这是跨文化交际成为可能的客观环境和先决条件。创设中外学生跨文化交际的场域,就是为中外学生搭建一个生活学习、社会交往的适宜空间或外部环境,既可以是日常生活起居的自然场域,也可以是课堂教学和日常学习的教学场域,还可以是有计划、有组织的大型的中外学生交流交际的第二课堂活动,比如中外学生歌手大赛、中外学生志愿服务活动、世界文化节、中外学生语伴大赛、中外学生旗袍风采大赛等。这些活动都是中外学生共同感兴趣的、符合青年学生特点,其更重要的价值还在于活动的前期和过程中对中外学生跨文化交际和交流能力的锻炼与培养。

(三)加强跨文化交际过程中的教育和指导

在中外学生跨文化交际过程中,建立良好和谐的关系是双方共同期待的心理需求,同时也是跨文化交际能力提升的基础和前提条件。美国耶鲁大学心理学教授奥尔德弗于1969年在《人类需要新理论的经验测试》一文中修正了马斯洛的论点,认为人的需要不是分为五种而是三种:生存的需要(Existence),包括生理与安全的需要;相互关系和谐的需要(Relatedness),包括有意义的社会人际关系;成长的需要(Growth),包括人类潜能的发展、自尊和自我实现。奥尔德弗需要论简称为ERG需要理论。因此,对于中外青年学生,需要帮助他们在跨文化交际的初期,了解更多的跨文化交际的知识与技能,增强跨文化交际的自觉性和对文化差异的敏感性,教他们掌握一些处理跨文化交际过程中冲突的技能,如此有利于满足双方的心理需求,从而提升跨文化交际的成效。

对多数留学生来讲,在入学前学习过汉语,并且通过了一定级别的汉语水平考试。但是当他们与中国人交流时,会发现自己讲的汉语中国人听不明白,中国人讲的汉语自己也听不明白,因此会出现暂时性失语。后来通过不断地接触和实践,他们发现存在以下三个方面的语言问题:一是口音问题。来华留学生曾在不同的国家或中国的不同省份接受不同老师教授的汉语，就像一些留学生所说的，在山东学习的普通话有山东味，在东北学习的普通话有东北味，在江浙学习的普通话有江浙味，在广东学习的普通话有广东味，当他们从一个环境来到另一个环境时，就会遇到此类问题。二是音调和语序问题。来华留学生在学习汉语时，会自觉不自觉地带有自己本民族语言的发声和组织语言的惯性，这会影响到音调的准确性和语序的合理性，也会影响到他们对汉语的学习和与他人的交流沟通。三是口语表达书面化。有的来华留学生在本国学习的汉语大多是书面标准用语，来到中国后发现中国人在日常交流时说得很简单。他们常常担心自己说得不地道，所以不敢开口。在交流时，由于缺少相同的文化语境，中外学生很难深入地交流和沟通。

对中国学生来讲，如果用汉语交流肯定没有问题，可如果用其他国家的语言交流，同样存在语言表达能力影响跨文化交际的问题。

在中外学生跨文化交际的过程中不可避免地会遇到中外文化冲突。通过中国文化价值观和其他各国文化价值观的比较可以看出：对于来自与我国文化价值观（尤其是集体主义和个体主义这一维度）差异特别大的国家的留学生，遇到的文化冲突越大，跨文化交际的困难越大；对于来自与我国文化价值观相近国家的留学生，跨文化交际的困难相对较小。在解决跨文化交际过程中的问题时，首先，就如何防范和解决进行协商，而不是强化双方的文化冲突；其次，冲突平息以后，再进行文化差异和文化冲突的解释与说明工作，这样既解决了问题，又增进了双方对文化差异的理解。这就需要我们对常见文化冲突和矛盾进行文化价值观的比较研究，构建一套解释话语体系，增进中外学生的相互理解。

联合国教科文组织的国际教育大会曾发布《教育对文化发展的贡献》的大会文件，该文件第七款指出："跨文化教育或多元文化教育要能促进对文化多样性的尊重、相互理解和丰富，促进尊重文化的多样性及增强理解可以确认的不同团体的文化，增进国际理解，并使同各种排斥现象作斗争成为可能，其目的应是从理解自己人民的文化发展到鉴赏邻国人民的文化，并最终鉴赏世界性文化。"

《教育对文化发展的贡献》文件中指出，设计跨文化教育的课程"应在文化和教育专家，以及人类学家、社会学家、心理学家和其他学者的参与下予以编制""选择一种或若干种语言（母语、民族语言或外语）作为单独的科目或作为学习其他科目的媒介""应该包括世界文化、思想和创造性发展的要素,应避免专用权利冲突和对抗的词语来展示历史""应避免过分强调那些导致人类社会发生冲突的主题""鼓励学生思考各种文化互惠的益处、相互影响和补充以及各国对世界文明的贡献"。教育要培养学生的"伦理与公民价值观""如尊重人的尊严、宽容、对话、团结和互助",还要向学生"介绍当代世界重大问题",引导他们"对世界的共同问题形成一种团结和共同负责的精神"。通过课程的学习,中外学生增强了对各国文化知识的了解,包括了解中外学生国家的表层文化和深层文化。表层文化包括艺术、音乐、习俗、语言、节日、时尚、戏剧、文学、建筑、传统;深层文化包括自我概念、宗教、信念、行为方式、规则、价值观(好和坏)、思维方式。此外,还要让中外学生习得对待世界各国文化的态度和行为方式。

要帮助中外学生区分普遍的文化和具体的文化分类,要辨析文化相对主义,进行文化比较的专题学习,或通过角色扮演等寻求跨文化的感知。比如,日常消费习惯、请客吃饭的礼仪、对待父母的态度、娱乐活动的选择、文化禁忌的遵守、朋友关系的维系、时间概念的差异等都会存在显著不同。在价值观澄清的过程中,我们可以按照外显的行动—行为方式—价值观三个步骤来进行。比如,中国学生见到教授非常有礼貌,有事会请假,这与中国传统的尊师重教的行为方式有关。

通过搭建中外学生跨文化交流活动的平台,中外学生在实际交往中有意识地感受和培养识别文化差异的能力,增强跨文化交际过程中对文化差异的敏感性,并作出合乎双方意愿的行为反应。

由于文化习俗和文化传统的差异,因此中外学生在语言表达和肢体语言上需要特别注意各国文化禁忌,以避免不必要的冲突。

随着国家对来华留学生趋同化管理政策的实施,中外学生的管理趋向统一的教育、发展和服务。但是,来华留学生教育管理仍有其特殊的政策制度要求,因此在实际趋同化过程中也会面临很多"特殊"的地方,给高校的中外学生管理者带来很大困惑。这就需要培养一支既有过硬的日常教育管理能力,又有较强的科研创新能力的研究队伍,必要时安排到国外进行跨文化体验和学习,创造机会让中外学生教育和管理人员到国外亲身体验跨文化适应的过程,学习国外高校国际学生跨文化教育和管理方面的经验。

第三节　校企文化建设融通发展

一、校企文化融通的意义

校企文化融通是由高校教育的特性所决定的。高校教育更贴近市场，更贴近企业，企业与市场有着紧密而全面的联系。因此，高等院校应当有不同于普通高校的、更贴近市场、更贴近企业的校园文化。高等教育的人才培养目标是培养生产建设管理服务第一线所需要的高素质技能型人才，培养的是"技能型"人才，而不是"学术型"或"工程型"人才。这些"技能型"人才组成企业人才金字塔的底部，是企业人力资源的基础，也是形成企业文化的基础。因此，建设企业化校园文化是实现高等教育目标，为企业培养基层人才的需要。

目前，我国高等教育呈蓬勃发展之势，各院校都在积极探索适合我国国情的有特色的高等教育发展之路，可以说正处于"八仙过海，各显神通"的阶段。经过多年的探索，总结出了一些符合我国国情的办学经验，走产学研结合的路子，是一条大家公认的我国高等教育发展之路，实施产学研结合的一条有效途径就是开展校企联合。在高等院校建设企业化校园文化，不仅适应校企联合和产学研相结合的需要，而且也会有力地推动校企联合和产学研相结合的深入发展。

从某种意义上讲，高等教育是一种就业教育，目前，高等院校毕业生的就业率已成为社会关注的焦点，是否有较高的就业率将决定高等院校甚至整个高等教育的生存和健康发展。在这种背景下，很多院校主动适应社会、适应市场，提出了让毕业生"零距离"就业的目标，但是，要真正实现"零距离"就业的目标，除了学生知识、专业技能等的"零距离"，更重要的还应有价值理念的"零距离"，要让学生就业后能很快地认同和接受先进的企业文化及价值理念。

因此，高等院校建立企业化的校园文化，可以让学生在校时就能受到先进企业文化的熏陶，把高等学生培养成具有守纪、勤奋、诚信、合作、创新等优良品质的受企业欢迎的人才。

(一)校企文化融通是建设特色院校的必由之路

第一,校企文化融通是教育创新服务经济建设大局的现实需要。现代大学的基本职能是人才培养、科学研究和社会服务,即唯有培养一大批拔尖创新人才,源源不断地产出原创性科技成果,在科技成果转化和高新技术产业化方面作出重要贡献,其凝聚力才能得到强化。

第二,校企文化融通是高等教育快速、健康发展的必由之路。教育部在"第二次全国大学科技园工作会议"上指出,高校要在产学研结合的实践中以服务求支持,以贡献求发展。[①]要善于走科学技术产业化的道路,主动地将科技成果转化为现实生产力,在获得广泛社会效益的同时取得显著的经济效益。

第三,校企文化融通是彰显高校特色、培养高素质技能型人才的有效途径。高等职业技术教育必须以市场与就业为导向,高度注重专业技术课程的实践性教学。构建产学合作教育新模式,既可弥补校内实验室和校外基地实习、实训的不足,又能丰富实践性教学内容,为师生提供有关的项目设计与施工的全过程实践条件。

(二)校企文化融通是创建现代学习型企业的有力举措

企业采用新技术、开发新产品离不开高等院校的技术支持。校企融通为我国科技发展作出了重要贡献,同时也为我国高新技术产业构筑了良好的发展平台。目前,很多企业为了生存和发展,迫切需要科学技术的进步,需要与高等院校结合,组成一个新型的科研生产联合体。

高等院校的教育教学质量直接决定着未来企业员工、干部的知识水平与劳动态度。企业与高等院校的合作,对于企业的发展具有深远的、战略性的意义。因为高校的教育理念、教学内容、教育方法与手段、科研方向与科研水平等,都决定着未来的企业职工和领导的知识、能力和素质。校企文化的结合是创建现代学习型企业、实现企业学习化的有效途径。企业在与学校密切交流的过程中,企业员工耳濡目染,文化素质、专业技能、品格修养等都得到全面提高,这些对于提高企业的整体素质和综合竞争力将发挥重要的作用。

---

① 吴绍芬. 乘势而上多层面把握和推进大学科技园建设——第二次全国大学科技园工作会议综述[J]. 中国高等教育,2003(24):2.

（三）校企文化建设一致性使校企文化融通成为必然

学校和企业在社会责任、文化建设和现代化进程等方面具有一致性，使两者的互渗互融成为可能。

高等院校与企业两种不同的社会组织担负着相同的社会责任。人力资源是第一资源，对于造就数以亿计的高素质劳动者、数以千万计的专门人才和一大批拔尖创新人才，高等院校肩负着不可推卸的历史重任，企业为人才的后续成长提供广阔的空间，为人才服务国家提供大显身手的平台。

校园文化与企业文化两种不同的文化形式有着相同的结构层次。校园文化和企业文化虽然在精神实质、物质载体等方面有所差异，但在内在的结构与层次上的一致性仍显而易见。文化因素对于高等院校与企业两个组织而言，在管理的过程中都具有重要的意义和举足轻重的作用。这些可以使两种文化在同一平台上实现互相渗透与融通。

创建学习型组织已成为高等院校与企业可持续文化建设的共同愿景。"学习型组织"最初的构想源于美国系统动力学家杰·佛瑞思特[1]，其弟子彼得·圣吉继承、发展并完善其思想，写成《第五项修炼——学习型组织的艺术与实务》一书，该书一出版即产生了极大的反响。[2] 学习型社会的全貌也许现在还无法清晰地展现出来，但是，无论是对高等院校，还是对现代企业而言，终身学习、全员学习、全过程学习、团体学习等都已成为其保持发展后劲的重要手段。

二、校企文化融通的途径

发展高科技、实现产业化是校企文化互渗互融的精神实质和努力方向。优势互补、校企同行，是知识经济时代的客观要求。通过高校与企业合作与合资，可以实现资源、资本与资金的优化整合，初步完成从技术到产品的转变。

高等院校与企业以互利互惠、合作双赢为目标，主动围绕专业创办新兴产业，通过这种途径，校园文化与企业文化可以得到渗透与融合、借鉴与改良，将为创建学习型社会，提高全民族的创新力、创造力，优化人力资源结构奠定坚实的基础。

---

[1] 张林格. 学习型组织与组织学习 [J]. 理财，2002（11）：20-21.

[2] 杨静. "学习"的快乐功能——读《第五项修炼——学习型组织的艺术与实务》有感 [J]. 现代教育科学（普教研究），2006.

"专业+公司"是实现校企文化互渗互融的物化载体和有效途径。在探索校企同行、共同发展的过程中，必须走一条既顺应世界高等教育发展潮流，又符合中国国情的发展道路。"专业+公司"是实现校企文化融通的物化载体和有效途径。通过对各种校企合作办学模式的比较与分析，围绕专业办产业，办好产业促专业的"专业+公司"教育教学改革思路。职业性在高校校园文化中得到进一步强化，更显其本质特征和文化特色。创办与专业紧密结合的企业有利于科学技术成果的转化与产业化，通过新型科技企业的凝聚功能与效应，将有效地完成"技术—生产（服务）—产品"等环节的转化。

　　建立现代企业管理制度是校企文化互渗互融的重要保证。校企同行、文化融通是现代社会的产物，是大工业生产、现代教育和人才培养三者共同发展的必然需求。时代要求高等院校由单一的、封闭型教育模式转向多维的、开放型的教育模式，将单纯的校园文化与企业文化进行有机的渗透与融合，优势互补，以形成丰富多彩的新型文化。

　　建立健全现代企业管理制度，为校企文化互渗互融提供重要的保证。在校企同行、产学合作的过程中，可以实现技术资本、智力资本、货币资本、实物资本的优化组合。为使新公司健康运行，组建时必须以公司法为依据，采取股份制的方式，对公司进行注册及管理。

　　校企互渗互融文化建设的重点是以人为本，树立人力资源是第一资源的概念；以知识管理为导向，倡导知识创新；保持开放与共享的气氛；以宽容鼓励创新，以学习促进创造；科技产业化，企业学习型，调整知识的杠杆以取得更大的社会影响力和市场竞争力；建立能动性的组织结构，重视学习的价值；培养团队精神，建立学习与共享的文化氛围。

三、校企文化融通的方法

　　高校校园文化建设，既要坚守高校的教育特性，又应融合职业、企业文化建设的元素。只有这样，才能使高校的毕业生成为既具有较高的职业素养和职业操守，又具有较强的职业意识和职业能力的高素质技能型人才。在校园文化构建过程中，要以校企文化融通作为切入点，在校企精神文化、校企制度文化和校企物质文化等方面实施融通。

（一）树立校企文化融通意识

构建与优秀企业文化融通的校园文化，实现校企文化融通，一方面，要了解现代企业对高素质劳动者和技能型人才的需求，确立校企文化融通的目标、内容和要求，以培养出适应企业需求的高素质技能型人才。另一方面，要采用多种形式实现校企文化的融通。例如，通过到企业见习、实训，建立校企合作订单班，由校企双方联合制定培养方案、教学方案，对学生实施学业全过程管理；邀请优秀毕业生和优秀企业家来校，以主题演讲或职业沙龙等形式宣扬良好的职业精神、职业素养和优秀的企业文化。

（二）把握核心，实施校企文化融通

精神文明建设是校企文化融通的核心。在把握人才培养方向的同时大力弘扬学院精神，注重校企精神文化的融通。按企事业用人单位对优秀青年干部的要求，着力培养青年优秀人才。

在加强与企业和市场的衔接时，借鉴和吸纳包括企业价值观，如质量意识、服务意识等；努力构建企业化的校园文化的理念实施，像企业那样严格、规范、标准地管理，营造企业文化氛围。在学生管理工作中，针对高校学生的培养目标，结合企业需求，大力开展学生自主、自立、自管、自尊活动，利用一切机会，培养学生自我管理的能力，无论团委、学生会还是宿舍管理委员会及各种社团组织都为学生提供锻炼自己才能的空间。丰富多彩的课余生活，全方位的培养模式，多层次的训练手段，为学生走出校门服务社会奠定了坚实基础。

将合作企业的职业道德等企业文化要素融入人文素质课和思想政治课程之中，创新大学生思想政治理论课课程体系。在学生的实训、实习教学过程中融入企业的质量意识、效益观念、团队合作精神，潜移默化地培养学生的职业素质。

制度文化建设是校企文化融通的关键，是维系学校正常秩序不可或缺的保障机制，具有导向、约束和规范作用。物质文化是校企文化融通的基础。实现校企文化融通，需要以物质文化融通为基础。把学校文化建设与企业精神文化相融合，吸收合作企业先进文化的精神内核，布置学生教室、宿舍等学校活动场所，渗透合作企业的文化，积极营造合作企业文化氛围。组织师生观看合作企业宣传片，

让学生受到企业文化的熏陶与影响，了解合作企业的精神内涵，于无声处积淀企业文化的素养。

重视专业实训基地文化建设与企业文化的契合，将合作企业的物质文化、制度文化等要素，融入专业文化建设之中。营造一个真实的企业文化氛围，提升学校的职业氛围，从而促进学生的职业认同感。

（三）把握时机，实施企业文化全面渗透

在管理方面，要借鉴优秀企业的管理制度，积极尝试将优秀企业文化融合并贯穿于学校教育教学和管理服务的全过程，针对不同专业的学生，以相应的行业规范，结合学校的规章制度，来加强学生的日常管理。

充分利用工学结合、半工半读、顶岗实习的机会，引导学生深入了解企业文化，感悟职业精神，培养职业素养。要建立校企文化融通的校外实践基地，组织学生开展入学参观、调查走访、顶岗实习等活动，了解企业发展历程、文化积淀，让学生感受企业工作氛围，引导学生在职业意识、态度、责任和纪律以及能力等方面加强学习，达到磨炼职业意志、强化职业意识、培养职业操守和提升职业能力的教育目的。

与企业共同举办文体活动，邀请优秀的师生参加企业的劳动技能大赛；邀请企业人员参加学校举办的文化节和专业技能竞赛等，将企业文化更多地渗透到学生课外活动中，使学生潜移默化地了解、接受和认同企业文化，将责任意识、创新意识、科技意识、市场意识、环保意识等企业文化的内涵充分融入学生的校园活动中，使学生的课程学习、毕业设计活动与企业和市场更为贴近，实现校企人员、技术、文化的充分交流，既为企业挑选优秀毕业生创造了机会，又可以让学生了解企业的需要，尽早为就业做好心理和技能方面的准备。

四、校企合作背景下的校园文化建设

校企合作是一个新兴的模式，实现了学校与企业之间的合作，加强了两者之间的融合，促进两者共同进步。在校企合作的背景下，能够培养出大量有实践能力的学生，帮助学生毕业后寻求更好的工作途径。推动校企文化的互动与融合，对高校教育创新具有重要的现实意义。

（一）环境引领

将学校建成"准企业"，将学校的实习室包装成企业的"车间"。即按照企业生产场景布置实习室，并在实习室张贴安全标语、生产操作流程、安全操作规程，使学生踏进实习室就仿佛置身于企业生产车间之中；同时把学生包装成企业的"工人"，要求统一着工服（实训服）、带工具包、凭胸卡进"车间"上岗。

校园环境布置注重体现企业文化特色。在教室、宿舍、食堂、公共区域等位置根据专业实际张贴本行业国内外或本地知名企业家、劳动模范、优秀技工的寄语。在学校中心大道建成"企业文化长廊"，重点宣传与本校所开设专业联系紧密的知名企业的管理理念、管理规范以及行业质量标准，努力营造"工人伟大、劳动光荣"的氛围，潜移默化地对学生进行企业文化熏陶。

（二）管理接轨

5S 管理是现代企业采用的一种较为成熟的管理模式。[①] 要积极引进 5S 管理，在具体的操作上注重抓好两个关键环节。一是管理内容。在遵循职业学校管理规律的基础上，将教学区、实习区、宿舍区三大区域的管理要求与 5S 管理一一对应，分别细化成教学区、实习区、宿舍区的 5S 管理标准和要求，以便落实到具体的管理之中。二是管理形式。按照企业的架构构建班集体，让学生在虚拟的环境中体会到企业的存在，感受企业文化气息。我们以企业的名称命名班级、以企业的组织模式设置班干部和学习班组、以企业的管理形式实行"总经理（班长）负责制"管理、按照企业的制度制定班级制度公约、每天组织晨会进行工作总结和点评。

（三）课堂渗透

一方面，开设专门课程，利用课堂教学主渠道对学生进行职业道德、企业文化专题教育。另一方面，重视学科教学渗透。任课教师在学科教学时要结合学科教学的内容有意识地融入职业道德、企业文化的内容，让学生在学科学习的过程中不知不觉接受企业文化教育。

（四）活动融通

在课内教学活动中，积极推行项目教学法，以更好地激发学生的学习兴趣和

---

① 沙昭明. 5S 管理在现代企业管理中的应用 [J]. 中国管理信息化，2022，25（4）：3.

参与度。其中的关键是以班内已形成的班组为项目组来组织教学活动。通过将学生组织成团队，可以促进班组内的相互协作和团队精神的培养。学生在共同完成学习项目的过程中，不仅能够相互学习、相互帮助，还能够培养出良好的团队意识和合作能力。

在项目教学中，不同班组之间的有序竞争也是一种促进学习的方式。通过鼓励班组间的竞争，可以激发学生的积极性和进取心，营造出赶超的氛围。这种竞争氛围可以促使学生更加努力地学习，不断提升自己的能力和水平。同时，通过有序竞争的方式，学生可以相互激发、互相学习，共同进步。

除了课内教学活动，还要重视将企业文化融合渗透到学生的课外活动中。学校校园文化活动的设计和组织都会体现出职业文化的特点。这样做的目的是帮助学生更好地理解和适应未来的职业环境，提升他们的职业素养和职业意识。通过与企业文化的互动与融通，学生们可以了解职业道德、职业规范以及职场礼仪等方面的知识，为未来的职业发展打下坚实的基础。

对于高校而言，推行项目教学法和融入企业文化都是为了提高学生的综合素质和就业竞争力。学校希望通过积极的教学方法和创设良好的校园文化活动，培养出有能力、有担当、有创造力的优秀人才。这样的教育理念和实践可以使学生更好地适应社会和职业发展的需求，为未来奠定坚实的基础。

（五）校企合作

一是定期安排专业的教师到企业进行生产实践锻炼，让教师能够深入地了解企业的实际运作情况，与企业实现"零距离"接触，从而更好地将理论知识与实践相结合。在回校后，教师将会把在企业中学到的宝贵经验融入教学过程中，将企业管理和企业文化引入课堂，使学生在学校课堂中就能接受企业文化的熏陶，进一步提升学生的职业素养。

二是组织学生到企业参观见习，让学生亲身感受企业的氛围，熟悉企业的环境，了解企业对员工、对岗位的具体要求，从而更好地规划自己的职业发展。通过参观见习，学生可以了解到企业的实际运作流程、管理制度以及企业文化等方面的内容，从而更好地了解自己与企业员工的差距，为自己今后的职业生涯做好准备。

三是定期邀请企业管理层来校对学生进行企业文化和规章制度的教育，让学生能够更好地了解企业的情况和要求，为自己今后的职业发展做好准备。同时，聘请企业一线工作人员来校指导学生实习训练，让学生在技能训练中掌握企业对员工基本素质、职业素养、操作技能等方面的要求，使他们在平时的学习之中就按企业的要求来规范自己的言行，从而更好地适应企业的发展和要求，为将来的就业做好准备。

参 考 文 献

[1] 梁晓珊. 高校校园文化建设 [M]. 长春：吉林人民出版社，2021.

[2] 贾霄燕. 高校校园文化建设探索 [M]. 石家庄：河北人民出版社，2015.

[3] 王雁，张贝丽. 新时期高校校园文化建设的探索与实践 [M]. 北京：中国原子能出版社，2021.

[4] 徐辉. 校园文化建设理论与途径研究 [M]. 北京：北京工业大学出版社，2019.

[5] 史逸君，朱放敏，余友情. 大学生思想政治教育与校园文化建设 [M]. 长春：吉林出版集团股份有限公司，2020.

[6] 蔡静俏，袁仁广. 高校校园文化建设与发展研究 [M]. 长春：吉林文史出版社，2021.

[7] 胡龙宇. 高校校园文化建设形式与方法研究 [M]. 北京：北京工业大学出版社，2021.

[8] 尹秀坤. 校园文化建设的理论与实践研究 [M]. 北京：中华工商联合出版社，2021.

[9] 笙长军，才忠喜，陈忠平. 大学校园文化建设理论研究 [M]. 哈尔滨：哈尔滨地图出版社，2009.

[10] 张静. 新时期高校校园文化建设的新探索 [M]. 天津：南开大学出版社，2010.

[11] 唐国庆. 传统文化语境下高校校园文化建设探索 [J]. 中国报业，2023（12）：158-159.

[12] 艾艳红. 中华优秀传统文化融入高校校园文化建设的探究 [J]. 文化创新比

较研究，2023，7（17）：146-149，154.

[13] 车洁. 中华礼仪文化融入高校校园文化建设的意义及实践路径 [J]. 产业与科技论坛，2023，22（11）：168-169.

[14] 李佳. 中华优秀传统文化融入高校校园文化建设的路径探讨 [J]. 新楚文化，2023（7）：93-96.

[15] 赵峰. 新时代高校校园文化建设的价值定位与建设策略 [J]. 品位·经典，2022（20）：78-79，91.

[16] 王雷. 中华优秀传统文化与高校校园文化建设的融合策略 [J]. 文化学刊，2022（9）：136-139.

[17] 鲍江. 新时代高校校园文化建设：价值依归与路径选择 [J]. 长春大学学报，2022，32（8）：57-60.

[18] 何建新. 高校校园文化建设的实践与探索——以黄冈职业技术学院为例 [J]. 黄冈职业技术学院学报，2022，24（4）：68-70.

[19] 张健. 新时代高校校园文化建设探析 [J]. 辽宁师专学报（社会科学版），2022（4）：123-125.

[20] 唐雁. 新时代高校校园文化建设策略研究 [J]. 渤海大学学报（哲学社会科学版），2022，44（3）：102-105.

[21] 徐伟诣. 红色文化融入高校校园文化建设研究 [D]. 长春：吉林建筑大学，2021.

[22] 周诗如. 新时代高校校园文化的内涵建设研究 [D]. 长春：吉林建筑大学，2020.

[23] 任缘娟. 新时代中华优秀传统文化融入高校校园文化建设的路径研究 [D]. 乌鲁木齐：新疆医科大学，2020.

[24] 贺雨菲. 社会主义核心价值观引领高校校园文化建设研究 [D]. 长沙：湖南大学，2020.

[25] 韩阿晓. 多元文化背景下我国高校校园文化建设研究 [D]. 锦州：渤海大学，2019.

[26] 赵竟丽. 新时代高校校园文化建设对策研究 [D]. 保定：河北农业大学，

2019.

[27] 雷镒如. 马克思主义大众化视野下的高校校园文化建设 [D]. 延安：延安大学，2017.

[28] 郑柔澄. 高校校园文化建设的思想政治教育功能及其实现研究 [D]. 济南：山东大学，2017.

[29] 马静. 用社会主义核心价值观引领高校校园文化建设研究 [D]. 马鞍山：安徽工业大学，2016.

[30] 白赵娜. 创新视域下我国高校校园文化建设路径研究 [D]. 西安：长安大学，2016.